UTB 3273

W0377377

Eine Arbeitsgemeinschaft der Verlage

Böhlau Verlag · Köln · Weimar · Wien
Verlag Barbara Budrich · Opladen · Farmington Hills
facultas.wuv · Wien
Wilhelm Fink · München
A. Francke Verlag · Tübingen und Basel
Haupt Verlag · Bern · Stuttgart · Wien
Julius Klinkhardt Verlagsbuchhandlung · Bad Heilbrunn
Lucius & Lucius Verlagsgesellschaft · Stuttgart
Mohr Siebeck · Tübingen
Orell Füssli Verlag · Zürich
Ernst Reinhardt Verlag · München · Basel
Ferdinand Schöningh · Paderborn · München · Wien · Zürich
Eugen Ulmer Verlag · Stuttgart
UVK Verlagsgesellschaft · Konstanz
Vandenhoeck & Ruprecht · Göttingen
vdf Hochschulverlag AG an der ETH Zürich

Jörg Schlömerkemper, geb. 1943, Dr.phil.; Lehrtätigkeit in Göttingen und in Frankfurt am Main, Professor für Schulpädagogik und Allgemeine Didaktik; Arbeitsschwerpunkte: Theorie der Schule, Bildungspolitik und Schulreform, Methoden pädagogischer Forschung.

KONZEPTE PÄDAGOGISCHER FORSCHUNG

Eine Einführung in Hermeneutik und Empirie

Jörg Schlömerkemper

VERLAG
JULIUS KLINKHARDT
BAD HEILBRUNN • 2010

Die Deutsche Bibliothek – CIP-Einheitsaufnahme
Die Deutsche Nationalbibliothek verzeichnet diese Publikation in der Deutschen Nationalbibliografie; detaillierte bibliografische Daten sind im Internet über http://dnb.d-nb.de abrufbar.
ISBN 978-3-7815-1705-9 (Klinkhardt)
ISBN 978-3-8252-3273-3 (UTB)

Einbandgestaltung: Atelier Reichert, Stuttgart.

Druck und Bindung: Friedrich Pustet, Regensburg.
Printed in Germany 2010.
Gedruckt auf chlorfrei gebleichtem alterungsbeständigem Papier.

UTB-Bestellnummer: 978-3-8252-3273-3

Inhalt

Vorwort

Wenn man im Alltag fragt, was mit den Begriffen Wissenschaft und Forschung verbunden wird, bekommt man sehr verschiedene Antworten: Die einen halten es im Grunde für entbehrlich, dass sich Menschen in einer Nische der Gesellschaft mehr oder weniger mit sich und ihren Gedankenspielen beschäftigen, Wissenschaft sei durchaus beeindruckend, aber ohne große Relevanz. Andere verbinden mit Wissenschaft eine objektive Suche nach exakter Wahrheit und sicherer Erkenntnis. Beide Perspektiven sind für eine differenzierte und problembewusste Auseinandersetzung mit Konzepten der Forschung nicht gerade förderlich. Den einen muss man zeigen, dass Forschung durchaus für praktisches Handeln hilfreich sein kann, den anderen muss man deutlich machen, dass durch Forschung oftmals mehr neue Fragen entstehen, als beantwortet werden können. Zwischen diesen Polen soll diese Einführung einen mittleren Weg gehen: Forschung liefert keine Patentlösungen, aber sie kann zu einer besser begründeten und vertiefenden Reflexion anregen.
Eine andere Polarität tut sich auf zwischen den eher an Hermeneutik und den eher an Empirie orientierten Konzepten der Forschung. Der zeitweise heftige Streit zwischen qualitativen und quantitativen Ansätzen wird zurzeit weniger kontrovers ausgetragen, aber über eine freundliche Duldung der jeweils anderen Programmatik hinaus kommt es kaum zu produktiven Ergänzungen. Ohne die Unterschiede vertuschen zu wollen, soll in dieser Einführung aufgezeigt werden, welche konzeptionellen Grundlagen jenseits wechselseitiger Abgrenzungen eine konstruktive Ergänzung nahelegen und sinnvoll machen können.
Diese Einführung ist im Laufe meiner Lehrveranstaltungen zu Forschungsmethoden an den Universitäten Göttingen, Marburg und Frankfurt gewachsen. Dabei sind vielfältige Anregungen eingeflossen, für die ich vielen Kolleginnen und Kollegen sowie vielen Studierenden herzlich danke. Auch zahlreiche studentische und wissenschaftliche Hilfskräfte haben mich im Laufe der Zeit tatkräftig unterstützt. Kritik, Anregungen und/oder Zuspruch sind in die aktuelle Fassung eingearbeitet worden. Über Hinweise zur weiteren Verbesserung würde ich mich freuen.

Göttingen, Frühjahr 2010 *Jörg Schlömerkemper*

1 Konzept und Gestalt dieser Einführung

Wie kann man eine gemeinsame Einführung in Hermeneutik und Empirie begründen und wie kann man deren Darstellung arrangieren, wenn die Leser so informiert und belehrt werden sollen, dass sie zu einer aktiven Auseinandersetzung angeregt werden und ein eigenes, kritisches und doch positives Verhältnis zu pädagogischer Forschung und ihren Methoden finden können?

1.1 Hermeneutik oder Empirie

Im Unterschied zu vielen Einführungen, die sich auf das eine oder das andere Feld – auf Hermeneutik oder Empirie – spezialisieren, soll hier versucht werden, das eine mit dem anderen zu verbinden und wechselseitige Bezüge deutlich zu machen. Wenn man die beiden Begriffe nicht zu eng fasst, könnte man in Anlehnung an ein Motto von Immanuel *Kant* (1724 bis 1804) sagen: *Hermeneutik ohne Empirie ist leer, Empirie ohne Hermeneutik ist blind.*[1]
Dass hier Hermeneutik und Empirie in eine konzeptionelle Verbindung zueinander gebracht werden, kann auch zum Ausdruck bringen und rechtfertigen, dass dieses Buch nicht als sozialwissenschaftliche oder psychologische Einführung betitelt ist, sondern ausdrücklich auf *pädagogische* Forschung zielt. Die genannten Nachbardisziplinen sind zweifellos für die Erziehungswissenschaft bedeutsam: In weiten Bereichen kommt sie auch und gerade in der Forschung nicht ohne deren Methoden und auch nicht ohne deren theoretische Anregungen aus. Zur pädagogischen Reflexion müssen allerdings der Blick auf Zielsetzungen, normative Vorgaben, intentionale Konflikte und die trotz allem immer verbleibende *Ungewissheit* pädagogischen Handelns hinzukommen. Diese beruht zum einen darauf, dass in einer konkreten Situation die Faktoren, von denen diese beeinflusst oder gar determiniert ist, häufig nur vermutet werden können und dass sich diese Konstellationen ständig verändern. Und zum anderen ist pädagogisches Handeln in aller Regel nicht nur als erzieherisch geleitete Aktion wirksam, sondern durch Interaktionen modifiziert und geprägt. Mit solchen komplexen Konstellationen gleichwohl sinnvoll umgehen zu können, kann durch Forschung gefördert werden, wenn sie verstehbar macht, welche Ideen bedeutsam sind, und wenn sie vorhersehen kann, mit welcher Wahrscheinlichkeit bestimmte Verhaltensweisen durch identifizierbare Faktoren bewirkt sein können. Das alles entlastet nicht von der pädagogischen Pflicht, die jeweilige Situation, die beteiligten Personen – insbesondere die eigene – und mögliche Wir-

1 In der „Kritik der reinen Vernunft" heißt es: „Gedanken ohne Inhalt sind leer, Anschauungen ohne Begriffe sind blind." (KrV B75, A51)

kungen kritisch und verantwortungsbewusst zu analysieren und zugleich vorsichtig wie konsequent zu entscheiden und zu handeln. Hierüber zu reflektieren, macht das Spezifische einer Forschung aus, die sich auf pädagogisches Handeln bezieht.

In sprachlich-semantischer Hinsicht kann man durchaus problematisieren, ob es überhaupt begrifflich sinnvoll ist, von *pädagogischer* Forschung bzw. von *pädagogischer* Hermeneutik oder *pädagogischer* Empirie zu reden. Im streng logischen Sinne gibt es natürlich keine Forschungsmethoden, die als solche pädagogisch wirken. Korrekter wäre die Rede von *Forschung in der Pädagogik*. Gleichwohl kann man mit dem Terminus pädagogische Forschung betonen, dass eine Forschung in diesem Feld sich der spezifischen Problematik pädagogischen Handelns bewusst sein soll und sich nicht auf sozialwissenschaftliche oder psychometrische Verfahren beschränken darf. Das schließt – um es noch einmal zu betonen – nicht aus, dass sich eine solche Reflexion im engeren Sinne auf methodisch strenge wissenschaftliche Verfahren beziehen muss und sich den entsprechenden Gütekriterien stellen soll. In diesem Sinne ist die Erziehungswissenschaft als methodisch fundierte Grundlage und methodisch anspruchsvolles Kriterium pädagogischer Reflexion zu verstehen.

Dies soll auch der Titel dieser Einführung zum Ausdruck bringen: Es geht nicht nur um Methoden in einem eher technischen Sinn, sondern auch um den intentionalen Rahmen, auf den sich die verschiedenen Methoden beziehen sollen. Methoden werden als Instrumente verstanden, deren Ergebnisse zu einer differenzierteren und vertiefenden Reflexion befähigen können. Dies soll mit dem Begriff *Konzept* deutlich werden: Methoden haben eine dienende Funktion, sie sollen dazu beitragen, dass man pädagogische Prozesse „erfassen und begreifen" (lat. concipere = erfassen, in sich aufnehmen) kann.

Aber gibt es für eine pädagogisch orientierte Forschung neben den „einheimischen Begriffen" des Faches (wie vor allem dem der „Bildung" oder der „Mündigkeit") überhaupt *einheimische Methoden*? Zu dieser Frage hat Heinrich *Roth* (1906 bis 1983) mit seinem Plädoyer für eine „empirische Wendung in der Pädagogischen Forschung" (Roth 2007, zuerst 1962) wichtige Hinweise gegeben: Ihm ging es damals darum, die seinerzeit auf geisteswissenschaftlich-philosophische Reflexion zentrierte Pädagogik durch Methoden der empirischen Forschung zu ergänzen – mit dem Ziel, dieser Reflexion eine besser gesicherte und kritisch prüfbare Grundlage zu geben. Mit der empirischen Feststellung dessen, was „ist", sollte die Frage nach dem, was sein „soll", keineswegs suspendiert werden, sondern diese Reflexion sollte besser fundiert eher intensiver geführt werden können. Man kann es als ein Wechselspiel beschreiben: Die pädagogische Reflexion soll durch empirische Befunde gestärkt werden, aber umgekehrt müssen empirische Befunde zur pädagogischen Reflexion geführt werden.

Das spezifisch Pädagogische der pädagogischen Forschung liegt demnach darin, dass das durchaus schwierige *Verhältnis zwischen normativen Fragen und empirischen Fakten* transparent werden soll, damit pädagogische Prozesse kritisch kommuniziert und konstruktiv gestaltet werden können. Dies erfordert eine Verbindung zwischen hermeneutischen und empirischen Konzepten der Forschung, und zugleich müsse dabei als Ziel und Kriterium leitend sein, dass bzw. ob die Entwicklung zur Mündigkeit gefördert wird (vgl. Lehberger 2009). In seinem Plädoyer für eine „empirische Wendung" hatte es Roth auf die Formel gebracht: „Die Pädagogik wird auch weiterhin *more philosophorum* betrieben werden müssen, denn sie ist die Reflexion über eine Aufgabe, die den Kontrollbereich erfahrungswissenschaftlicher Methodik bei Weitem übersteigt."

1.2 Suchen oder Finden

In der alltagssprachlichen Rede ist es nicht üblich, zwischen die Begriffe *Suchen* und *Finden* ein „oder" zu setzen: Wer sucht, der findet – wer finden will, muss suchen. Schon in der *Bibel* heißt es (bei Matthäus 7, 7-8 und Lukas 11, 9-10): „Suchet, so werdet ihr finden." Gemeint ist damit: Wer Gott sucht und finden möchte, der wird zu ihm finden. Das Suchen ist Voraussetzung für das Finden. Als Gegensatz hat Hermann *Hesse* (1877 bis 1962) die Begriffe in seiner Novelle „Siddhartha" gefasst: „Suchen heißt: ein Ziel haben. Finden aber heißt: frei sein, offen stehen, kein Ziel haben." (S. 126)

In diesem Sinne können in der Forschung *zwei Grundhaltungen* unterschieden werden, die durch unterschiedliche Perspektiven gekennzeichnet sind, verschiedene Funktionen haben und zu andersartigen Ergebnissen führen können, die aber dennoch oder gerade deshalb aufeinander angewiesen sind. Ihr Verhältnis ist jenem von Hermeneutik und Empirie ähnlich, aber nicht damit deckungsgleich. In beiden Konzepten ist der wissenschaftliche Diskurs weniger eine stringente Abfolge vorab festzulegender Arbeitsschritte, sondern ein *Wechselspiel* zwischen gezielter Suche und glücklichem Finden.

Suchen bedeutet etymologisch „einer Spur entlang gehen", ein Ziel verfolgen, etwas Bestimmtes im Blick haben. Es ist mit der Hoffnung verbunden, etwas zu finden, was man vermisst bzw. erwartet. Verwandt sind Begriffe wie „unter–suchen" oder „durch–suchen". Man grenzt die Wahrnehmung auf das ein, was man entdecken möchte. Im „ent–decken ist impliziert, dass man etwas zu sehen bekommt, das bisher „ver–deckt", unter einem „Deckel" verborgen war. Man ist am Ende also glücklich, wenn man das sieht, was man antizipiert hat. Dies kann zum Ausgangspunkt für ein neues Suchen werden, wenn man vermutet, dass noch mehr zu entdecken sein könnte.

Dem gegenüber kann *Finden* als ein Prozess verstanden werden, der sich auf ein bis dahin unbekanntes Objekt richtet. Das Ergebnis ist offen, man lässt den Blick schweifen, lässt sich von Intuition leiten und hat keine vorbestimmten Kriterien, an denen die Qualität des Fundes gemessen wird. Was der Fund bedeutet und was er wert ist, kann sich erst im Nachhinein erweisen. Finden wird angeregt und begleitet durch Neugier und Aktivität, der Wortsinn verweist auf Weg, Vorgang, in Bewegung sein. Man „kommt auf etwas", etwas „trifft einen". Der Begriff „er–finden" zielt auf etwas, was es noch nicht gab oder nicht bekannt ist (im Unterschied zum „Konstruieren", das mit vertrauten Parametern arbeitet). Gleichwohl ist mit Finden kein passives Abwarten gemeint, sondern eine aktive Aufmerksamkeit, die nicht gehetzt herumeilt, sondern bereit ist, sich auf etwas einzulassen, etwas aufzugreifen und wahrzunehmen. Eine solche „lockere Wachheit" ist eher eine *Haltung* als eine Methode. Sie ist kaum lehrbar und wird durch das Suchen nach Effektivität nicht gerade unterstützt. Ausführlich werden Fragen des Findens behandelt in Mittelstraß 2009.

Auf den Punkt gebracht hat diese Alternative Pablo *Picasso*, der auf die Frage nach den Quellen seines Schaffens antwortete: „Je ne cherche pas, je trouve." („Ich suche nicht, ich finde."; vgl. Gohr 2006).

Diese beiden Ansätze können als Varianten der *Heuristik* verstanden werden. Unter diesem Begriff wird diskutiert, mit welchen Verfahren man in der (wissenschaftlichen) Reflexion zu Erkenntnissen und zur Lösung von Problemen gelangen kann. Etymologisch ist der Begriff aus altgriechisch „heurískein" abgeleitet, womit ein Finden und Entdecken gemeint ist. Als Heuristik gilt die Kunst, mit begrenzten Voraussetzungen und geschicktem Vorgehen auch dann zu guten Lösungen zu kommen, wenn bewährte Verfahren – so genannte *Algorithmen* – (noch) nicht vorliegen oder nicht angewendet werden sollen. Dabei mag sowohl das Suchen wie das Finden sinnvoll sein.

Allerdings können beide Haltungen an bedenkliche Grenzen stoßen: Wer sucht, kann nur finden, was er erwartet. Der Blick ist eingeschränkt, manches bleibt außerhalb der Wahrnehmung. Wer stattdessen zu finden hofft, ist darauf angewiesen, dass der Zufall ihn auf eine Fährte führt, auf der etwas zu finden ist. Deshalb ist es wichtig, im Forschungsprozess die Perspektiven zu wechseln bzw. sie gegenseitig zu ergänzen. Wer sucht, sollte offen sein für das, was sich nebenbei finden lässt. Wer finden möchte, sollte sich nicht flatterhaft hin und her bewegen, sondern Wege gehen, auf denen etwas zu erwarten ist, und er sollte aufmerksam wahrnehmen, was sich ihm darbietet. Wer etwas findet, sollte prüfen, ob er dies womöglich unbewusst gesucht haben könnte.[2] Und wer sucht, wird überlegen, wie er nicht nur „das erste Beste", sondern das „allerbeste" finden kann. Es wird sich später zeigen, dass sich im Forschungsprozess die Gewichte dieser beiden Grundhaltungen ständig verändern (müssen) und dass sie im Prozess der Erkenntnis aufeinander angewiesen sind.

2 In theoretisch anspruchsvollerer Sprache könnte man sagen: Beim „Suchen" ist die „Kontingenz" reduziert, beim „Finden"-wollen ist man ihr eher ausgeliefert.

1.3 Zur Gestalt des Textes

Diese Einführung ist nicht nur für zukünftige ForscherInnen (im engeren Sinne) gedacht, sondern auch und vor allem für Professionelle in pädagogischen Handlungsfeldern. Ich möchte die relevanten Konzepte und Verfahren der Forschung so verständlich (und lernbar) darstellen, dass deren Kenntnis zu eigenständiger und methodisch fundierter Reflexion pädagogischer Handlungsprozesse beitragen kann.

Dabei ist eine Balance zu finden zwischen einer sozusagen positiven, werbenden Darstellung und eher negativ klingenden Hinweisen auf Grenzen und Probleme. Ich möchte einerseits die Chancen methodisch fundierter Analysen erlebbar machen, aber zugleich davor warnen, diesen Möglichkeiten zu sehr zu vertrauen und zu hohe Erwartungen zu hegen. Ein solches Changieren wird sicherlich dem einen oder anderen hier und da mal mehr zu der einen, mal mehr zu der anderen Seite hin falsch gewichtet erscheinen. Aber für einen forschenden Habitus scheint mir wichtig, einerseits mutig zu werden und doch skeptisch zu bleiben.

Das Spektrum solcher zunächst noch diffuser Erwartungen und kontroverser Botschaften zieht *didaktische Probleme* mit sich. Soll man in der Lehre auf diese oder auf die andere Sicht eingehen bzw. welcher soll man entgegenwirken? Den einen wird man glaubhaft machen müssen, dass doch etwas mehr herauskommt als das, was man „schon vorher wusste", den anderen wird man deutlich machen müssen, dass es mit der „Wahrheit" nicht so einfach ist, wie man es sich vielleicht wünschen möchte. Übertreibt man in der einen oder in der anderen Richtung, kann dies zu Irritationen führen, die einen konstruktiven Zugang zur „scientific community" behindern.

In diesem Spektrum will die vorliegende Einführung sich weder auf der einen, noch auf der anderen Seite positionieren, sondern das „und" betonen: Es geht weder um eine radikale Kritik der Wissenschaft(en), noch um ein optimistisches Plädoyer für objektive Wahrheitsfindung. Vielmehr sollen Möglichkeiten und Grenzen dessen deutlich werden, was wissenschaftliche Kommunikation ausmacht. Einer pauschalen Abwehrhaltung soll ebenso entgegen gewirkt werden wie einer naiven Gläubigkeit an „das Objektive". In der Kontroverse zwischen Hermeneutik und Empirie sollen zwar durchaus die Besonderheiten deutlich werden, es soll aber jenseits ihrer Revier-Abgrenzungen sichtbar werden, dass es sich im Grunde um zwei Ausprägungen dessen handelt, was wissenschaftliche Kommunikation ausmacht bzw. ausmachen sollte: Transparenz der Methoden und Kommunizierbarkeit der Argumente.

Ich will mich – nicht nur wegen des begrenzten Rahmens – auf das beschränken, was zur Einführung *unerlässlich* ist, aber auch *ausreichend* sein sollte. Wer diesen Text durchgearbeitet hat, sollte am Ende die meisten Forschungsberichte kritisch lesen, ihre Methoden nachvollziehen und die Ergebnisse beurteilen können. Einige Verfahren werden hier nicht ausdrücklich behandelt, aber die Grundprinzipien der

Analyse und der wissenschaftlichen Argumentation sollen so weit erläutert werden, dass die Leserinnen und Leser wissen, worum es geht und wo sie sich ggf. genauer informieren können.

Diese Einführung geht relativ ausführlich auf *Verfahren der statistischen Analyse* ein. Dies beruht zum einen auf meiner Wertschätzung empirisch-statistischer Verfahren, aber vor allem darauf, dass hermeneutische Verfahren in sehr viel geringerem Maße als Techniken ausgearbeitet sind und dargestellt werden können. Die Verfahrensregeln sind dort relativ einfach zu formulieren, die Schwierigkeiten und die Hauptarbeit entstehen erst in der spezifischen Auseinandersetzung mit dem jeweiligen Material. Wer hermeneutisch verfasste Untersuchungen kritisch liest, setzt sich vor allem inhaltlich – und weniger methodisch – mit den Interpretationen bzw. den benutzten Quellen auseinander. Bei der Statistik bedarf es wesentlich umfangreicherer Kenntnisse darüber, wie die in den Untersuchungen referierten Kennwerte zustande kommen. Nur dann lässt sich deren Bedeutung sinnvoll einschätzen.

Gleichwohl versuche ich, die Verfahren zur Analyse numerischer Daten so darzustellen, dass deren *Grundgedanken* nachvollziehbar sind. Zudem soll erkennbar werden, was solche Auswertungen zu einer pädagogisch relevanten Reflexion beitragen können. Mir selbst sind die grundlegenden Merkmale dieser Verfahren teilweise erst in wiederholten Anläufen in der akademischen Lehre transparent geworden. Ich versuche deshalb, dies „so einfach wie möglich" darzustellen, aber manchmal geht es eben doch nicht einfacher. Auf ausführlichere Beispiel-Rechnungen und vertiefende Problematisierungen muss ich hier aus Platzgründen verzichten.

Schließlich möchte ich mit ein paar Sätzen transparent machen, welche Beziehung ich als *Person* zum Thema dieser Einführung habe: Ich hatte das Zwei-Fächer Studium (Deutsch und Geschichte) für ein Lehramt absolviert, fühlte mich aber unzureichend auf die damit verbundenen pädagogischen Aufgaben vorbereitet. Zudem hatte mich vom ersten Semester an der Pädagoge Heinrich *Roth* beeindruckt (s.o.). Er verband konzeptionelle Fragen mit dem Anspruch, diese auf der Grundlage empirischer Forschung zu bearbeiten. Diese Polarität hat mein Denken nachhaltig beeinflusst. In der eigenen akademischen Tätigkeit war es mir wichtig, den Bezug zur Praxis zu halten und zugleich in der Forschung Konzepte hermeneutischer und empirischer Forschung miteinander zu verbinden.

Folgende Hinweise eher formaler und technischer Art sind mir wichtig:

- Ich versuche, die Konzepte und Methoden *sprachlich so einfach wie möglich* zu beschreiben. Dies soll vor allem jenen Leserinnen und Lesern entgegenkommen, die mit wissenschaftstheoretischen, methodischen und statistischen Fragen erst vertraut werden wollen. Auf dieser Grundlage soll dann der Zugang zu der vielfältigen Literatur hoffentlich leichter zu finden sein.
- Es ist m.E. keineswegs sicher, ob bei den *männlichen Formen* („Lehrer" etc.) die angeblich „immer mit gemeinten" weiblichen Personen wirklich in gleicher Intensität „mitgedacht" werden. Dies gilt vor allem für Leserinnen und Leser, denen die

damit verbundene Problematik nicht bewusst ist (vgl. Schlömerkemper 2000). Da dies für die Zielgruppe dieses Bandes sicher nicht zu unterstellen ist, verwende ich hier der Kürze halber überwiegend die männliche Form.

• Ich verwende in diesem Buch das Wörtchen *„ich"* nicht aus Eitelkeit, sondern weil damit transparent werden soll, dass sich Einschätzungen o.Ä. nicht irgendwie „ergeben", sondern auf persönlichen Überlegungen und Wertsetzungen beruhen. Im Sinne von *Transparenz* (s.u.) scheint mir dies angemessen.

• Es soll in dieser Einführung um *pädagogische* Forschung gehen. Damit ist das ganze Spektrum pädagogischer Handlungsfelder gemeint. Ich selbst bin zwar vor allem Schulpädagoge, versuche aber, dies nicht in den Vordergrund geraten zu lassen.

• Bei zusammengesetzten Begriffen setze ich gern zwischen den ursprünglichen Teilen einen *Gedanken–strich* (allerdings ohne die an sich üblichen Leerstellen), um an die ursprüngliche Be–Deutung zu erinnern: Es wird eine Deutung beigefügt. Bei langen Begriffen erleichtert ein eingefügter Binde-strich das Lesen, z.B. bei der „Zufalls-Normalverteilung".

• Ich verwende den Begriff *Daten* in einem weiten Sinne auch für verbale Daten – so wie sich die „elektronische *Daten*verarbeitung" auch auf Buchstaben und Worte bezieht.

2 Forschung und Pädagogik

In diesem Kapitel soll in einem ersten Ansatz erörtert werden, welchen Stellenwert Forschung im Kontext pädagogischen Handelns und pädagogischer Reflexion haben kann bzw. haben soll. Manche Studierende empfinden Veranstaltungen zu Forschungsmethoden als ein Martyrium, dem sie sich nach der Studienordnung unterwerfen müssen – dessen Inhalte sie aber nicht als sehr relevant erleben und deshalb nach der Prüfung alsbald vergessen wollen. Insbesondere Statistik gilt vielen als staubtrocken, insbesondere wenn bzw. weil mathematische Kenntnisse und Fertigkeiten gebraucht werden. Andere empfinden eher geisteswissenschaftlich-philosophisch orientierte Konzepte als ätzend, weil man sich in abstrakten Gefilden bewegen muss, deren Bezug zur Praxis nicht immer erkennbar ist oder nicht einmal gesucht wird. – In dieser Einführung sollen diese beiden angedeuteten Pole durchaus zu ihrem Recht kommen, es soll aber erkennbar werden, in welcher Weise sie miteinander zu tun haben und sogar aufeinander angewiesen sind.
Zur *Vertiefung* können folgende Bücher empfohlen werden. Ich versuche, jeweils deren besonderen Schwerpunkt zu charakterisieren (Die bibliographischen Angaben sind am Ende des Bandes zu finden):

- *Krüger/Helsper 2010*: Der Band vermittelt in gut verständlicher Sprache zu den „Grundbegriffen und Grundfragen der Erziehungswissenschaft“ die zur Orientierung wichtigen Informationen, er regt aber auch zur vertiefenden Lektüre an.
- *Koller 2009:* Diese Einführung regt zur eigenen Auseinandersetzung an, weil sie zu den zentralen Begriffen kontroverse Sichtweisen referiert und diese an einem durchgängigen Beispiel verdeutlicht.
- *Benner 2010:* Auf dem Hintergrund einer „systematisch-problemgeschichtlichen Einführung“ werden spezifische Formen pädagogischen Denkens und Handelns erläutert. Dazu gehört in einem eigenen Kapitel auch die „Grundstruktur erziehungswissenschaftlicher Forschung“.
- *Marotzki/Nohl/Ortlepp 2006:* Die Autoren führen in Theorien, Anwendungsgebiete und Ergebnisse der Erziehungswissenschaft ein. Die Darstellung macht wissenschaftliches Reflektieren und Erforschen in den verschiedenen Praxisfeldern transparent.
- *Lüders u.a. 2010:* Zu 30 Schlüsselbegriffen ermöglichen die Autoren einen informativen Überblick zur wissenschaftlichen Theoriebildung und zu deren Bedeutung in pädagogischen Handlungsfeldern.

2.1 Pädagogische Fragen an die Forschung

Konzepte der Forschung – insbesondere der pädagogisch relevanten Forschung – sollten nicht losgelöst von inhaltlichen Fragen dargestellt und diskutiert werden. Methoden haben keinen Wert aus sich selbst heraus, sie sollten kein Eigenleben entwickeln, sondern ihre Relevanz daran erweisen, dass sie zur Klärung von Fragen beitragen können, die aus der Funktion der Pädagogik bzw. aus ihren *Handlungsfeldern* heraus gestellt werden.

Ergebnisse von Forschung können nur so gut sein, wie sie zu theoretischen und/oder praktischen Fragestellungen in Beziehung stehen. Eine solche Beziehung kann darin bestehen, dass eine gängige Theorie überprüft wird oder dass umgekehrt ein bedrängendes Problem, eine irritierende Wahrnehmung auf den Begriff gebracht werden soll und am Ende in einer ggf. neuen Theorie gefasst und „begriffen" werden kann. Erst ein *Bezug zu inhaltlich-theoretischen Konzepten* kann Forschung für eine pädagogisch relevante Reflexion hilfreich machen!

Dies ist in anderen Disziplinen im Prinzip auch der Fall, unter pädagogischer Perspektive kommt aber hinzu, dass es nicht bei neutralen, „objektiven" Feststellungen bleiben kann, denn immer geht es mehr oder weniger ausdrücklich um *normative Aspekte*: Dürfen und sollen Verhältnisse so bleiben, wie sie sind, oder können und sollten sie geändert werden? Pädagogische Forschung kann nicht deskriptiv bleiben, sie muss sich auch um die normativen Implikationen dessen kümmern, was sich zunächst nur als Tatsache darstellt.

2.1.1 Fragestellungen

Die folgenden Beispiele sollen diesen Zusammenhang deutlich machen. Sie können hier natürlich nicht umfassend erörtert werden, aber einige wichtige Aspekte sollen angedeutet werden.

Dass es *Generationen* gibt, ist für die Pädagogik sozusagen ein existenziell grundlegender Sachverhalt. Aber was bedeutet das konkret? Wenn jemand professionell zwischen den Generationen tätig ist, kann es hilfreich sein, z.B. zu folgenden Fragen eine begründete und halbwegs verlässliche Position zu haben:

- Wie war es früher? Wurden Generationen schon immer unterschieden?
- Gibt es überhaupt verschiedene Generationen? Wie kann man sie beschreiben und voneinander abgrenzen?
- Hat sich das Verhältnis der Generationen geändert? Was hat solche Prozesse ausgelöst und was bedeuten sie?
- Was bedeutet es für eine Person, einer bestimmten Generation anzugehören? Oder gehört man – je nach Definition – mehreren Generationen an?
- Beeinflusst es das Denken und Handeln, wenn man einer bestimmten Generation angehört? Haben ältere und jüngere Generationen verschiedene Perspektiven?
- Wie vollzieht sich die soziale und kulturelle Transformation von einer Generation zur anderen?
- Kann man in Hinblick auf die Kategorie Generation pädagogisch in spezifischer Weise tätig werden? Wann soll man das tun, wann lieber nicht?

Der Begriff *Bildung* ist neben Erziehung einer der spezifischen Begriffe der Pädagogik. Zu fragen wäre hier z.B.:
- Seit wann und warum gibt es diesen Begriff (fast) nur in der deutschen Sprache?
- Wie kann man Bildung von Erziehung unterscheiden? Oder hängt das miteinander zusammen?
- Welche Erwartungen sind damit verbunden, dass die Gesellschaft bzw. der Staat ein Bildungssystem eingerichtet hat?
- Kann man Dimensionen der Bildung unterscheiden?
- Welche Bedeutung hat Bildung für die Entwicklung der Persönlichkeit?
- Kann man Bildung in seiner Ausprägung messen?
- Wie kommen unterschiedliche Grade der Bildung bei verschiedenen Menschen zustande?
- Was bedeutet Bildung für die soziale Position eines Menschen?

Unter *Didaktik* wird die Theorie des Lehrens (und Lernens) verstanden. Dabei ist neben der Institution Schule auch an informelle Bereiche wie z.B. die Erwachsenenbildung oder die berufliche (Aus-)Bildung zu denken. Forschung könnte folgende Fragen bearbeiten:
- Auf welche Prozesse bezieht sich Didaktik? Was soll eine Theorie des Lehrens und Lernens leisten?
- Auf welche Dimensionen und welche Arten des Lernens beziehen sich didaktische Überlegungen?
- Welche Beziehung haben Lehrende zu entsprechenden Theorien?
- Können verschiedene Konzepte unterschieden werden und spielt es eine Rolle, ob ein bestimmtes Modell der Didaktik bevorzugt wird?
- Welche Wirkung hat didaktisches Handeln und kann man diese messen?
- Welchen Stellenwert hat Didaktik im professionellen Selbstverständnis von Lehrenden?

2.1.2 Fragen und mögliche Methoden

Die soeben aufgeführten Fragen sollten exemplarisch das breite Spektrum aufzeigen, in dem sich pädagogische Forschung bewegen kann. Entsprechend vielfältig sind die *methodischen Möglichkeiten*, mit denen diese Fragen bearbeitet werden können. Beispielhafte Hinweise müssen genügen. Forschung kann …

… historische Verläufe rekonstruieren und die Kräfte transparent machen, die diese Prozesse gefördert oder behindert haben,

… auf dieser Folie die aktuelle Situation abbilden und an den Wurzeln aufzeigen, was heute anders oder ähnlich ist,

… ausgewählte Situationen oder Personen intensiv in den Blick nehmen und daran studieren, was der Fall ist,

… versuchen, sich in relevante Situationen hineinzuversetzen und nachzuvollziehen, wie dort aus welchen Beweggründen gehandelt wird,

... das Verhalten von Menschen unter ausgewählten Fragestellungen beobachten und versuchen, dies zu verstehen,
... Situationen in bestimmten Bedingungen gezielt verändern und prüfen, ob sich auch in anderen Aspekten etwas ändert,
... Menschen fragen, wie sie sich in bestimmten Situationen verhalten und warum sie es tun,
... versuchen, die eigentlichen, vielleicht unbewussten Motive für das beobachtete oder dokumentierte Verhalten zu ergründen,
... prüfen, ob Menschen sich unter bestimmten Bedingungen in einer Weise verhalten, die man mit einer gewissen Wahrscheinlichkeit voraussagen kann,
... erkunden, ob bestimmte Vorschläge zur weiteren Entwicklung Zustimmung finden und unter bestimmbaren Bedingungen erfolgreich umgesetzt werden könnten,
... Bilanz ziehen und Kriterien entwickeln, nach denen Erfolg oder Misserfolg beurteilt werden kann.

Dabei hängt das methodische Vorgehen häufig davon ab, welche *Materialien*, welche „Daten" man zur Verfügung hat oder beschaffen kann. Denkbar sind ...
... non-verbale Spuren, Materialien, Gegenstände,
... schriftliche Materialien wie publizierte Texte, die für die Öffentlichkeit geschrieben wurden, oder vertrauliche Aufzeichnungen,
... verbale, aber nicht schriftlich fixierte Texte, die ggf. transkribiert werden,
... bildliche Darstellungen wie Gemälde, Fotos, Zeichnungen, Skizzen, Videos, Filme,
... alltägliche Statistiken (in der Zeitung ...) oder ohnehin anfallende Daten (z.B. Schulnoten),
... Daten aus Beobachtungen und Befragungen, die zum Zweck von Forschung erhoben wurden/werden,
... Ergebnisse wissenschaftlicher Untersuchungen, die bereits publiziert sind oder zur Verfügung gestellt werden.

Solche Verfahren können im Sinne des *Suchens* oder des *Findens* eingesetzt werden.

- Man kann gezielt unter einer *theoretisch begründeten Perspektive* beobachten, befragen oder experimentieren, wenn man Indizien sucht, nach denen sich eine These bestätigen lässt oder infrage gestellt und womöglich gar verworfen werden muss.
- Man kann sich ohne gezielte theoretische Annahmen und *mit offenem Ergebnis* in ein Feld begeben, sich in Situationen hineinversetzen, die Eindrücke auf sich wirken lassen und erst dann in mehreren Schritten und mit wiederholten (Selbst-)Prüfungen versuchen, zu einer Deutung zu kommen. Diese mag zunächst nur dieser einen Situation entsprechen, sie kann aber möglicherweise auch für vergleichbare Konstellationen angemessen sein.

2.2 Akteure und Partner pädagogischer Forschung

Pädagogische Forschung ist auf viele Bereiche unserer Lebenswelt bezogen. Von dem Verhältnis zwischen den Generationen, von Bildung und von der Gestaltung des Lehrens und Lernens (s.o.) sind viele betroffen. Von daher ergeben sich etliche grundsätzliche Fragen und wegen der laufenden Änderungen in diesen Bereichen müssen solche Fragen immer wieder neu bearbeitet werden. Im folgenden Abschnitt sollen solche Beziehungen, Erwartungen und Herausforderungen näher betrachtet werden.

2.2.1 „Pädagogik" und/oder „Erziehungswissenschaft"

Das Selbstverständnis pädagogischer Forschung und vor allem die unterschiedlichen Auffassungen können deutlicher verständlich werden, wenn man sich ihre historische Entwicklung vergegenwärtigt. Das kann hier nur in groben Zügen geschehen. Ausführlicher ist dies u.a. in folgenden Publikationen nachzulesen:

- *Blankertz 1982*: Diese fundierte, systematische Darstellung erläutert die Geschichte der Pädagogik vor allem anhand der Ideen und Schriften ihrer klassisch gewordenen Persönlichkeiten.
- *Tenorth 2010*: Diskutiert werden hier vielfältige Varianten und Kontroversen, die vor allem mit dem Begriff der „Erziehung" verbunden waren und bis heute bedeutsam geblieben sind.
- *Benner/Oelkers 2010*: Zu zentralen Teilbereichen der Pädagogik wird die historische Entwicklung der konzeptionellen Debatten rekonstruiert, sodass der aktuelle Stand eingeordnet werden kann.
- *Herrlitz/Hopf/Titze/Cloer 2008*: Thematisch auf das Bildungswesen konzentriert wird die historische Entwicklung der Schule im Kontext des politischen und sozialen Wandels analysiert.

Es fällt auf, dass das Themenfeld, um das es hier gehen soll, mit den beiden Begriffen „Pädagogik" und „Erziehungswissenschaft" bezeichnet wird. Diese Dualität kennzeichnet zugleich Phasen, aber auch Kontroversen der historischen Entwicklung. Zunächst hat es *Pädagogik* nur als Teildisziplin bzw. als untergeordnete Fragestellung der Geisteswissenschaften gegeben. Inhaber entsprechender Lehrstühle – wie z.B. der Philosoph Immanuel *Kant* oder der Theologe Friedrich *Schleiermacher* (1768 bis 1834) – waren verpflichtet, auch Vorlesungen über Pädagogik zu halten. Dem entsprechend wurden Fragen der Erziehung vor allem aus der Perspektive dieser Fachrichtungen erörtert. Erst 1779 wurde an der Universität in Halle ein eigenständiger Lehrstuhl eingerichtet, auf den Ernst Christian *Trapp* (1745 bis 1818) berufen wurde. Er gilt zugleich als Begründer einer empirisch orientierten Pädagogik, die genau beobachten und beschreiben wollte. Aus der Perspektive seines Schwerpunktes in der Psychologie hat Johann Friedrich *Herbart* (1776 bis 1841) wesentlich dazu beigetragen, dass die Pädagogik sich nachhaltig als akademische Disziplin etablieren konnte. Dominant blieb allerdings bis in die Mitte des 20. Jahrhunderts die *geisteswissenschaftliche* ausgerichtete Pädagogik. Deren Konzept wurde vor allem von Wilhelm *Dilthey* (1833 bis 1911) erkenntnistheoretisch begründet. Wichtige Vertreter dieser Richtung waren u.a. Eduard *Spranger* (1862 bis 1963), Herman *Nohl* (1879 bis 1960), Wilhelm *Flitner* (1889 bis 1990), Otto Friedrich *Bollnow* (1903 bis 1991), Herwig *Blankertz* (1927 bis 1983) und Klaus *Mollenhauer* (1928 bis 1998). Wolfgang *Klafki* hat dieses Konzept in vielen Aspekten – vor allem mit Blick auf die Didaktik – weiterentwickelt.

Zu Beginn des 20. Jahrhunderts kamen Ansätze einer *empirisch orientierten Pädagogik* hinzu, für die vor allem Wilhelm August *Lay* (1862 bis 1926) und Ernst *Meumann* (1862 bis 1915) genannt werden müssen (vgl. Hopf 2004).

Während des NS-Faschismus haben Teile der Disziplin die völkisch-rassistische Ideologie unterstützt, weil sie hofften, dass ihre Ideal-Vorstellungen von „Gemeinschaft" und ähnlichen Werten verwirklicht würden, aber blind waren für die menschenverachtende Politik der Herrschenden.

Nach der *Befreiung vom Faschismus* wurden diese Irrungen in der Disziplin nur zögerlich zum Thema. Man glaubte überwiegend, an den früheren Zielvorstellungen von Humanität, Individualität und Verantwortung anknüpfen zu können. Erst ab etwa 1965 wurde diese Kontinuität radikal infrage gestellt. Die jüngere Generation vor allem der damals Studierenden forderte eine grundlegende Analyse jener Prozesse, in denen diese Ideale pervertiert worden waren. Es wurde deutlich, dass Ideale und Ideologien nicht identisch sind, wenn nicht bewusst ist, welche heimlichen Ziele unter dem Deckmantel scheinbar unangreifbarer Leitmotive verborgen sind oder bewusst verschleiert werden. Die *Kritische Theorie* der *Frankfurter Schule* (vgl. Honneth/Institut für Sozialforschung 2006) hat für diese *ideologiekritische* Deutung wichtige Anregungen gegeben.

Deutlich wurde in diesen Jahren zugleich, dass das deutsche Bildungssystem den Anforderungen nicht gerecht wurde, die in einer modernen *demokratischen Gesellschaft* und angesichts der technologischen und ökonomischen Entwicklungen gestellt waren: Viele Schülerinnen und Schüler erreichten nicht die Leistungen, die für erforderlich und für möglich gehalten wurden. Benachteiligt war dabei vor allem das „katholische Arbeitermädchen vom Lande". Dieser Befund konnte angesichts der demokratisch-egalitären Ansprüche der Gesellschaft nicht hingenommen werden.

Für die Pädagogik ergaben sich daraus zwei Folgerungen: Zum einen mussten die überkommenen Leitlinien theoretischer Deutungen konsequent auf den Prüfstand, und zum anderen mussten Strukturen und Methoden der pädagogischen Praxis kreativ erneuert werden. Diese Aufgaben sollten mit einer institutionellen Verstärkung des wissenschaftlichen Personals bewältigt werden. Dabei wurden insbesondere sozialwissenschaftliche und psychologische Theorien und Forschungskonzepte und das entsprechende Personal herangezogen. Sie sollten aus der als unkritisch beurteilten geisteswissenschaftlichen Pädagogik eine moderne Erziehungs*wissenschaft*

machen, die von ideologiekritischen Konzepten bis zu pragmatischen Entwicklungen ein breites Spektrum an Erwartungen zu erfüllen hatte.
Pädagogik und *Erziehungswissenschaft* sind also durchaus verwandte Begriffe, die sich gleichwohl nach Schwerpunkten unterscheiden lassen. Radikal different wäre eine Unterscheidung, nach der sich *Pädagogik* ausschließlich auf das Feld und auf Akteure praktischen Handelns bezieht, während *Erziehungswissenschaft* die Theorie dieser Praxis zu erarbeiten hätte. Im anderen Extrem werden die Begriffe gleichsinnig verwendet – sozusagen einmal als Fremdwort und zum anderen deutsch. In einer moderaten Weise kann man von graduellen Unterschieden sprechen: Es geht immer um das breite Spektrum von praxisbezogener Erfahrung und methodisch fundierter Reflexion. In dieser Spannung kann die Pädagogik stärker bei den Fragen nach Intentionen verortet werden, während die Erziehungswissenschaft stärker nach Tatsachen fragt. Während die Erziehungswissenschaft eine strengere Klärung und Prüfung von Hypothesen verlangt, ringt die Pädagogik stärker um Deutungen und Perspektiven der praktischen Arbeit. Letztlich kommt natürlich das eine wie das andere nicht ohne das aus, was aus der anderen Sicht als Schwerpunkt beansprucht würde: Die Pädagogik muss sich vergewissern, ob ihre Deutungen eine „reale" Basis haben – die Erziehungswissenschaft muss klären, wie ihre Befunde zu deuten sind und welche Folgerungen gezogen werden können.

2.2.2 Wissenschaft und Öffentlichkeit/Politik

Nach traditioneller Auffassung von Wissenschaft gelten Wissenschaft und Politik als personell und funktional getrennte Regionen, deren Ziele und Verfahren nicht als kompatibel galten: Die einen denken und forschen langfristig in eigener, immanenter Logik und sind von Verwertung o.Ä. frei. Die anderen müssen handeln, entscheiden, sie werden durch die öffentliche Meinung kontrolliert und ggf. bei Wahlen korrigiert, sie dürfen und sollen durchsetzen, was sie für richtig erachten. – Das Verhältnis zwischen Wissenschaft und Öffentlichkeit ist u.a. in den folgenden Publikationen bedeutsam:

- *Faulstich 2008*: An den Biographien von „Pionieren öffentlicher Wissenschaft" wird gezeigt, mit welchen Intentionen und auf welchen Wegen wissenschaftliche Erkenntnisse für die Öffentlichkeit aufbereitet werden können.
- *Weingart/Lentsch 2008*: Die Autoren machen transparent, in welcher Vielfalt, auf welcher rechtlichen Basis, mit welchen Erwartungen und mit welchen Wirkungen politische Entscheidungsprozesse mit wissenschaftlicher Expertise verbunden werden.
- *Crotti/Gonon/Herzog 2007*: In historischem Rückblick und in aktuellen Analysen wird das Verhältnis von „Pädagogik und Politik" unter der Frage betrachtet, welchen Beitrag Forschung im Prozess gesellschaftlicher Entwicklungen spielt bzw. spielen kann.
- *Tippelt 2009*: Die Beiträge des Bandes gehen der Frage nach, wie die in jüngster Zeit etablierte deutsche und internationale Bildungsberichterstattung optimiert werden kann.

Die strikte Trennung zwischen Wissenschaft und Öffentlichkeit bzw. Politik wurde spätestens unter ideologiekritischer Betrachtung fraglich. Wissenschaft hat eine gesellschaftlich-politische Bedeutung. Sie deutet Realität nicht nur neutral-distanziert, sondern sie trägt zur Deutung und Gestaltung unserer Lebenswelt bei (s.o.). Dabei wird Wissenschaft gern zur Rechtfertigung politischer Entscheidungen herangezogen (vgl. z.B. Tillmann u.a. 2008). Zudem ist die Politik angesichts ständig komplexer werdender Probleme auf wissenschaftliche Expertise angewiesen. Diese enge Beziehung ist nicht unproblematisch, weil wissenschaftliche Forschung finanziell und damit auch inhaltlich von jenen Kräften abhängig werden kann, die Forschung in Auftrag geben und damit Prioritäten setzen.

Für die pädagogische Forschung ergibt sich aus ihrer Beziehung zu gesellschaftlich-politisch bedeutsamen Fragen ein Dilemma: Ethisch-normative Fragen können vom pädagogischen Auftrag her und unter pädagogischer Verantwortlichkeit nicht ausgeblendet werden. Werturteile können aber nach einem Diktum des Soziologen *Max Weber* (1864 bis 1920) wissenschaftlich nur analysiert, nicht aber entschieden werden (Weber 2002). – Diese Trennung ist prinzipiell plausibel, in der Forschungspraxis aber schwer einlösbar. Denn schon die Entscheidung, ob eine bestimmte Fragestellung oder eine andere analysiert wird, hat normative Implikationen. Und gerade die Erklärung, sich rein auf das Faktische beziehen zu wollen, kann abblenden, welche bewussten oder unbewussten normativen Intentionen mit der Betrachtung „sine ira et studio" verbunden sind oder verfolgt werden. Da ist es einzig und allein hilfreich, die politisch-gesellschaftlichen Implikationen ausdrücklich zu reflektieren und transparent zu machen. Dann kann Forschung sich durchaus eher auf der objektiven Seite positionieren oder einer bestimmten normativ-intentionalen Perspektive folgen, solange das je andere nicht ausgeblendet wird (s.u.).

Es ist schwierig, die Erwartungen des politischen und gesellschaftlichen Umfeldes zu erfüllen. Pädagogische Reflexion ist immer in Gefahr, sich mit abstrakten Fragestellungen in einen internen Diskurs zurückzuziehen, der in der Öffentlichkeit als wenig relevant erlebt wird. Grundsätzliche, philosophische Erörterungen können jedoch auch und gerade für eine kritische Klärung praktischer Fragen bedeutsam werden, wenn eine entsprechende thematische Beziehung hergestellt wird.

Auch auf der anderen, primär an der *Praxis* orientierten Seite sind *Erwartungen der Öffentlichkeit* nicht immer zu erfüllen. In der Regel können Befunde nicht so schnell und nicht so eindeutig erbracht werden, wie politische Entscheidungsträger es sich gewünscht hätten (vgl. u.a. die Beiträge in Kraul/Schlömerkemper 2007). In aller Regel ergeben sich nur Aussagen über wahrscheinliche Entwicklungen, über funktionale, korrelative Beziehungen, die nicht kausal interpretiert werden können und nicht sicher und verbindlich erklären, was zu tun ist. Diese Forschung kommt immer dann an eine Grenze, wenn die konkreten Bedingungen einer Situation und eines „Falles" nicht hinreichend transparent und dem handelnden Zugriff verfügbar gemacht werden können. Die Ergebnisse sind häufig zu komplex, zu unscharf, zu wenig eindeutig, häufig bereits selbst wieder relativiert – z.B. wegen begrenzter Stichproben, gegenläufiger, sich widersprechender Befunde, möglicher Nebenwirkungen.

Dies wurde durchaus als Nachteil empirisch-statistischer Forschung erkannt mit der Folge, dass die so genannte qualitative Forschung – also vor allem die vertiefende Analyse authentischer, echter Fälle – in den Vordergrund rückte. Dabei werden zwar komplexe Beziehungen und Prozesse in ihrer Tiefenstruktur aufgedeckt, aber eben nur für den jeweiligen Fall – mit der Folge, dass diese Befunde kaum generalisierbar sind und kaum Handlungsanleitungen für andere, allgemeine Fälle geben können.

Das Verhältnis zwischen Wissenschaft und Öffentlichkeit ist schwierig. Erwartungen und Möglichkeiten gehen nicht 1 zu 1 auf. In der öffentlichen Meinung sind über Wissenschaft verschiedene Einschätzungen zu hören:

- Einerseits ist eine eher ehrfurchtsvolle Vorstellung von Wissenschaft weit verbreitet: Wenn etwas „wissenschaftlich festgestellt" ist, dann wird es wohl so stimmen. Wissenschaft ist der Wahrheit sehr nahe, jedenfalls näher als der gesunde Menschenverstand.
- Andererseits haben viele ein tiefes Misstrauen gegen alles, was den Anspruch erhebt, Wissenschaft zu sein: Wissenschaft gehe doch meistens an der Wirklichkeit vorbei, ihre Ergebnisse seien oft so banal, dass Menschen mit praktischen Erfahrungen das Gleiche in einfachen Worten besser ausgedrückt hätten.

Diese beiden Extreme sind in so allgemeiner Formulierung sicher unzutreffend, aber sie enthalten durchaus „ein Körnchen Wahrheit": Für die eine wie die andere Meinung gibt es treffliche Beispiele und Belege. Die ganze Wahrheit ist jedoch komplizierter, schon allein deshalb, weil es *die* Wissenschaft nicht gibt – nicht einmal innerhalb eines Faches. Und ebenso gibt es nicht *die* gesellschaftlich-politischen Erwartungen. Gleichwohl sind beide Seiten immer wieder aufeinander angewiesen.

Wissenschaft spielt in diesem „Konzert" gesellschaftlicher Stimmen nur ein Instrument. Sie kann zwar für sich beanspruchen, eine besonders reine Stimme spielen zu wollen, aber ob sie sich gegen lautere Stimmen durchsetzen kann, wird ggf. ohne sie oder gar gegen sie entschieden.

Andererseits werden wissenschaftliche Befunde überbewertet und/oder missbraucht. Aus differenzierten Berichten und vorsichtigen Erörterungen werden einzelne Zitate ausgewählt, verkürzt, umgedeutet oder überbewertet. Aus vorsichtigen Vermutungen („Es deutet sich an, …") werden oftmals im Verlauf der Rezeption dezidierte Feststellungen („Die Wissenschaft hat festgestellt …").

2.2.3 Forschung und professionelle Praxis

Das schwierige Verhältnis zwischen *pädagogischer Theorie* und *pädagogischer Praxis* bzw. zwischen *Forschen* und *Handeln* wird seit Jahrhunderten immer wieder diskutiert. Über solche Diskurse informieren die folgenden Publikationen:

- *Langewand 2010*: Das Verhältnis von Theorie und Praxis wird in seiner historischen Entwicklung vor allem aus philosophischer, ideengeschichtlicher Perspektive bearbeitet.
- Hascher/Schmitz 2010: In den Beiträgen wird begründet und an Beispielen dokumentiert, wie pädagogische Forschung in der Praxis effektiv „intervenieren" kann.
- *Tippelt/Schmidt 2010*: Für viele Bereiche, auf die sich pädagogische Forschung bezieht, wird der aktuelle Stand der Fragestellungen, der verwendeten Methoden sowie der wesentlichen Befunde referiert.
- *Brügelmann 2005*: Das Wechselspiel zwischen „Verstehen und Gestalten" wird am Beispiel der Schule grundsätzlich erörtert und verdeutlicht.
- *Rahm/Schratz 2004*: Dass Theorie die Praxis braucht und Praxis die Theorie, wird an vielen Beispielen aus der Forschung verdeutlicht.

Zu dieser Problematik sollen folgende *Positionen* kurz benannt werden:

- Theorie folgt der Praxis; sie analysiert faktische Prozesse und bringt deren Struktur(en) „auf den Begriff".
- Theorie entwickelt Konzepte, die in der Praxis umgesetzt und erprobt werden sollen.
- Theorie und Praxis folgen unterschiedlichen Gesetzen: Wissenschaft ist der Wahrheit verpflichtet, die Praxis unterliegt Handlungszwängen und orientiert sich an subjekthaften Interessen, Erfahrungen und Wünschen.
- Es gibt unterschiedliche Ebenen der theoretischen Reflexion: In der *Praxis* gelten Alltagstheorien, in der *Wissenschaft* werden inhaltliche, fachliche Konzepte entwickelt und auf einer *Metaebene* werden die Entwicklung und die Bedeutung der beiden unteren Ebenen gedeutet.

Die Sicht auf die jeweils andere Ebene ist häufig mit mehr oder weniger dezidierten Vorurteilen und pauschalen Bewertungen verbunden. Theorie gilt in der Praxis oft als unbrauchbar, Theoretiker werden als überheblich und arrogant wahrgenommen. Umgekehrt gelten Praktiker manchem Theoretiker als ignorant und wenig reflektiert: Sie würden sich auf „Erfahrungen" berufen und in Routine erstarren. Aus solchen wechselseitigen Einschätzungen folgt eine unproduktive Abgrenzung. Zweifellos sind theoretische Reflexion und praktisches Handeln *nicht identisch*, die Aufgaben sind verschieden, aber sie *berühren sich in wesentlichen Aspekten*. Das eine kann und sollte für das andere nützlich und wichtig sein. Wissenschaft und Erziehungswissenschaft im Besonderen müssen ihre Berechtigung darin suchen und daran erweisen, dass sie zur Reflexion und zur (Weiter-)Entwicklung praktischen Handelns beitragen können. Leitbild sollte dabei sein, die Bedingungen zu optimieren, unter denen das Recht auf freie Entfaltung der Persönlichkeit verwirklicht werden kann. In diesem Sinne muss Forschung zur professionellen Kompetenz der in der Praxis Tätigen beitragen. Damit ein solcher Transfer möglich ist, müssen auch auf der Seite der Praktiker entsprechende Kenntnisse und Fertigkeiten erworben werden. Wer pädagogisch handelt, sollte Bedingungen und Verläufe dieses Handelns transparent machen und dessen Ergebnisse kritisch beurteilen können. Das ist nur

im Medium einer an wissenschaftlichen Gütekriterien orientierten Reflexion möglich. Diese Dimension der Ausbildung zielt auf eine *professionelle Kompetenz*, die als forschender Habitus bezeichnet werden kann (vgl. Obolenski/Meyer 2006).
Bei einem *forschenden Habitus* geht es weniger darum, Ergebnisse der Forschung in die Praxis zu übertragen und „1 zu 1" anwenden zu können, sondern Ziel ist eine an theoretischen Kenntnissen orientierte und durch Methoden gestützte Auseinandersetzung mit situativen Merkmalen und Prozessen der jeweiligen Praxis. Dies mag auch ohne theoretische und methodische Schulung möglich sein: Im alltäglichen Handeln sammelt jeder Informationen, jeder bezieht sich auf Erfahrungen, jeder erwartet bestimmte Wirkungen des Handelns, jeder deutet seine Erlebnisse etc. Aber im Alltag ist man nur für sich selbst verantwortlich. Wer in einer Profession tätig ist, hat Einfluss auf andere Menschen, und er sollte diesen so gut wie irgend möglich wahrnehmen – er sollte „professionell" handeln: Er sollte Informationen bewusst(er) sammeln, er sollte Erfahrungen theoretisch einordnen können, er sollte Vermutungen und Erwartungen systematisch prüfen und seine Deutungen als Vermutungen und Vorschläge zur Diskussion stellen etc. Ich betone dabei den Prozesscharakter. Es geht nicht um definitives, richtiges Wissen, sondern um den reflektierenden Bezug zu verantwortlichem Handeln. Der amerikanische Sozialwissenschaftler und Pädagoge Donald A. *Schön* (1930 bis 1997) hat diesen Gedanken im Konzept des *reflektierenden Praktikers* gefasst (vgl. Schön 1983, Neuweg 2000). Dies ist mit dem Konzept des *forschenden Habitus* gemeint. Die Lektüre dieser Einführung in Konzepte pädagogischer Forschung soll zu einer solchen Haltung beitragen.
Für den Umgang mit Forschung kann deshalb als Motto gelten: *Forschung ist Medium, nicht das Ziel!* Es geht weniger um *instrumentelles Wissen*, sondern um *prozedurales Können*. Forschende Aktivitäten von pädagogisch Handelnden zielen also nicht auf Publikationen – jedenfalls nicht in erster Linie. Erst auf einer zweiten, umfassenderen Ebene können Erfahrungen sozusagen gebündelt werden, um z.B. analytische und/oder konzeptionelle Debatten über Handlungsprobleme anzuregen und voranzutreiben. Es geht darum, Deutungs- und Handlungsvorschläge kritisch und konstruktiv zu beraten, ihre Validität (s.u.) zu beurteilen. Kriterium der Gültigkeit ist dann nicht, ob Aussagen und Sichtweisen generalisierbar sind, sondern ob sie der jeweiligen Situation angemessen sind, ein vertieftes Verständnis anregen und eine kollegiale Verständigung ermöglichen. Es ist das, was *Herbart* mit dem Begriff des *pädagogischen Takts* gefordert hat: dass man auf dem Hintergrund theoretischen Wissens (das nicht als eindeutige Anleitung missverstanden wird), aber mit Rücksicht auf die konkrete Situation zu verantwortungsbewusstem Handeln kommt, das den jeweiligen Bedingungen (wahrscheinlich) am besten gerecht wird.
Nun kann man durchaus darüber streiten, welchen Stellenwert Forschung in der beruflichen Tätigkeit – und im pädagogischen Takt – von Pädagoginnen und Pädagogen haben soll. Sicherlich ist methodisch anspruchsvolle Forschung erst mög-

lich, wenn entsprechende Methoden verwendet werden, wenn geschultes Personal dazu zur Verfügung steht, wenn Befunde ohne Handlungsdruck analysiert werden dürfen und mögliche Folgerungen in Ruhe erwogen werden können. Dies erfordert spezifische Kompetenzen und förderliche Situationen. Im Vergleich dazu steht das alltägliche pädagogische Handeln unter Handlungsdruck, der eine distanzierte und geduldige Reflexion zumindest erschwert. Aber so wie unter der forschenden Distanz der Bezug zur Praxis nicht verlorengehen darf, so muss im professionellen Handeln der Bezug zu den professionell relevanten Wissenschaften wirksam bleiben. Dabei kann sicherlich nicht jeder Praktiker in allen relevanten Dimensionen zu Hause sein, aber eine Haltung, ein *Habitus des intensiven Suchens und Findens* scheint mir für die weitere Entwicklung professioneller Kompetenz im Lehrberuf sehr wünschenswert. Diese Einführung soll das wechselseitige Verständnis fördern, indem die teilweise sehr elaborierten Konzepte und Verfahren pädagogischer Forschung in ihren Grundgedanken transparent(er) gemacht werden.

3 Erkenntnistheoretische Probleme

Die Frage nach den Möglichkeiten und Grenzen des Erkennens ist in vielen Dimensionen und Disziplinen des theoretischen Denkens ausführlich und kontrovers diskutiert worden. Auf prinzipieller Ebene ist es zunächst eine Fragestellung der Philosophie. Sie wird dort unter dem Fachbegriff der *Epistemologie* verhandelt, also der „Logik des Wissens oder der wahren Erkenntnis". Natürlich ist auch die Erziehungswissenschaft mit solchen Fragen konfrontiert.

Zur Einführung und zur Vertiefung sei auf folgende Bücher verwiesen:

- *Ernst 2010:* Grundprobleme der Erkenntnistheorie werden in philosophischen Kategorien unter der skeptischen Frage diskutiert, ob „Wissen" überhaupt möglich ist und welchen Beitrag diese Reflexion in verschiedenen Bereichen leisten kann.
- *Hoerster 2010:* In knapper Form werden die wesentlichen Grundfragen des Erkennens und des Wissens diskutiert. Dies wird auf verschiedene Bereiche bis zum alltäglichen Wissen bezogen.
- *Kron 1999:* Erläutert werden die grundlegenden Konzepte wissenschaftlicher Begriffsbildung sowie die Möglichkeiten und Grenzen wissenschaftlicher Reflexion. In einem Literaturreport werden ca. 30 einschlägige Publikationen, Wörterbücher, Lexika und Handbücher aufbereitet.
- *Danner 2010:* Der Autor macht auf die Verantwortung aufmerksam, der sich pädagogisch bedeutsame Forschung in formal-rechtlicher und vor allem in persönlich-existenzieller Weise stellen muss.

Wissenschaft wird in der Regel mit dem Anspruch verbunden, dass sie „die Wahrheit" ans Licht bringt oder wenigstens dazu beiträgt, dass man „erkenn(t), was die Welt im Innersten zusammenhält". Dies war schon Goethes „Faust" allenfalls mit Hilfe des Teufels möglich und das führte bekanntlich zu problematischen Verwicklungen. Wie verhält sich nun dieser ideelle Wunsch zu den realen Möglichkeiten? Was wollen und was können wir wissen? Wie gewiss ist das, was wir zu erkennen glauben? Welche Bedeutung hat dies für unser Handeln und welche Rolle spielt es insbesondere in der pädagogischen Reflexion? Grundsätzlich geht es um die Frage nach Möglichkeiten und Grenzen der „Wahrheit".
In den folgenden Kapiteln muss manches noch abstrakt bleiben, aber als Rahmen und Grundlage für die nachfolgenden Einzelheiten scheint es mir wichtig. Grenzen und Möglichkeiten der verschiedenen Konzepte beruhen nicht allein auf deren speziellen Bedingungen, sondern ergeben sich aus den Grenzen menschlicher Reflexionsfähigkeit. – Es wird also sinnvoll sein, diesen Teil des Buches immer einmal wieder zu Rate zu ziehen.

3.1 Möglichkeiten und Grenzen des Erkennens

Mit dieser Überschrift soll angedeutet sein, dass es um eine Balance geht zwischen einer eher skeptischen Sicht auf die Grenzen des Erkennens und einer dennoch erlaubten Hoffnung auf Ergebnisse, die theoretisch befriedigend und/oder praktisch hilfreich sein können. Grundsätzlich sei davor gewarnt, irgendwelchen *All-Aussagen* Glauben zu schenken. Ob etwas immer so ist, wie manchmal behauptet wird, sollte grundsätzlich infrage gestellt bleiben – jedenfalls nach erkenntnistheoretischen Kriterien. Auf „essenzialistische Pauschalaussagen", die das Wesen (die „Essenz") einer Sache ergründet haben wollen, sollte man in der wissenschaftlichen Argumentation lieber verzichten bzw. ihnen mit Skepsis begegnen. In der Regel verkürzen sie die wirklichen Verhältnisse aus einer begrenzten, normativ geprägten Sichtweise auf jene Dimension, die der Verkünder gern als die einzige herausgestellt wissen möchte.
Gleichwohl lohnt sich natürlich jeder Versuch, einen Sachverhalt besser zu durchschauen. Das ist allerdings bei human- und sozialwissenschaftlichen Fragestellungen nicht ganz einfach. Und für pädagogische Probleme gilt dies in besonderer Weise, weil hier normative Fragen eine große Rolle spielen. Die Erziehungswissenschaft kann deshalb als eine *schwierige Wissenschaft* verstanden werden. Was sein soll, ist noch nicht wirklich – was ist, muss nicht auch sein sollen und so bleiben. Aber wie entscheidet man zwischen diesen Alternativen?
Es kommt hinzu, dass Wissenschaft nicht nur getreu abbildet, was auch ohne sie schon Fakt ist – sie trägt in der gesellschaftlich-politischen Kommunikation auch dazu bei, Wirklichkeit zu *konstruieren*. Sie macht evident, dass etwas (nicht) geht, sie liefert Argumente für oder gegen Positionen, sie relativiert oder verstärkt diese oder eben andere. Dabei ist es kaum möglich und im Sinne eines pädagogischen Ethos gar nicht einmal wünschenswert, Wahrheiten im Sinne eindeutiger Gesetze zu identifizieren. Pädagogische Situationen und Sätze darüber sind *kontingent*: Sie sind so, wie sie sind, sie könnten aber auch anders sein. Ganz beliebig sind sie zwar nicht, wir können nur die komplexen Konstellationen und eventuelle kausale Beziehungen nicht vollständig durchschauen. Deshalb werden in den Sozialwissenschaften in der Regel keine *deterministischen*, unausweichlichen Beziehungen erwartet, sondern lediglich wahrscheinliche, so genannte *probabilistische* Ereignisse, die häufig, aber eben nicht immer beobachtet werden können.
In diesem Kapitel sollen prinzipielle Fragen und Probleme diskutiert werden, zu denen man unterschiedlich Position beziehen kann und zu denen folglich jeder, der sich mit Forschung auseinandersetzt, eine begründete, aber letztlich eigene Sicht entwickeln muss. Mit Wissenschaft werden sehr unterschiedliche Erwartungen verbunden: Manche halten sie für *objektiv* und im Ergebnis eindeutig: Erst wenn etwas endgültig „bewiesen" und „geprüft" ist, könne es das Gütesigel wissenschaftlicher Erkenntnis bekommen. Für andere ist Wissenschaft nicht besser und nicht verlässlicher als alltägliches Gerede. Von zwei Wissenschaftlern bekomme man auf

eine konkrete Frage mindestens drei verschiedene, also im Grunde wertlose Antworten. – Ich will im Folgenden versuchen, ein Verständnis von Wissenschaft zu entwickeln, das für die pädagogische Reflexion hilfreich sein kann.

3.1.1 Realität(en)

In der alltäglichen wie in der wissenschaftlichen Rede wird häufig behauptet, etwas Bestimmtes sei *Tatsache*, davon müsse und dürfe man ausgehen. Das ist erkenntnistheoretisch durchaus riskant. Ähnlich verhält es sich mit Worten wie „logisch“ oder „plausibel“. Ob solche Feststellungen einem Sachverhalt entsprechen, ist keineswegs sicher. Allzu rasch können Wunschvorstellungen bzw. Befürchtungen einen Streich spielen. Im Alltag und in politischen Debatten kann es durchaus hilfreich sein, eindeutig sagen zu können, „was Sache ist oder sein soll“, aber in der wissenschaftlichen Argumentation kann dies nicht befriedigen.

Um dieses Problem zu klären, scheint es mir hilfreich, im Nachdenken über „Realität“ und „Wahrheit“ verschiedene Ebenen zu unterscheiden und ein Spektrum aufzumachen von möglicherweise harten Fakten bis zu vermutlich willkürlichen, aber gleichwohl wirksamen Vermutungen. Die folgenden *Ebenen der Realität* sind *heuristisch*, als *Methode des Findens,* gedacht. Sie sollen dazu anregen, das Problem differenzierter zu erörtern und vielleicht zu einer neuen Sicht zu kommen:

1.) Manche Dinge dürften *gegeben* sein: Sie sind aller Wahrscheinlichkeit nach real im umgangssprachlichen Sinn. Sie sind nicht durch menschliches Handeln zu beeinflussen oder zu verändern. Es handelt sich um Konstanten oder um Prozesse, die sich ständig wiederholen oder auch um Wirkungen, die durch bestimmte Handlungen immer wieder nur in gleicher Weise ausgelöst werden können. Solche Gegebenheiten sind uns zum Teil bekannt, andere sind vielleicht noch nicht ent–deckt, noch unter einer Decke verborgen, aber gleichwohl vorhanden. – Allem Anschein nach gehören in diese Kategorie die *biologischen und physischen Grundlagen des Lebens* wie z.B. die Generativität des Menschen.

2.) Andere Sachverhalte sind im Laufe der Zeit *geworden*, ohne dass dies noch als Ergebnis einer Entwicklung wahrgenommen wird oder intentional hergestellt werden sollte. Sie beruhen auf (historischen) Prozessen, die im Prinzip auch anders hätten verlaufen können. Dass die Ergebnisse für „wahr–genommen“ werden, beruht auf sozialen Interaktionen und einem eher unbewussten Konsens. Solche *soziale Realitäten*[1] sind *„habitualisiert“,* sie werden (gegenwärtig) nicht infrage gestellt und sind wirksam wie „objektive“ Sachverhalte. – Vermutlich gehören hierzu viele Wirkungen latenter Sozialisationsprozesse, soziale Rollen und Institutionen, Riten, Gebräuche und Gewohnheiten. Biographische Entwicklungen sind wahrscheinlich in vielen Aspekten als geworden zu deuten. Hierher gehört auch der Begriff der *Kontingenz* (s.o.): Etwas ist so geworden, wie es sich darstellt, aber warum es so ist, ist nicht erkennbar.

1 Der Begriff „soziale Realität“ ist doppeldeutig: Üblicherweise bezeichnet man damit „Strukturen der sozialen Zustände“; hier ist dagegen die durch „soziale“ Prozesse geleitete Wahrnehmung gemeint.

3.) Etwas kann intentional *gestaltet* worden sein. Wenn Verhältnisse und Entwicklungen beeinflusst worden sind und das Ergebnis den Zielsetzungen entspricht, wird „fest–gestellt" was so bleiben soll, wie es ist. Die „soziale Realität" wird intentional *konstituiert.* Sie ist mit mehr oder weniger bewusster Anstrengung hergestellt worden, und sie wird als „real" akzeptiert. Zumindest lässt man die Dinge so laufen, wie sie laufen, und so bestehen, wie man sie vorfindet. Dies beruht auf mehr oder weniger transparenten *Diskursen* und Entscheidungen über die Bedeutung verschiedener Gegebenheiten. Die Intentionen müssen aber nicht so transparent sein, dass sie kommuniziert werden können. – Vermutlich gehören hierzu implizite, noch nicht reflektierte Erziehungsziele, auch die entsprechenden Einrichtungen und die dort üblichen Praktiken.
4.) Wenn Sachverhalte *begriffen und benannt* werden, können sie Realität verstärken, sie aber auch überhaupt erst als solche erzeugen. Wenn über etwas Worte gemacht werden, wird es bewusst und man kann darüber reden. Es entsteht eine zweite nominale, symbolische Realität. Die Welt wird in Symbolen verdoppelt, die eine eigenständige Realität bekommen. Worte werden häufig für bare Münze genommen, mit der Wirklichkeit zutreffend und technisch funktional beschrieben wird. – Hier sind vermutlich explizite pädagogische Ziele, ethische Normen, Verfassungen, Gesetze etc. einzuordnen.
5.) Aspekte der Realität können *verdrängt* sein. Nicht alles, was das Denken und Handeln beeinflusst, gelangt ins Bewusstsein. Starke Bedürfnisse können andere beiseitedrängen, damit eine eindeutige Orientierung erhalten bleibt. Ebenso können Befürchtungen oder schlechte Erfahrungen dazu führen, dass deren Auslöser ausgeblendet werden. Dies kann dazu führen, dass Wirkungen, die unter normalen Bedingungen logisch zu erwarten wären, nicht eintreten. Manifeste Intentionen können durch latente Zielsetzungen konterkariert werden. – Zu fragen wäre unter dieser Perspektive z.B., wie eindeutig explizite Erziehungsziele wirklich sind. Sie können vorgeschoben und übermäßig betont sein, weil andere, möglicherweise gegenwirkende Prozesse nicht bewusst werden sollen. So gibt es vermutlich neben den offiziellen Lehrplänen der Schule einen *heimlichen Lehrplan*, nach dem auch Ziele wirksam werden, ohne dass sie benannt werden müssen.
6.) Andererseits können Aspekte als Realität *gewünscht (oder gefühlt und vermutet)* werden, die im absoluten Sinne von Objektivität (noch) gar nicht real sind. Aber als Vorstellung können sie eine erhebliche Rolle spielen. Wunschvorstellungen beeinflussen die Wahrnehmung der Verhältnisse, und als solche können sie das Handeln stimulieren oder es beeinträchtigen. Einerseits können sie unsinnig sein, wenn der Wunsch nicht den Möglichkeiten entspricht. Problematisch wird es, wenn solche Vorstellungen nicht mehr kommunizierbar sind. Andererseits können alternative, kreative Ideen gewohnte Denkweise produktiv infrage stellen und zu immer wieder erneutem Nachdenken anregen. – *Ideologien* im Sinne von Ideen und Programmen können eine solche Bedeutung haben. Als eine *sich-selbst-erfüllende Prophezeiung* kann etwas, was nur vermutet und geglaubt, aber weitergesagt und aufgegriffen

wird, Grundlage des Handelns bzw. seiner Deutung sein und wirksam werden. Was heute noch als Utopie gilt oder als Vision abgetan wird, kann schon bald Wirklichkeit sein.

Die Unterscheidung dieser sechs Ebenen – *gegeben, geworden, gestaltet, begriffen, verdrängt und gewünscht* – ist rein *prinzipiell* als heuristisches Modell zu verstehen. In welcher Weise ein Sachverhalt bzw. eine Aussage über ihn einer bestimmten Ebene zugeordnet werden kann, ist nicht definitiv zu entscheiden. Es gibt kein Kriterium, nach dem ein Phänomen definitiv einer dieser Ebenen definitiv zugeordnet werden könnte. Die Ebenen sind nur begrifflich-analytisch zu trennen. In der Wirklichkeit spielen sie ineinander. Aber wenn solche Differenzen als Möglichkeit bewusst sind, wird die Wahrnehmung problematisiert und für mögliche neue Sichtweisen geöffnet. Wir werden nicht nur entlang unserer Erwartungen suchen, sondern wir können etwas finden, was ein Problem in einem anderen Licht erscheinen lässt. Wir können z.B. prüfen, ob Sachverhalte, die als eindeutig und unveränderbar gelten (wie z.B. bestimmte gesellschaftliche Institutionen oder Verhaltensweisen), als gewordene Entwicklungen durchschaut werden müssen und mit gewünschten Perspektiven verbunden werden können. Soziale Realitäten können ihre gesellschaftliche Anerkennung verlieren und ggf. durch andere normative Orientierungen ersetzt werden.
Hilfreich kann an dieser Stelle eine Unterscheidung zwischen *Wahrheit und Wirklichkeit* oder zwischen *absoluter und konsensualer Realität* sein: Während das eine unabhängig von unserer Kenntnis wirkt, ist die zweite Form von sozialer Anerkennung abhängig. Wenn dafür ein Konsens gegeben ist, können soziale Realitäten sehr wirk–mächtig sein. Gut zum Ausdruck kommt diese Art von Realität in dem englischen Begriff der *truthiness*, der *Wahrheitsscheinlichkeit*. Dann stützen sich gleichgerichtete Informationen und Meinungen gegenseitig, während anderslautende Hinweise ignoriert werden.
Das Bemühen um Erkenntnis bewegt sich zwischen diesen Ebenen von Realität: Im Prinzip sollte bei allen Fragestellungen geprüft werden, welche Aspekte als gegeben, als geworden, als gestaltet, als begriffen, als verdrängt oder als gewünscht zu verstehen sind. Von einer Ebene aus stellen sich Fragen nach den anderen. Die folgenden Beispiele können die Vielfalt solcher Fragen nur andeuten:

- Wie gehen wir mit Gegebenheiten um? Wir können sie als Argument verwenden, weil Fakten eben nicht veränderbar seien. Wir können aber auch fragen, wie stark solche Vorgaben wirksam werden sollen und wie dem ggf. entgegengewirkt werden kann.
- Wir können prüfen, ob Worte, die gebräuchlich geworden sind, einen angemessenen Begriff darstellen und welche latenten Bedeutungen sie transportieren.
- Wir können prüfen, ob unsere Intentionen mit den gewordenen und gestalteten Bedingungen vereinbar sind, ob sie eine Entwicklung fortschreiben, intensivieren oder aber eine Wendung einleiten würden.

Bei den im ersten Kapitel genannten *pädagogischen Fragestellungen* könnte dies z.B. bedeuten:

- Wie sind Veränderungen im Verhältnis zwischen den *Generationen* zu verstehen? Was ist daran biologisch bedingt, welche Erfahrungen und welche Intentionen spielen eine Rolle, wie weit sind diese in der Interaktion zwischen den Generationen bewusst, welche Varianten und Alternativen sind denkbar?
- Wie hat sich der *Bildungsbegriff* entwickelt, welche Interessen sind damit verbunden? Welche anthropologischen Voraussetzungen sollten als „gegeben" betrachtet werden, welche Annahmen sind unter Ideologieverdacht zu stellen? Sind mögliche latente Nebenwirkungen verdrängt? Wie sollte das Bildungswesen gestaltet werden?
- Welche Vorstellungen von Lehren und Lernen prägen die *Didaktik*? Welche Ziele stehen hinter verschiedenen Konzepten? Was wird ungefragt tradiert? Welche Rollen haben sich für Lehrende bzw. Lernende etabliert? Wie wirken sich diese auf die Erfahrungen aus, die Lernende dabei machen (müssen)? Kann man dies ggf. ändern?

Verknüpfungen zwischen solchen Ebenen der Realität stellen wir im alltäglichen Handeln immer wieder her. In der Forschung soll dies theoretisch begründet und methodisch transparent geschehen. Dies kann allerdings nicht mit der Erwartung verbunden werden, dass Forschung zu eindeutigen Klärungen führt. Ihr Nutzen besteht zunächst nur darin, die Reflexion über pädagogische Prozesse differenzierter und besser zu begründen. Pädagogische Forschung soll nicht nur fest–stellen, was ist, sondern Gestaltungsmöglichkeiten aufzeigen, sie erproben und kritisch reflektieren.

3.1.2 Theorien und Methoden

In der Forschung spielen Theorien ohne Frage eine große Rolle. Sie regen dazu an, sich mit Beobachtungen und Erfahrungen intensiver zu beschäftigen, sie weiter und genauer zu entfalten oder zu überprüfen, wie weit unsere Deutungen die Sachverhalte verständlich machen und ggf. praktisches Handeln anleiten können. Auf der anderen Seite können aus Beobachtungen in der Forschung Deutungen entstehen, die mit mehr oder weniger neuen Begriffen in den wissenschaftlichen Diskurs eingebracht werden. Dort müssen sie sich in weiterer Forschung bewähren. Das ist ein unendlicher Prozess.

Was ist dabei unter *Theorie* zu verstehen? – Man sollte zunächst unterscheiden zwischen einem eher alltagssprachlichen Verständnis und der wissenschaftlichen Auffassung: Im Alltag wird *Theorie* häufig verstanden als eine Art Entwurf, als ein Ideal, an dem man sich orientieren könnte oder sollte. Dies gerät leicht in einen *Gegensatz zu Praxis*, die als handfest und real verstanden wird. Theorie wird oft als „bloße Theorie", als Gedankenspiel o.Ä. abgewertet. Diese Auffassung von Theorie ist mit einer deutlichen normativen Komponente verbunden.

In der erkenntnistheoretischen Diskussion wird Theorie ausdrücklich *nicht mit normativen Setzungen verbunden.* Sie soll keine Anleitungen zum Handeln vermitteln. Ihre Aufgabe besteht lediglich darin, Sachverhalte auf den Begriff zu bringen. Sie soll Beobachtungen verständlich machen, Prozesse in ihrer Dynamik transparent werden lassen, in Zielsetzungen die Motive aufklären, den Erfolg oder Misserfolg praktischen Handelns erklären. Das soll dazu verhelfen, im praktischen Handeln zwischen möglichen Alternativen besser begründet entscheiden und dann effektiver handeln zu können.

Die *Grenze* zwischen diesen beiden Auffassungen von Theorie ist allerdings *keineswegs einfach und eindeutig* einzuhalten. Nach Max *Weber* sollen normative Fragen zwar durchaus Gegenstand der Forschung sein, sie sollen jedoch nicht in der Wissenschaft entschieden werden. – Aber wirkt es sich nicht schon auf die Bedeutung normativer Fragen aus, wenn sie zum Gegenstand von Forschung werden? Es ist offenbar wichtig, sich gerade hierüber Gedanken zu machen. Und noch mehr Einfluss wird es haben, wenn z.B. festgestellt wird, dass die eine Zielsetzung besser begründet und/oder leichter realisierbar erscheint als eine andere. Dies kann in der öffentlichen Debatte über anstehende Entscheidungen als Argument verwendet werden. Das wäre weniger möglich, wenn über eben diese Fragen nicht geforscht worden wäre.

Dies macht noch einmal deutlich, wie rasch sich im Grunde *alltägliche und wissenschaftliche Kommunikation* berühren und dass sie ähnliche Strukturen aufweisen. Die prinzipielle Abgrenzung ist zwar wichtig, aber es muss sehr darum gerungen werden, die mit Wissenschaft verbundenen Ansprüche glaubhaft werden zu lassen und glaubhaft zu erhalten. Das wichtigste und grundlegende Kriterium kann dabei nur die Transparenz der Verfahren sein.

Bei pädagogischen Fragestellungen kommt noch hinzu, dass diese ohne Bezug auf die *normativen Implikationen* kaum sinnvoll erörtert werden können. Man kann z.B. über das Verhältnis der Generationen, über Bildung und Didaktik (s.o.) nur reflektieren, wenn neben den harten Fakten auch die damit verbundenen Zielsetzungen transparent gemacht werden. Weil man dabei schon durch die Auswahl der Zielsetzungen, mit denen man sich beschäftigt, Prioritäten setzt, ist man als Forscher unweigerlich in Entscheidungen über normative Fragen involviert.

Zur Lösung des Problems könnte man eine Art Zurückhaltung empfehlen, die sich auf das rein Faktische beschränkt. Dies ist jedoch im besten Fall eine Illusion. Sie wird bedenklich, wenn hinter der Vorderbühne der reinen Tatsachen verborgen bleibt oder gar bewusst verborgen wird, in welchem intentionalen und politischen Umfeld diese Forschung sich bewegt.

Aus dieser nicht möglichen Abgrenzung hat der amerikanische Philosoph Richard *Rorty* (1931 bis 2007) eine radikal andere Konsequenz gezogen: „Realität“ ist nach seiner Überzeugung nur das, was sich im sprachlich-sozialen Diskurs der Angehörigen der Gesellschaft etabliert hat. Theorie bringe nur zum Ausdruck, was jeweils unter den bestehenden Verhältnissen sprachlich formuliert wurde und dabei gültig geworden ist. Er verweigert folgerichtig der wissenschaftlichen Reflexion, sich auf irgendwie und irgendwoher begründete absolute Wahrheiten zu berufen. Stattdessen fordert er die Sozialwissenschaften auf, die Verhältnisse so zu beschreiben, dass ihre „sozialen Praktiken" phantasievoll gestaltet werden können. Es gehe nicht um distanzierte, neutrale „Objektivität", sondern um gesellschaftliche „Solidarität" (vgl. Rorty 2008).

In diesem Sinne ist Wissenschaft ausdrücklich auf ihre normativen Implikationen verwiesen und zwar nicht nur als Mahnung vor der möglichen Gefährdung ihrer Objektivität, sondern als Aufforderung, eine gesellschaftliche bzw. hier im Besonderen eine pädagogische Verantwortung wahrzunehmen. Wenn deren Intentionen transparent gemacht werden, kann die darauf bezogene Forschung genauer beurteilt und kritisch diskutiert werden.

Deutlich ist dieses Problem m.E. am Beispiel der *Ideologiekritik* zu zeigen: In den 1960er und 1970er Jahren wurde unter dieser Formel gefordert, dass bestehende Verhältnisse danach befragt werden, welche verborgenen, nicht transparenten (Herrschafts-)Interessen mit überkommenen Strukturen etc. verbunden sein könnten. Dass bis dahin solche latenten Faktoren nicht im Blick waren, wurde den damals dominanten methodischen Konzepten der Forschung angelastet (s.u.). – Nach meinem Verständnis ist es jedoch keine Frage der Methoden im Sinne von Verfahrensweisen, ob eine bestimmte inhaltliche Fragestellung oder ein bestimmtes theoretisches und ggf. kritisches Konzept verfolgt wird. Mit welchen inhaltlichen Perspektiven Forschungsmethoden verwendet werden, ist vielmehr vom theoretischen und politischen Bewusstsein derer abhängig, die diese Methoden verwenden. Gegenwärtig spielen ideologiekritische Perspektiven eine wichtige Rolle in den Arbeiten des französischen Soziologen von Pierre *Bourdieu* (1930 bis 2002). Diese werden auch in der deutschen Pädagogik intensiv diskutiert (vgl. Friebertshäuser/Rieger-Ladich/Wigger 2009).

In ähnlicher Weise ist meines Erachtens die *Biographieforschung* (vgl. Krüger/Marotzki 2006, von Felden 2008, Fuchs-Heinritz 2009, Völter 2009) nicht als eigenständige Methode zu verstehen, sondern als eine inhaltliche Fragestellung, die sich an entsprechendem Material abarbeitet: Können in dokumentierten oder erfragten Lebensläufen Strukturen und Prozesse identifiziert werden, die verständlich machen, warum sich Menschen zu unterschiedlichen Persönlichkeiten entwickeln? Dazu werden Methoden herangezogen, die auch bei anderen Fragestellungen hilfreich sind: vor allem Interviews und biographische Materialien.

Dass dies für andere Richtungen in ähnlicher Weise gilt, macht m.E. eine kurze Aufzählung nachvollziehbar: Jeweils spezifische Fragestellungen und theoretische Konzepte werden u.a. verfolgt in der *historischen Forschung*, in der *vergleichenden Pädagogik*, in der *Geschlechterforschung*, nach dem Konzept des *symbolischen Inter-*

aktionismus, in *systemtheoretischer Perspektive*, unter *konstruktivistischen Fragestellungen* etc. Immer geht es um spezifische inhaltliche Ansätze, für die im Prinzip alle Methoden verwendet werden können, wenn auch jeweils bestimmte theoretische Konzepte Vorrang haben. Dass die vorliegende Einführung kein eigenes Kapitel zu diesen inhaltlich-theoretischen Ansätzen enthält, ist auf diese Sicht der Dinge zurückzuführen.

Es ist folglich auch nicht sinnvoll, dem einen oder anderen methodischen Konzept von Forschung eine bestimmte inhaltliche Bedeutung zu- oder abzusprechen. Ob in einem Forschungsprozess die Beobachtungen einer schon vorhandenen theoretischen Deutung *subsumptionslogisch* (wie Ulrich Oevermann es nennt) zugeordnet werden oder nach neuen Deutungen gesucht wird, entscheidet sich nicht durch die Wahl der Methode, sondern es hängt vom theoretischen Bewusstsein, genauer von einer theoretischen Fixierung oder theoretischen Offenheit der beteiligten Personen ab. Man kann nach jedem Konzept der Forschung nur nach Bestätigungen für seine Erwartungen suchen oder für Neues offen sein.

3.1.3 Forschung und Modelle

Forschung und Wissenschaft sollen die komplexe und sich in vielen Aspekten dauernd verändernde *Wirklichkeit besser verständlich machen* und die Kommunikation darüber fördern. Sie tun dies, indem sie diese Wirklichkeit *in Modellen* rekonstruieren. Solche Modelle sollen die Wirklichkeit anhand geeigneter Begriffe und/oder quantitativer Kennwerte so beschreiben, dass sie auf bestimmte Fragestellungen hin besser beobachtet, verstanden und (eventuell zunächst probeweise) verändert werden kann. Man bereitet die Wirklichkeit so auf, dass bestimmte Aspekte, für die man sich besonders interessiert, herausgehoben, verdeutlicht und exemplarisch zugänglich werden. Je nachdem, welcher Aspekt gerade interessiert, kann das Modell ganz verschieden aussehen – so wie etwa Landkarten die Wirklichkeit ganz verschieden darstellen: als Netz von Autobahnen, von Eisenbahnlinien oder von Wasserstraßen oder nach Postleitzahlbezirken, nach Bevölkerungsdichte oder Dialektgebieten usw. Auch macht es einen wesentlichen Unterschied, ob es mehr darum geht, einen Überblick zu gewinnen oder ob man sich in Details möglichst gut orientieren will.

Modelle dürfen *nicht als treue Abbildung von Wirklichkeit* verstanden werden. Sie verkürzen die Wirklichkeit und können sogar falsch sein. Ein Modell kann sich so sehr von der Wirklichkeit entfernen, dass es zu abstrakt, zu abgehoben wird und nicht mehr gültig ist. Dieser Vorbehalt sollte bei der Argumentation mit Modellen stets bewusst bleiben. Wer nun deshalb die Wirklichkeit in ihrer vollen Komplexität belassen und keine vereinfachenden Modelle verwenden will, wird aber möglicherweise wichtige Strukturen, Beziehungen, Effekte usw. nicht erkennen. Wer wiederum nur die Details sieht, wird die Zusammenhänge nicht verstehen. Ein Modell soll helfen, diese verschiedenen Ebenen aufeinander beziehen und mitei-

nander verbinden zu können. Aber ein Modell bleibt immer eine Abstraktion der Wirklichkeit. Deshalb ist es wichtig, sich des Modellcharakters wissenschaftlicher Aussagen bewusst zu bleiben: Die Wirklichkeit wird jeweils nur unter bestimmten Perspektiven betrachtet, und es ist notwendig, verschiedene Modelle immer wieder zu einem Gesamtbild von Wirklichkeit zusammenzufügen.
Als Modell betrachte ich auch die verschiedenen Kennwerte, die in der *Statistik* berechnet werden (s.u.). So ist z.B. ein Mittelwert eine reduzierende Information über die Lage einer Verteilung von Messwerten. Sie stellt diesen einen Aspekt heraus, macht aber nicht mehr erkennbar, in welcher Beziehung die einzelnen Daten zu der gemeinsamen zentralen Tendenz stehen. Es ist sogar möglich, dass kein einziger Fall genau den errechneten Mittelwert aufweist. Dennoch gibt der Mittelwert eine Information, die für die Beurteilung der Daten hilfreich sein kann.

Im Prinzip haben Modelle viele *Vorteile*: Modelle können …
… den Erkenntnisprozess voranbringen,
… eine Sache überschaubar und leichter kommunizierbar machen,
… die unter einer Fragestellung für relevant gehaltenen Aspekte herausstellen,
… auf mögliche Nebenwirkungen aufmerksam machen,
… die Wirkung bestimmter Aspekte probeweise aufzeigen,
… alternative Sichtweisen durchspielen,
… Planung und Verwirklichung in Beziehung setzen,
… in didaktischer Funktion das Wichtige herausstellen und leichter vorstellbar machen.

Als *Nachteil* muss ggf. in Kauf genommen werden, dass Modelle …
… die ursprüngliche Komplexität so vereinfachen können, dass sie „zu einfach", „unterkomplex" erscheint,
… möglicherweise relevante Aspekte aus dem Blick drängen, sodass ein falsches Bild entsteht,
… Aspekte ausblenden, die den Betrachtern nicht bewusst werden,
… eindeutiger funktionieren als die Wirklichkeit und diese verfälschen,
… eine ästhetische Wirkung entfalten und die Betrachter verzaubern, sodass das Abbild schöner erscheint als das Abgebildete,
… sich in der Kommunikation verselbstständigen, wenn ihr tentativer (versuchsartiger) Charakter vergessen wird.

Generell ist festzuhalten: Theorien und Modelle sind immer glatter als die oft widersprüchliche Realität. Ob ein Modell der Realität gerecht wird, ist schwer zu beurteilen. Prüfen kann man ein Modell ja immer nur im Rahmen der herausgestellten Aspekte. Ausführlich wird dieses Problem bei Gigerenzer 1981 und bei Stachowiak 1983 diskutiert. Thomas S. Kuhn (1922 bis 1996) hat die relative Bedeutung aufgezeigt, die Modellen im Wandel wissenschaftlicher Paradigmen zukommt (Kuhn 2007).

Damit Modelle geprüft werden können, müssen die Annahmen, Interessen und Wünschbarkeiten, die in die Bildung eines Modells eingeflossen sind, transparent werden können. Dazu muss man Modelle lesen können. Man muss ggf. die Symbole verstehen (wie eine Legende bei Landkarten, Schaltplänen u.Ä.). Man muss sich das Original (die Vorlage bzw. das Gedachte, Zukünftige) vorstellen (es *imaginieren*) können. Vielleicht braucht man – ähnlich wie eine Medienkompetenz – eine Art *Modell-Kompetenz*: Man muss ein Modell lesen können, soll aber andererseits kritisch bleiben! – Dazu soll dieser Band beitragen!

3.1.4 Alltägliche Rede und wissenschaftlicher Diskurs

Im Alltagsverständnis geht man davon aus, dass Ergebnisse der Wissenschaft eine *besondere Qualität* haben. Aber unterscheidet sich eine „wissenschaftliche Erkenntnis" von alltäglichen Behauptungen? – Im *Alltag* nehmen wir unsere Umgebung mit unseren Sinnen wahr, wir entwickeln daraus Bilder und Begriffe. Damit kommunizieren wir miteinander und prüfen, ob unsere Vorstellungen mit denen der anderen übereinstimmen oder nicht. Wenn jemand eine andere Meinung vertritt, werden wir vielleicht zurückfragen und bitten, doch genauer anzugeben, wie etwas gemeint ist, was ein bestimmtes Wort bedeuten soll und warum die anderen gerade zu den geäußerten Einschätzungen gekommen sind. Man bittet um Erklärungen.
Im Alltag entwickeln sich mehr oder weniger gemeinsame, von vielen geteilte Sichtweisen. Dies beruht im Alltag auf einem *kaum steuerbaren Prozess* und ist kaum als ein von Methoden geleitetes oder gar kontrolliertes Vorgehen zu verstehen. Für das Reden und Handeln im Alltag ist das auch völlig ausreichend – solange die öffentliche Akzeptanz erhalten bleibt. Man darf in der Regel durchaus anderer Meinung sein, ohne dies genauer begründen zu müssen. Im persönlich-individuellen Alltag wird niemand gezwungen, sich strengen Kriterien wissenschaftlicher „Wahrheit" zu unterwerfen. Das Reden und Tun soll allenfalls *wahrhaftig* sein, aber außerhalb gesetzlicher Vorgaben bzw. bei deren Verletzung kann das nicht eingeklagt werden.
Es ist im Alltag erlaubt und ganz normal, dass in der Kommunikation eigene Interessen durchgesetzt werden sollen. Man darf versuchen, andere von der eigenen Sichtweise zu überzeugen oder sie dazu zu überreden. Auch Koalitionen dürfen gebildet werden, die sich ggf. gegen andere durchzusetzen versuchen. Dies kann zu einer verzerrten Wahrnehmung führen, die aus der komplexen Wirklichkeit bestimmte Aspekte ausblendet und andere hervorhebt.
In der *Wissenschaft* ist es im Grunde recht ähnlich: Theorien und Methoden sind von Menschen entwickelt worden und sie können nur von Menschen angewendet werden. Und in dem Maße, in dem wissenschaftliche Argumentation soziale Wirklichkeit deutet und dies publik macht, ist sie in den gesellschaftlichen Kommunikationsprozess eingebunden. Da liegt die *Versuchung* nahe, diesen Prozess so zu beeinflussen, wie es den eigenen Vorstellungen und Zielen entspricht. So wie Kommunikation im Alltag verzerrt sein kann, kann es auch die wissenschaftliche Argumentation sein. Bei pädagogischen Fragestellungen ist diese Gefahr besonders groß.

Damit soll natürlich nicht behauptet werden, dass es zwischen alltäglicher und wissenschaftlicher Argumentation keine *Differenz* gebe. Es bedarf allerdings einer besonderen Aufmerksamkeit, wenn sie gewahrt werden soll. Der erste Schritt dazu besteht darin, dass man einen Anspruch auf „Wahrheit und nichts als die Wahrheit" gar nicht erst erhebt, sondern den *relativen Charakter wissenschaftlicher Erkenntnismöglichkeiten* und der entsprechenden Aussagen bewusst macht. Entscheidend ist es, wie weit es gelingt, den Prozess transparent und kommunizierbar zu machen, der zu einer bestimmten Antwort vollzogen worden ist. Was dazu erforderlich ist bzw. hilfreich sein kann, wird unter dem Begriff der *Gütekriterien* später noch zu diskutieren sein.

Festgehalten sollte aber werden, dass Wissenschaft *im Grunde ähnlich* wie das Alltagsdenken und -handeln ein Versuch ist, sich über die Wirklichkeit, in der wir leben und in der wir uns so oder so orientieren und verhalten, zu verständigen. Wissenschaft ist *eine Form der Kommunikation* über unsere Lebenswelt – und zwar besonders in solchen Bereichen, die wir im Alltag durch schlichte Wahrnehmung und das Reden darüber nicht hinreichend verstehen und klären können.

Das Bemühen um wissenschaftliche Wahrhaftigkeit drückt sich konkret in den *Regeln* aus, nach denen man in der Argumentation angibt, auf welche Quellen man sich bezieht und welche Ausschnitte man daraus übernimmt. Dazu gehören vor allem *bibliographische Angaben* und *korrekte Zitate*. Diese müssen vollständig und gut nachvollziehbar sein, wenn sie als Argument oder Beleg gelten sollen. – Aber auch da ist man schon wieder nahe beim Alltag: Es wäre unsinnig, für jeden Gedanken einen Beleg anzugeben. In die notwendige Auswahl fließen aber unweigerlich Vorlieben und/oder Abneigungen ein. Problematisch wird es, wenn sich so genannte *Zitierkartelle* bilden nach dem Motto „Wenn du mich zitierst, tue ich es auch!". Aber wie soll man entscheiden, wann solche Verweise sachlich sinnvoll sind oder wann die Auswahl als einseitig zu beurteilen ist? In einer transparenten wissenschaftlichen Kommunikation sollte einigermaßen nachvollziehbar sein, in welchem Kontext sie steht, und man sollte kritisch prüfen können, welche Intentionen, Interessen etc. damit verbunden sind.

Wenn Wissenschaft als Kommunikationsprozess verstanden wird, dann sind – wie im Alltag – *Kontroversen* ein wesentliches Moment einer lebendigen Interaktion. Positionen und unterschiedliche Sichtweisen werden deutlicher herausgearbeitet, Missverständnisse geklärt und – im Glücksfall – neue Perspektiven entwickelt. Dass es bei solchen Kontroversen auch um „Revierabgrenzungen" geht, dass sich klären soll, wer zu dieser oder jener Richtung steht, und dass auch letztlich festgestellt werden soll, welche Position am Ende als *herrschende Lehre* obsiegt, das wird nicht zu leugnen sein. Und bei mancher Auseinandersetzung fragt man sich im Nachhinein, warum es eigentlich so kontrovers zuging – aber das kann man sich vermutlich häufig tatsächlich erst hinterher fragen.

In solchen Kontroversen drückt sich ein prinzipielles Problem aus: Die Vielfalt der Konzepte und ihre kontroversen Bewertungen führen zu einer Art *Unübersichtlichkeit*. Dies wird insbesondere jene irritieren, die von Wissenschaft konkrete Anleitungen oder wenigstens Orientierung erwarten. Andere scheinen sich in einem solchen Getümmel erst richtig wohl zufühlen. Wenn unterschiedliche Sichtweisen nicht unter das Joch einer einzigen herrschenden Lehre gezwängt werden, sondern sich in einem *freien Spiel der wissenschaftlichen Diskussion* entfalten dürfen, kann das zu einer Beliebigkeit führen, bei der aus einem „alles ist gleich gültig" ein „alles ist gleichgültig" wird. An die Stelle kritischer Prüfung und „logischer" Entscheidung mag ein Ritual treten, bei dem Geschmacksurteile und/oder die Neigung zu spielerischem Wettbewerb eine größere Rolle spielen als Wahrheit oder Wahrhaftigkeit. Aber nachdem uns eindeutige Kriterien für Entscheidungen über das, was „wahr" ist, – zum Glück! – abhandengekommen sind, werden wir den Umgang mit Pluralität und Vorläufigkeit lernen müssen. Wenn wir die damit verbundene Offenheit aushalten und produktiv verarbeiten, werden wir – möglicherweise – zu Erkenntnissen kommen, die uns ohne diese Pluralität verborgen blieben.

3.1.5 Grenzen und Fallen

Wenn man Wissenschaft als Kommunikation betrachtet, dann muss man davon ausgehen, dass sie prinzipiell den *Gefahren verzerrter Kommunikation* unterliegt. Damit ist gemeint, dass die Partner eines Gesprächs nicht selbstverständlich unvoreingenommen und offen miteinander reden, sondern dass sie von bestimmten Vor-Annahmen ausgehen oder bestimmte Ziele und Interessen verfolgen. Sie werden z.B. nur dann oder umso heftiger widersprechen bzw. zustimmen, wenn ihre eigenen Interessen berührt werden, oder nur auf Dinge eingehen, die ihnen selbst wichtig erscheinen. Auch für die Partner einer wissenschaftlich gemeinten Kommunikation (im weitesten Sinne) gilt deshalb, ...

... dass sie unterschiedliche Interessen an einem Forschungsgegenstand haben und von den Ergebnissen unterschiedlich betroffen sind,

... dass sie unterschiedlich kompetent sind, sowohl im Umfang als auch im Profil ihrer Kompetenz,

... dass sie unterschiedliche Möglichkeiten haben, Forschung zu beeinflussen oder die Ergebnisse der Forschung zu verwerten.

Gleichwohl lassen sich auch im Medium der Wissenschaft jene Probleme, die mit alltäglicher Kommunikation verbunden sind, nicht ganz vermeiden – WissenschaftlerInnen sind eben doch auch „nur Menschen". Immer wieder werden Dinge als Tatsache behauptet, die auf Vermutungen beruhen und/oder als wünschenswert gelten, aber keineswegs entsprechend gesichert sind.

Zur Abwehr solcher Probleme haben staatliche und/oder standesrechtliche Instanzen (Verbände der Wissenschaften) Einrichtungen geschaffen, die darüber wachen sollen, dass die *Regeln wissenschaftlicher Ethik (s.u.)* eingehalten werden.

Die wissenschaftliche Argumentation kann dadurch *begrenzt* sein, dass sie im Rahmen jener theoretischen Konzepte kreist, an denen sich eine Untersuchung orientiert. Man sucht dann nur nach Antworten auf jene Fragen, die schon vorab gestellt waren. Es ist wie bei einer Reise: Man hat am Ziel nur das im Koffer, was man zu Hause eingepackt hat, und mancher sieht dort nur das, worüber er sich vorher informiert hat. In den Sozialwissenschaften wird dieser Gedanke als *gigo-Prinzip* (=*g*arbage-*i*n-*g*arbage-*o*ut) bezeichnet: Wenn man eine Untersuchung unsinnig anlegt, kann auch nur Unsinn herauskommen. Das schließt natürlich nicht aus, dennoch etwas Neues zu finden. Aber das kann allein durch bestimmte Methoden und Techniken der Forschung nicht sichergestellt werden. Neues entdeckt man nur, wenn man dazu bereit ist. Dafür können eine eher alltagsmäßige Naivität und eine unkontrollierte Neugierhaltung hilfreich sein.
In erkenntnistheoretischem Sinn können in der wissenschaftlichen Argumentation folgende grundlegende *Fehler* begangen werden:

- der *Schluss vom Sein zum Sollen:* Man schließt aus der Beschreibung dessen, was empirisch der Fall ist, auf das, was sein soll; aus empirischen Beobachtungen dürfen aber keine normativen Aussagen abgeleitet werden.
- der *Schluss vom Wollen auf das Sein:* Dieser Fehler unterläuft immer dann, wenn die Wahrnehmung und die Beschreibung von Sachverhalten beeinflusst werden durch Vorannahmen und Zielvorstellungen derjenigen, die diese Beschreibungen vornehmen; auch hier wird das Prinzip nicht strittig sein, es dürfte aber schwierig sein, es einzuhalten.
- der *voreilige Schluss*: Aus ersten Versuchen, raschen Beobachtungen und Einzeldaten werden weitreichende Folgerungen abgeleitet, die allenfalls als Hypothesen gelten können.
- der *ökologische Fehlschluss:* Man überträgt einen isolierten Laborbefund auf eine größere Gesamtheit, auf das Umfeld (deshalb „ökologisch").
- die *unzulässige Deutung als Kausalität:* Konsekutive, zeitlich aufeinander folgende Phänomene werden als kausal zusammenhängend interpretiert („Das ist doch plausibel …").
- der *Zirkel-Beweis*: Eine Vermutung wird durch ein Beispiel, eine Graphik o.Ä. erläutert und diese dann als Beleg herangezogen („Wie man sieht …").

Solche Fehler können auch dann unterlaufen, wenn man Befunde mit gutem Gewissen darzustellen versucht. Allzu leicht erliegt man den Eindrücken schöner Beispiele, der *Plausibilität* seiner Ideen und der Faszination einer scheinbar stringenten Gedankenführung. Unverzeihlich wird es dagegen dann, wenn Daten leichtfertig oder gar vorsätzlich gefälscht werden, um eine bestimmte These beweisen zu können und dadurch den Diskurs über Sachverhalte so zu beeinflussen, wie es die eigenen Zielvorstellungen oder die der Auftraggeber am besten stützen kann.

An diesen möglichen Fehlern wird noch einmal deutlich, wie leicht eine wissenschaftlich gemeinte Argumentation in die Fallen der alltäglichen Rede geraten kann. Deshalb gilt auch hier die häufig zitierte Regel, nach der Kontrolle besser ist als Vertrauen!

3.2 Qualitätskriterien der Forschung

Wenn Wissenschaft als ein Kommunikationsprozess verstanden wird, der mehr oder weniger gut gelingen kann, dann sind Kriterien zu entwickeln, an denen geprüft werden kann, ob und mit wie viel Erfolg versucht wird, die *Gefahren verzerrter Kommunikation zu vermeiden.* Dabei sind die Maßstäbe, nach denen dieser Erfolg beurteilt werden soll, natürlich selbst Ergebnis eines Kommunikationsprozesses. Wir können also nur Maßstäbe angeben, an denen man sich orientieren kann, die aber immerhin unter Wissenschaftlern im Prinzip weitgehend anerkannt sind. Gleichwohl kann man sich bei jeder einzelnen Untersuchung immer wieder darüber streiten, ob die Gütekriterien erfüllt sind und was sie hier jeweils konkret bedeuten.

Eine methodologisch anspruchsvolle Sammlung von Kriterien, mit denen Forschungsberichte aus Pädagogik und Psychologie kritisch beurteilt werden können, hat Rost 2009 publiziert.

Im Folgenden werden zunächst eher übergreifende Kriterien erörtert, dann die enger gefassten Gütekriterien empirischer Forschung, und am Ende steht im Sinne einer übergreifenden Kategorie die Transparenz. Generell sind die folgenden Kriterien pädagogischer, sozialwissenschaftlicher Forschung als Ideale zu verstehen, an denen sich die Forschung orientieren soll.

3.2.1 Relevanz

Dass Forschung *relevant* sein soll, bedarf im Grunde keiner besonderen Begründung. Natürlich sollen die personellen Kräfte und die finanziellen Mittel, die in die Wissenschaft gesteckt werden, zur Klärung oder Lösung von Problemen beitragen, die theoretisch und/oder praktisch bedeutsam sind. Schwieriger die Frage nach den Kriterien zu beantworten, nach denen die Relevanz bestimmt werden könnte. – Folgende Gesichtspunkte werden dabei eine Rolle spielen:

- der *theoretische* Kontext: Kann eine noch nicht gesicherte Theorie geprüft oder in ihrem Aussagegehalt erweitert werden? Können neue theoretische Erkenntnisse oder Entwürfe entstehen?
- der *praktische* Kontext: Wird ein in der Praxis nicht oder unbefriedigend gelöstes Problem bearbeitet?
- der *politische* Kontext: Kann die Untersuchung zur Klärung eines umstrittenen Sachverhalts, zur Entscheidung zwischen Alternativen beitragen?

Relevanz-Entscheidungen über die Durchführung einer wissenschaftlichen Untersuchung können nicht auf eine quasi wissenschaftlich-neutrale Weise getroffen werden. Gleichwohl ist zu fordern, dass Forschende bei wissenschaftlichen Untersuchungen, die in der Regel nicht ganz billig sind und folgenreich sein können, sich selbst die Frage nach deren Bedeutsamkeit stellen und aufzuweisen versuchen, worin die Relevanz voraussichtlich liegen wird.

Aber natürlich ist Forschung nicht nur dann relevant, wenn sich ihre Ergebnisse in einem vorab definierten engen Bereich bewegen. Wenn Forscher sich ihren *Auftraggebern* oder den an einem Forschungsprozess Beteiligten (z.B. Praktikern) in einer bestimmten inhaltlichen, politischen Weise so sehr verpflichtet fühlen, dass die Ergebnisse der Untersuchung nicht mehr offen sind, verkommt Forschung zum Argumentations- oder Alibilieferanten. Wenn bestimmte Erwartungen nur noch bestätigt werden sollen, dann verliert solches Tun seine Distanz zur Realität und zu Wertsetzungen, es wird wissenschaftlich bedeutungslos.

Wenn nun allerdings die Forschung sich zu sehr *von der Praxis entfernt*, wenn sich Forschende gar nicht mehr mit den Problemen der in der Praxis Handelnden identifizieren können, droht ihr Tun wiederum belanglos zu werden, weil die Distanz zwischen der Realität und dem Modell, das wissenschaftlich erarbeitet werden soll, zu groß wird. Forschung beschäftigte sich dann nur noch um ihrer selbst willen und/oder zur Befriedigung von Eitelkeit (oder zur Wahrung von Personalstellen) mit sich selbst.

Zwischen diesen Extremen gibt es ein *weites Spektrum*, in dem sowohl theoretisch abstrakte Forschungen wie auch praxisbezogene konkrete Entwicklungen ihren legitimen Platz haben und sich als „relevant" ausweisen können. Natürlich kann man am Beginn eines Forschungsprozesses noch nicht abschätzen, wie relevant die Ergebnisse sein werden – man hofft ja gerade, etwas zu finden, von dem man vorher noch nichts wusste.

3.2.2 Einfachheit

Mit dem Kriterium der *Einfachheit* ist es so eine Sache: Von Albert *Einstein* (1879 bis 1955) wird die Aussage überliefert, dass es Aufgabe der Wissenschaft sei, einen Sachverhalt „so einfach wie möglich zu erklären". – Das scheint „einfach" zu sein, Einstein hat jedoch einschränkend hinzugefügt: „aber nicht einfacher". Damit ist ein wichtiges Prinzip benannt, das man beim wissenschaftlichen Argumentieren nicht aus den Augen verlieren sollte. Man wird damit dankbare Zuhörer finden („Ich habe es sogar verstanden"), aber zweifellos riskiert man in einer wissenschaftlichen Kommunikation, dass man mit einer „möglichst einfachen" Erklärung nicht ernst genommen oder von jemandem übertrumpft wird, der oder die sich traut, es doch komplizierter auszudrücken – und beim Publikum sogar damit ankommt („Ich habe es zwar *nicht* verstanden, aber ich bin beeindruckt!").

Ein ähnliches Plädoyer ist von dem englischen Theologen und Philosophen William von *Ockham* (1285 bis 1349) verbürgt. Er kritisierte die Metaphysik und begründete einen „ethischen Positivismus" (was ihn in Schwierigkeiten mit der Kirche brachte). Er wehrte sich gegen alle Aussagen, die von unnötigen Annahmen ausgingen: Das von ihm formulierte Prinzip wird als *Ockhams Rasiermesser* (engl. *Ockhams razor*) bezeichnet und lautet: „Entia non sunt multiplicanda praeter necessitatem." (Wesenheiten soll man nicht über Gebühr vermehren.) und „Frusta fit per plura, quod fierit potest per pauceriora." (Es ist eitel, etwas mit mehr zu erreichen, was mit weniger zu erreichen möglich ist.)
Allerdings kann das Verbot unnötiger Gedanken auch zu einem *Verbot möglicherweise weiterführender Ideen* werden. Man wird ausprobieren müssen, ob das, was man auf Umwegen gefunden hat, vielleicht doch als Lösung für ein Problem taugen könnte, auf das man durch gezieltes Suchen nicht gestoßen wäre. Da hilft nur offene, kritische Kommunikation, die zulässt, vom Gängigen abzuweichen, es auszuweiten, sich aber doch nicht in diesen Weiten zu verlieren!

3.2.3 Objektivität – Intersubjektivität

Mit dem Begriff *Objektivität* ist dem Wortsinn nach gemeint, dass eine Aussage ihrem Gegenstand (ihrem „Objekt") entsprechen und ihm gerecht werden soll. Die Beschreibung eines Sachverhalts soll diesen möglichst treffend wiedergeben, sie soll von der Sache, dem „Objekt", bestimmt werden und nicht von den Mutmaßungen derjenigen abhängig oder beeinflusst sein, die diese Beschreibung vornehmen. Nun können oder wollen viele „Objekte" aber gar nicht in differenzierter Weise über sich selbst Auskunft geben. Auch Personen haben häufig von sich selbst gar kein deutliches oder kritisches Bewusstsein, das sie in Worte fassen könnten. Wissenschaft setzt jedoch gerade dort ein, wo Sachen, Personen oder Sachverhalte dem Alltagsdenken nicht hinreichend klar sind.
In der Regel kann also eine Aussage über ein „Objekt" auf ihre Richtigkeit nicht dadurch geprüft werden, dass dieses Objekt selbst dazu Stellung nimmt. Und selbst wenn es dies täte, wüsste man immer noch nicht, ob es sich nicht über sich selbst täuscht. Vom Objekt her kann man also nicht entscheiden, ob eine Aussage dem Objekt „gerecht" wird; in diesem Sinne kann man nicht „objektiv" sein.
In der Forschung versucht man sich damit zu behelfen, dass geprüft wird, ob verschiedene Subjekte, also die Betrachter von „Objekten", in ihren Beschreibungen zu denselben Aussagen kommen. Wählen sie dieselben Begriffe etwa für eine Farbe, kommen sie bei einer Messung zu denselben Werten etwa über die Größe eines Gegenstandes? Die „Objektivität" einer Aussage wird also hilfsweise an Aussagen möglichst verschiedener Subjekte überprüft. Wenn sich herausstellt, dass zwischen ihnen – *inter-subjektiv* – eine hohe Übereinstimmung besteht, dann wird – bis das Gegenteil bewiesen ist oder erhebliche Zweifel auftreten – davon ausgegangen, dass diese Aussage dem Objekt entspricht, dass sie „objektiv" ist. Die gewünschte

Objektivität ist also allenfalls als *Intersubjektivität* zu bestimmen. Erkenntnistheoretisch liegt also nicht mehr vor als die Feststellung, dass eine bestimmte Aussage intersubjektive Übereinstimmung gefunden hat. Mehr ist in den Grenzen menschlicher Beurteilungskraft nicht möglich. Ob dabei alle Beobachter miteinander der Suggestion des Plausiblen erliegen, ist zunächst nicht zu klären.
Technisch soll die Objektivität dadurch gewährleistet werden, dass möglichst genau festgelegt wird, wie in einer Untersuchung verfahren wird, wie eine Messung vorgenommen werden soll, wie z.B. bei einer Befragung oder einem Testverfahren die teilnehmenden Personen informiert werden sollen usw. – dies ist die so genannte *Durchführungsobjektivität.* Und in ähnlicher Weise soll bei der Auswertung und Aufbereitung von Informationen gesichert werden, dass wieder alle nach der gleichen Methode verfahren – dies ist die *Auswertungsobjektivität.*
In der methodologischen Diskussion hat das so verstandene Gütekriterium der Objektivität eine wichtige, aber *keine hinreichende Bedeutung*: Sie ist zwar unerlässliche Voraussetzung wissenschaftlicher Argumentation, sie reicht allein aber nicht aus.

3.2.4 Definitionen

Nun ist es keineswegs immer einfach, sich intersubjektiv zu verständigen. Wenn man die Kommunikation über einen Sachverhalt verbessern will, muss man sich zunächst darüber verständigen, welche *Begriffe* zur Beschreibung bestimmter Dinge oder bestimmter Eigenschaften verwendet werden sollen. Ob etwas „warm“ oder „schön“ ist, ob ein Kind sich „aggressiv“ verhält oder sich „produktiv“ entwickelt, das sind Aussagen, mit denen verschiedene Personen ganz verschiedene Vorstellungen verbinden können. Es ist also notwendig, die Bedeutungen bestimmter Begriffe von denen anderer abzugrenzen, die Begriffe zu *„definieren“* (von lat. „finis“ = die Grenze).
Eine *Definition* ist der Versuch, einen Begriff, der im Rahmen einer wissenschaftlichen Argumentation verwendet werden soll, so genau zu klären, dass er in der Kommunikation eindeutig oder zumindest mit möglichst wenig Missverständnissen verwendet werden kann. Es geht darum, ein *Explanandum* (das zu Erklärende; zu lat. explanare = erklären) durch eine neue Beschreibung, ein *Explanans* (das Erklärende), zu erläutern oder einen weniger exakten Begriff durch einen exakteren (oder mehrere exakte) zu ersetzen.

Man kann folgende *Varianten* der Definition unterscheiden:
- Eine *Verbaldefinition* umschreibt einen Begriff mit Hinweisen auf seine sprachliche Herkunft (*Etymologie*) und seine allgemeine Verwendung.
- Eine *Nominaldefinition* weist einer bestimmten Sache eine bereits vertraute Bezeichnung zu, die die gleiche, synonyme Bedeutung haben soll wie der zu bestimmende Begriff. Man spricht auch von *semantischen Definitionen*, weil die inhaltliche Bedeutung, der Bedeutungshof, eines Begriffes herausgearbeitet wird. Begriffliche

Definitionen sind tendenziell tautologisch, weil sie einen Begriff im Grunde nur durch ähnliche andere umschreiben.

• Eine *Realdefinition* benennt die wesentlichen Eigenschaften eines Gegenstandes oder Merkmals, indem dieses der „nächst höheren Klasse" (dem „genus proximum") zugeordnet und dann wieder durch eine Spezifikation (die „differentia specifica") von diesem abgegrenzt und herausgehoben wird. So ist z.B. „der Mensch" ein Lebewesen (=höhere Klasse), das sich durch seine Verstandestätigkeit (=spezifisches Merkmal) von anderen Lebewesen unterscheidet .

• Eine *Operationalisierung*, eine *operationale Definition* grenzt einen Sachverhalt noch genauer ein. Es wird ein Verfahren, ein „methodischer Vorgang", eine „Operation", angegeben, nach dem die Ausprägung eines Merkmals quantitativ bestimmt werden kann, das Merkmal wird „operational erfasst". Aus dem Alltag sind uns die *Maße des cgs-Systems* vertraut, ohne dass wir uns bewusst sind, dass internationale Vereinbarungen hinter der Messung nach „Zentimeter", „Gramm" und „Sekunde" stehen. Als anschauliches, gut nachvollziehbares Beispiel für eine Operationalisierung wird gern auf die psychologische Definition der *Intelligenz* verwiesen: Danach ist eine Person in dem Maße „intelligent", in dem sie in begrenzter Zeit unter festgelegten Bedingungen eine bestimmte Art von Aufgaben in einem gewissen Umfang in einer vorab festgelegten Weise richtig löst. Man sagt deshalb etwas abfällig, aber in der Sache zutreffend, Intelligenz sei das, „was der Intelligenztest misst". Dies ist eine eindeutige Bestimmung, weil jeder nachsehen kann, welche Aufgaben ein Test-Verfahren enthält, mit dem die Intelligenz gemessen werden soll. – Ob diese Art der Messung von der Sache her oder unter pädagogischen Gesichtspunkten sinnvoll ist, das ist eine Frage der inhaltlichen Gültigkeit und der Relevanz – hier war zunächst nur nach der intersubjektiven Verständigung über die Abgrenzung eines Begriffes gefragt.

Wenn man die verschiedenen Möglichkeiten der Definition miteinander vergleicht, sind *erhebliche Unterschiede* festzustellen:

• Die *Verbaldefinition* steht am stärksten in der Tradition eines Begriffes: Wie ein Begriff entstanden ist, wie sich ggf. seine Bedeutung gewandelt hat, dies kann seine gegenwärtige Bedeutung verständlich machen. Möglicherweise hat sich die Bedeutung aber so gewandelt, dass frühere Auffassungen eher in die Irre weisen. Wenn „Intelligenz" die Fähigkeit ist, zwischen verschiedenen Dingen verständig auswählen zu können (von lat.: „inter-legere"), dann würde eine solche Definition den heutigen Bedeutungsgehalt von „intelligent" nicht hinreichend charakterisieren.

• Bei der *Nominaldefinition* kann es schwierig sein, eingrenzende Begriffe zu wählen, die ihrerseits nicht so festgelegt sind, dass sogleich Bedeutungen erinnert werden, die vielleicht gar nicht gemeint sind. So kann der Begriff „Intelligenz" (schon wegen seiner lateinischen, gebildeten Herkunft) viel abgehobener, elitärer klingen, als es der Fähigkeit, die er bezeichnen soll, angemessen sein mag.

• Eine *Realdefinition* kann zwar sehr anschaulich sein, aber man kann hier von einem definitionsbedürftigen Begriff zum nächsten geraten, weil man die „Realien", auf die man sich beziehen will, ja auch wieder nur mit Worten bezeichnen kann. Wenn man z.B. „Intelligenz" als die Fähigkeit umschreibt, „neue Aufgaben" in möglichst kurzer Zeit möglichst sicher zu lösen, dann stellt sich die Frage, wann eine Aufgabe „neu" ist und wie viele Aufgaben welcher Art eine Person lösen können muss, um als „intelligent" bezeichnet zu werden.

- Eine *Operationalisierung* schließlich ist vom Verfahren her die exakteste Form der Abgrenzung, es bleibt aber fraglich, ob das Verfahren den Sachverhalt und seine Merkmale wirklich trifft. Ist denn das, „was der Intelligenztest misst", wirklich „Intelligenz"? Aber was wäre denn – als Gegenfrage – „wirkliche Intelligenz"?[2] Kritisch kann man einwenden, dass eine Operationalisierung immer mit einer Reduzierung von Komplexität verbunden ist – aber das ist ja gerade der Zweck der Übung: Man will die Sicht auf einen klar angegrenzten Aspekt begrenzen, der intersubjektiv eindeutig ist.

Dennoch kann die *Verständigung schwierig* bleiben, alle Abgrenzungen sind vorläufig, aber sie sind doch nicht mehr so beliebig wie zuvor. Sie bringen den Kommunikationsprozess allemal in Gang, man tauscht sich aus, prüft Übereinstimmungen und behebt – ein Stück weit wenigstens – Missverständnisse. Das ist nicht alles, aber immerhin mehr als gar nichts! Man kann solche Abgrenzungen als willkürlich infrage stellen, aber man kann sich nach solchen Begrenzungen rascher und in der Regel auch genauer verständigen.

Nicht ganz einfach voneinander abzugrenzen sind z.B. die Begriffe *Pädagogik und Erziehungswissenschaft.* Sie werden manchmal wie gleichbedeutend verwendet: Der eine klingt sprachlich etwas traditioneller, der zweite etwas moderner. Andere sehen einen deutlichen Unterschied: Mit „Pädagogik" wird eher die theoretisch-normative Reflexion über Ziele und den Verlauf pädagogischer Prozesse verbunden, während sich „Erziehungswissenschaft" um die systematische und normativ neutrale Analyse solcher Prozesse bemüht. Normen können dann zwar Gegenstand der Analyse sein, sie werden aber nicht entschieden oder gar gesetzt. Wieder andere verwenden den Begriff „Pädagogik" für die Praxis (in Familien, Schulen, Heimen etc.) und „Erziehungswissenschaft" für die distanzierte, nicht in Handlungszwänge eingebundene Forschung über diese Praxis. Dabei werden dann normative Fragen durchaus in die Reflexion und ggf. Entscheidung einbezogen. Es zeigt sich, dass Fragen der Definition keineswegs einfach zu klären sind.

3.2.5 Reliabilität

Wenn Begriffe durch ihre Operationalisierung genau definiert sind, dann ist damit noch nicht gewährleistet, dass die darauf beruhenden Messverfahren zu eindeutigen und identischen Ergebnissen führen. Über die Intersubjektivität hinaus wird

---

2 Vielleicht hat Hans Magnus *Enzensberger* recht, wenn er am Ende seiner Auseinandersetzung mit dem „Irrgarten der Intelligenz" feststellt: „Wir sind eben nicht intelligent genug, um zu wissen, was Intelligenz ist." (Suhrkamp 2007)

deshalb gefordert, dass die aufzustellenden Urteile, Messungen und Benennungen genau und stabil sind, dass sie *zuverlässig* oder *reliabel* sind. Andere Begriffe sind *Mess-Genauigkeit* oder *Mess-Stabilität.*
Wenn das zu untersuchende Merkmal sich in der Realität nicht oder nur wenig verändert, dann sollte eine operationalisierte Messung diese Ausprägung möglichst zuverlässig erfassen. Sie soll sich bei verschiedenen Erhebungen in möglichst identischen Daten oder Beschreibungen ausdrücken. Auch Veränderungen sollen ggf. zuverlässig erfasst werden.
Technisch versucht man die Reliabilität z.B. dadurch zu prüfen, dass eine Messung in zeitlichem Abstand wiederholt wird (*Re-Test-Reliabilität* oder *Wiederholungs-Genauigkeit*). Wenn nur zu einem Zeitpunkt gemessen werden kann, verwendet man zwei gleichartige Varianten desselben Verfahrens (*Parallel-Test-Relibilität*). In beiden Fällen sollten die erhobenen Daten nicht zu sehr voneinander abweichen. Schließlich kann man auch die Einzelinformationen, aus denen ein Gesamtergebnis gebildet werden soll (z.B. bei einem psychometrischen Test), nach dem Zufall halbieren und die Ergebnisse dieser Hälften miteinander vergleichen (*Split-half-Reliabilität*). Es sollte ein annähernd gleiches Ergebnis herauskommen – andernfalls würde das Verfahren als wenig zuverlässig eingeschätzt. Der Kennwert der Reliabilität ist meistens ein Korrelationskoeffizient (s.u.). Die Reliabilität ist lediglich ein formales Kriterium, das nur etwas darüber aussagt, ob eine Messung quantitativ stabil ist.

3.2.6 Validität

Eine hohe Stabilität einer Messung kann zu dem Schluss verleiten, dass diese Messung auch sinnvoll sei. Das ist aber keineswegs zwingend! Auch eine intersubjektiv und wiederholt geprüfte Messung kann völlig an der Sache vorbeigehen. Es ist also zu prüfen, ob wirklich das erfasst wird, was man gemäß der inhaltlichen oder operationalen Definition erfassen möchte. In diesem Sinne ist also die Objektivität im Sinne von „dem Objekt gerecht werden" (s.o.) zu prüfen. Für diese Prüfung wird der Begriff *Validität* (von lat. validus = gesund, kräftig) verwendet. Unterschieden wird zwischen der inneren und der äußeren Validität einer Untersuchung:
Die *interne Validität,* die *innere Gültigkeit,* auch *Validität im engeren Sinne*, bezieht sich auf die Frage, ob die in einer Untersuchung verwendeten Erhebungs- oder Interpretationsverfahren dem Gegenstand der Untersuchung angemessen sind, ob die erhobenen Merkmale einen Sachverhalt angemessen bezeichnen. Die interne Validität kann u.a. dadurch gefährdet sein, dass die verwendeten Methoden den Untersuchungsgegenstand in bestimmter Weise zurichten, sodass nur jene Aspekte erhoben werden, für die die jeweiligen Messverfahren sensibel sind. Dies Problem war schon bei der Operationalisierung zu bedenken: Es werden bestimmte Aspekte herangezogen und andere ausgegrenzt, und es ergibt sich die Frage, ob dies dem Gegenstand gerecht wird.

Die innere Validität kann nach unterschiedlich strengen *Kriterien* beurteilt werden. In der Literatur werden verschiedene Konzepte unterschieden. Von diesen sollen hier nur einige ausgewählt werden, an denen das Prinzip deutlich wird:

- In weniger strengen Varianten wird lediglich nach dem *Augenschein* erörtert, ob z.B. die einzelnen Fragen in einem Fragebogen dem entsprechen, was der Sache nach erfasst werden soll. Das ist nicht sehr kritisch.
- Methodisch anspruchsvoller sind Verfahren, bei denen *Experten* gebeten werden, die Verfahren kritisch zu beurteilen. Das kann allerdings dazu führen, dass neue Verfahren danach beurteilt werden, ob sie dem entsprechen, was den Experten schon vertraut ist.
- Bei einer zutreffenden Messung sollten die Daten dazu geeignet sein, von einem gemessenen Merkmal *auf andere Merkmale zu schließen*. Bei einem Intelligenztest sollte z.B. ein bestimmter Testwert darüber Auskunft geben können, welche kognitiv-inhaltlichen Leistungen in der Regel erwartet werden können. Wie treffend eine solche Prognose wäre, gilt als Kriterium für die Güte der Messung.
- Man kann die Validität schließlich auch nach strukturellen Kriterien innerhalb einer Messung prüfen: Wenn zwischen Teilbereichen oder Dimensionen einer Definition Beziehungen bestehen, die theoretisch oder der Sache nach erwartet werden können, dann kann man prüfen, ob sich dies in den entsprechenden Daten widerspiegelt. Eine valide Messung sollte z.B. bei Untersuchungsgruppen, die sich bekanntermaßen in einem bestimmten Merkmal unterscheiden, zu entsprechend differenten Ergebnissen führen.

Die *externe Validität*, die *äußere Gültigkeit* oder die *Validität im weiten Sinne* prüft die Frage, ob die Ergebnisse über den Rahmen der Untersuchung hinaus verallgemeinert werden können, ob also die Untersuchungs-Situation für einen größeren Bereich bzw. für reale Situationen repräsentativ ist. Dabei kann geprüft werden, ob die Merkmale einer Untersuchungssituation den Konstellationen entsprechen, unter denen im Alltag gehandelt wird. Man bezeichnet dies als die *ökologische Validität.* Die Bedingungen, unter denen ein Merkmal beobachtet oder gemessen wird, sollen den natürlichen Umfeld-Bedingungen entsprechen.

Um die externe Gültigkeit zu fördern, wird in der Regel von vornherein als Untersuchungsgruppe eine möglichst gut geeignete *Stichprobe* (engl. ein *Sample* in Anlehnung an lat. „exemplum", Beispiel) ausgewählt. Wenn diese nach dem Zufall gezogen wird, kann sie wahrscheinlich als „repräsentativ" für eine größere Gesamtheit gelten. Man hofft, dass alle relevanten Merkmale in angemessener Weise vertreten sein werden. Man kann eine Stichprobe aber auch bewusst nach Kriterien zusammensetzen, die für die Fragestellung relevant sind (z.B. könnte man Extremgruppen vergleichen wollen). Häufig werden aus pragmatischen Gründen eher anfallende oder gelegentliche Stichproben verwendet. Wie groß eine Stichprobe sein muss, damit die Ergebnisse extern valide sein können, hängt davon ab, wie genau die echten Werte getroffen werden sollen. Bei Meinungsumfragen (etwas zur Prognose von Wahlentscheidungen) genügen in der Regel etwas mehr als 1000 Personen. Wichtig ist dabei allerdings, dass die Stichprobe sorgfältig gezogen und konsequent beibehalten wird. Es darf z.B. nicht zu Verzerrungen kommen, weil eine bestimmte Teilgruppe nicht bereit ist, die erbetenen Auskünfte zu geben. Problematisch sind bei schriftlichen Umfragen immer wieder die relativ geringen Quoten ausgefüllter und zurückgesendeter Fragebögen. Trotz aller Bemühungen kann die Validität einer Untersuchung prinzipiell nicht abschließend beurteilt werden.

3.2.7 Transparenz

Wissenschaft kann als Kommunikationsprozess nur in dem Maße funktionieren, wie andere Forscher und die interessierte Öffentlichkeit den Gang einer Untersuchung nachvollziehen und überprüfen können . In der alltäglichen Kommunikation wird es häufig hingenommen, dass über Absichten, Erwartungen und Bewertungen usw. nicht aufgeklärt wird. Wissenschaft hebt sich aber gerade dadurch ab, dass prinzipiell offengelegt werden muss, welche Vorüberlegungen, Interessen und Erwartungen in den Prozess der Forschung eingegangen sind. Alle Verfahrensweisen und alle Interpretationen müssen durchschaubar sein. Ohne Transparenz können die anderen Gütekriterien überhaupt nicht beurteilt werden. Dazu gehören insbesondere Informationen über ...

... die ökonomischen und formalen Rahmenbedingungen,
... die Beziehung der Forschenden zum Untersuchungsfeld,
... die verfügbaren und ggf. die nicht zugänglichen Quellen,
... die verwendeten bzw. abgelehnten Methoden und Instrumente,
... die Definitionen der zentralen Begriffe,
... die Entscheidungen zwischen alternativen Interpretationsmöglichkeiten.

Dabei reicht es in der Regel nicht aus, sozusagen neutral-distanziert die verwendeten Verfahren zu beschreiben. Warum bestimmte Verfahren ausgewählt worden sind, ob diese Auswahl die Ergebnisse bereits beeinflusst haben könnte und ob die Interpretationen zwingend sind, dies alles können die Leser umso besser beurteilen, je deutlich die Verfasser erkennbar machen, von welchen Intentionen, von welchen Erwartungen sie ausgegangen sind, was ihre „erkenntnisleitenden Interessen“ waren. Man kann dies mit der Forderung verbinden, dass eine Studie *authentisch* dargestellt wird. Die AutorInnen einer Studie sollen sich nicht hinter abstrakten, unpersönlichen Formeln verstecken, sondern ihre persönliche, subjekthafte Beziehung erkennbar machen.

Bedeutsam für die Transparenz ist vor allem die *Sprache*, in der über eine Untersuchung berichtet wird. Manche Verfasser wissenschaftlicher Texte scheinen der Vorstellung zu erliegen, dass ein Text sich umso mehr als „wissenschaftlich“ ausweist, je eigentlicher und wesentlicher er klingt. So scheint es z.B. bedeutsamer zu klingen,

„die Durchführung einer Untersuchung auf den Weg zu bringen", statt schlicht etwas zu „untersuchen". Solche Nominalismen sollen offenbar der Förderung des Eindrucks dienstbar sein, bei dem Text handele es sich um Feststellungen, die eine Art Amtsautorität verbindlich getroffen habe.

Andererseits kann man bei manchen Texten den Eindruck bekommen, die Autoren redeten in erster Linie mit sich selbst, ohne sich vorzustellen, wie ihre Ausführungen bei den Leserinnen und Lesern ankommen. Beim Schreiben könnte der Gedankengang durchaus im Kopf gewesen sein, es wird aber versäumt, die Leserinnen und Leser Schritt für Schritt mit auf den Weg zu nehmen.

Häufig ist auch zu beobachten, dass sprachliche Wendungen verwendet werden, die eine *mögliche Kritik* von vornherein abwehren. Wenn z.B. gesagt wird, etwas sei „zwangsläufig" der Fall, etwas „ergebe sich" oder es sei „bekanntermaßen so und so", dann signalisieren die Autoren mit solchen Totalaussagen, dass sie es nicht für erforderlich gehalten haben, sich mit Gegenargumenten oder Differenzierungen auseinanderzusetzen und dass auch die Leserinnen und Leser dies nicht zu tun bräuchten.

3.2.8 Ethik

Als anspruchsvollstes Gütekriterium soll schließlich die Frage gestellt werden, welche ethische Verantwortung wissenschaftliche Forschung hat. Dies bezieht sich sowohl auf den Prozess der Forschung im engeren Sinne wie auf die möglichen Folgen der Befunde. Diese Folgen sind keineswegs einfach zu antizipieren. Es können Nachteile entstehen, die besser vermieden worden wären, es kann aber auch ein möglicher Nutzen vorenthalten werden, weil man in zu großer Vorsicht Risiken und Nebenwirkungen vermeiden will, die aber kaum ins Gewicht fallen würden. Grundsätzlich ist zu fordern, dass Wissenschaftlerinnen und Wissenschaftler ihr Tun unter ethischer Perspektive reflektieren.

Entsprechende Fragen sind von den Institutionen und Verbänden, in denen Wissenschaftler tätig bzw. organisiert sind, ausführlich diskutiert worden. Nach intensiven Debatten sind z.B. in der *Deutschen Forschungsgemeinschaft* (DFG), der größten deutschen Institution zur Förderung der Forschung, nach langen internen Diskussionen im Jahr 2001 „Standards zur Sicherung guter wissenschaftlicher Praxis" formuliert und als Maßstab auch der Förderung von Forschung etc. herausgegeben worden (vgl. www.dfg.de). In gleicher Intention hat die *„Max-Planck-Gesellschaft zur Förderung der Wissenschaften"* im Jahr 2000 einen Bericht über „Verantwortliches Handeln in der Wissenschaft" veröffentlicht, mit dem „gute wissenschaftliche Praxis" gefördert und wissenschaftliches Fehlverhalten eingegrenzt werden soll (vgl. www.mpg.de). Schließlich sei auf die *Deutsche Gesellschaft für Erziehungswissenschaft* (DGfE) verwiesen, die einen „Ethik-Kodex" verabschiedet hat, an dem sich alle Mitglieder zu orientieren haben (vgl. www.dgfe.de).

Eine der zentralen *Forderungen* bezieht sich darauf, dass Personen, die im Forschungsprozess beobachtet oder befragt werden, in ihrer *Integrität* nicht beeinträchtigt werden dürfen. In aller Regel ist deren Zustimmung einzuholen. Zugesicherte *Anonymität* muss strikt eingehalten werden. Daten dürfen nicht missbraucht werden. Verfahren und Ergebnisse müssen transparent referiert werden. Interpretationen müssen angemessen und mit der erforderlichen Vorsicht erfolgen. Das Gleiche gilt für Folgerungen.

4 Methodologische Konzepte

In diesem Kapitel sollen die theoretischen Grundlagen jener Konzepte dargelegt werden, die in der pädagogischen bzw. erziehungswissenschaftlichen Forschung diskutiert werden. In den bisherigen Darlegungen sollte die Vielfalt möglicher Ziele und Verfahren bereits deutlich geworden sein, mit denen sozialwissenschaftliche Fragen und insbesondere pädagogische Probleme bearbeitet werden können. Daraus folgt, dass es nicht ganz einfach ist, eine Einführung in dieses Feld zu strukturieren. Jede eindeutig erscheinende Abgrenzung ist mehr oder weniger unbefriedigend, weil sich viele prinzipielle Aspekte nicht eindeutig zuordnen lassen und abgrenzende Kriterien auch für andere Konzepte in Anspruch genommen werden können.
Man könnte unterscheiden zwischen Konzepten, die sich einer Fragestellung eher explorativ nähern und etwas Neues *entdecken* wollen, und solchen, die sich auf vorliegende Theorien beziehen und diese *prüfen* wollen. Aber eine neue theoretische Entdeckung wird sich in nachfolgenden Studien bewähren müssen, und die kritische Prüfung einer Theorie sollte auch dazu beitragen, dass man sie modifiziert oder gar zu einer neuen Deutung weiterentwickelt: Entdecken und Prüfen lassen sich also nicht trennen.
Auch die Unterscheidung zwischen *Verstehen* und *Erklären* (s.u.) ist nicht nur auf den ersten Blick, sondern auch nach näherem Nachdenken irritierend: Natürlich kann man etwas, das man verstanden hat, auch erklären, und wenn man Gesetzmäßigkeiten erkannt hat, kann man nicht nur etwas erklären, sondern man versteht es auch besser.
Traditionell stehen sich *Hermeneutik* und *Empirie* abgrenzend gegenüber. Die eher als qualitativ zu verstehende Hermeneutik bezieht sich auf den Sinn historischer Entwicklungen oder situativer Prozesse, während die Empirie mit quantitativ-statistischen Analysen nach Gesetzmäßigkeiten sucht, mit denen Beobachtungen erklärt und Entwicklungen vorhergesagt werden können. Aber aus situativen Prozessen kann auch herausgearbeitet werden, ob etwas Typisches oder Gesetzmäßiges erkennbar wird. Umgekehrt können Gesetzmäßigkeiten zur Analyse einzelner Fälle – zumindest im Sinne von möglichen Erklärungen – herangezogen werden. Im Grunde ist der Begriff „Empirie" in seiner Bedeutung keineswegs auf quantitativ-statistische Verfahren begrenzt. Erfahrungen macht man im Alltag natürlich auch ohne Statistik. In methodologischen Konzepten wird der Begriff allerdings enger gefasst als ein Prozess, der durch systematische Prüfung begleitet wird.
Ähnliches ist zum begrifflichen Gegensatz zwischen *qualitativ* und *quantitativ* zu sagen. Mit diesen Begriffen werden methodologische Prinzipien verbunden, deren trennende Zuordnung m.E. zu eng ist. Zumindest sollte sie überwunden werden. Im Grunde geht es um unterschiedliche Materialien, die hier und dort verwendet

werden: „Qualitativ" müssen Texte oder auch nonverbale Dinge analysiert werden, weil sie nicht numerisch verarbeitet werden können. Gleichwohl wird mit Erfolg versucht, Texte nach inhaltlichen Kategorien zu quantifizieren, damit anhand statistischer Kennwerte Strukturen erkennbar werden können, die sich beim Lesen nicht offenbaren. Zudem können Deutungen über das Gewicht (die Häufigkeiten) bestimmter Kategorien leichter überprüft werden. Natürlich müssen empirisch-statistische Studien auch reflektieren, was die ermittelten Werte qualitativ bedeuten, und qualitative Studien sollten über Einzelfälle hinaus auch für größere Gruppen quantitativ relevant sein können.

Ich habe deshalb in dieser Einführung die beiden Kapitel über die konkreten Methoden der Analyse mit den Begriffen *„nicht-numerisch"* und *„numerisch"* betitelt.

Mit diesen hier kurz angesprochenen Unterscheidungen werden durchaus relevante Aspekte hervorgehoben, aber die Abgrenzung gegenüber dem jeweils anderen weckt häufig den Eindruck, dass wissenschaftliche Reviere beansprucht und verteidigt werden sollen. Es ist eben manchmal doch wie im Alltag (s.o.).

Im Vergleich zu den genannten Varianten erscheint mir die traditionelle Unterscheidung zwischen *Hermeneutik* und *Empirie* immer noch als diejenige, die am deutlichsten grundsätzlich andere Perspektiven betont. Zur begrifflichen Klärung soll in dieser Einführung zwischen *hermeneutisch-interpretativen* und *empirisch-rationalistischen* Konzepten der Forschung unterschieden werden.

Diese Konzepte werden im Folgenden zunächst je für sich erörtert. Dabei sollen Grenzen deutlich werden, aber auch mögliche Gemeinsamkeiten aufscheinen. Zunächst werden die methodologischen Positionen erläutert. Damit ist die Frage gemeint, aus welchen erkenntnistheoretischen Positionen die Methoden und Techniken hergeleitet werden. Methoden im Sinne von Techniken und Verfahren werden in den dann nachfolgenden Schritten behandelt.

4.1 Hermeneutisch-interpretative Konzepte

Unter der Kategorie „hermeneutisch-interpretativ" sollen im Folgenden Konzepte vereint werden, die im weiten Sinn als *qualitativ* verstanden werden können. Das Spektrum reicht von klassisch hermeneutischen Konzepten der Text-Exegese bis zu modernen, informations-technisch gestützten Verfahren der Inhaltsanalyse und der Sequenzanalyse von Handlungssituationen. Zur Einführung und zur Vertiefung sind die folgenden Publikationen zu empfehlen:

- *Danner 2006*: Als Konzepte der „geisteswissenschaftlichen Pädagogik" werden Hermeneutik, Phänomenologie und Dialektik in ihren Kerngedanken und Varianten erläutert. Beispiele machen dies gut nachvollziehbar.
- *Rittelmeyer/Parmentier 2007*: Nach einer Klärung der hermeneutischen Fragestellung werden Verfahren, Varianten, Anwendungsgebiete sowie Ergebnisse der entsprechenden Methoden differenziert und anschaulich dargestellt.

- *Gaus/Uhle 2006*: In einem weiten, auch auf didaktische Aspekte bezogenen Spektrum wird diskutiert, „wie Pädagogen verstehen". Dies wird in den Beiträgen des Bandes vor allem im historischen Kontext analysiert.
- *Kelle 2010:* Im Sinne einer „problemorientierten Einführung" werden Methoden qualitativer Forschung ausführlich in ihren Grundlagen erörtert, in den einzelnen Verfahrensschritten erläutert und in ihren Qualitätskriterien diskutiert.
- *Friebertshäuser/Langer/Prengel 2010*: In zahlreichen, eher kurz gehaltenen Beiträgen werden qualitative Methoden in ihrer theoretisch-konzeptionellen Begründung und ihrer Bedeutung für pädagogische Forschung dargelegt. Zur grundlegenden Information und zum Nachlesen ist das Handbuch sehr hilfreich.
- *Flick/von Kardorff/Steinke 2009:* In etwa 60 Beiträgen werden Aspekte qualitativer Forschung erläutert. Neben theoretischen Erörterungen sind Hinweise zur praktischen Umsetzung und zu aktuellen Entwicklungen zu finden.
- *Kleemann/Krähnke/Matuschek 2009*: Mit anschaulichen Beispielen werden die wichtigsten Konzepte der interpretativen Sozialforschung zugänglich gemacht.

4.1.1 Verstehen: Klassische Hermeneutik

Die *Hermeneutik* (von griech. hermeneuo: auslegen, erklären, übersetzen) hat ihre Wurzeln in theologischen und philosophischen Traditionen. Es geht zunächst um die richtige Auslegung der Bibel. Wie sind die Bücher des Alten und des Neuen Testaments zu verstehen, wie sind Begriffe aus dem Hebräischen bzw. Griechischen korrekt zu übersetzen? Was bedeuten die Gleichnisse wirklich, welche Folgerungen sind daraus bis in den Alltag hinein abzuleiten? – Solche Fragen gaben Anlass für Kontroversen bis hin zu kriegerischen Auseinandersetzungen. Aus dieser Tradition heraus hat sich die Hermeneutik als eine selbständige Methode der Auslegung von Texten entwickelt. Als solche hat sie seit dem Ende des 19. Jahrhunderts in der *geisteswissenschaftlichen Pädagogik* eine zentrale Rolle gespielt. Dabei ging es vor allem um *ideengeschichtliche* Analysen der als „klassisch" geltenden Schriften bedeutender Autoren und Autorinnen.

Eine frühe und grundlegende erkenntnistheoretische Begründung der Hermeneutik hat der Theologe Friedrich *Schleiermacher* (1764 bis 1832) entwickelt. Nach seiner Auffassung ist das Verstehen eines fremden Textes nur möglich, wenn der Interpret sich in die „Grammatik" und in die „Psychologie" des Urhebers weitgehend hineinversetzen kann. Dabei betont *Schleiermacher* das Individuell-Biographische stärker als andere. Er will einen Text verstehen aus dem „Lebenszusammenhang" des Autors, dem er entstammt. Er spricht deshalb von der „psychologischen" Analyse, die deutlich machen soll, warum ein Autor gerade die vorliegende Formulierung gewählt hat. Der Einzelne soll gerade vor diesem Hintergrund verstanden werden. Das Verstehen des Einzelnen sei nur möglich „durch ein Verstehen des Ganzen".

Der Philosoph Wilhelm *Dilthey* hat die Hermeneutik als zentrale Methode der Geisteswissenschaften herausgestellt. Damals hatten die Naturwissenschaften einen großen Entwicklungsschub vollzogen. Sie fanden große Resonanz und entsprechende Förderung, weil sie allgemein gültige Gesetze aufstellen konnten, mit deren Hilfe man wiederholbare Prozesse vorhersagen konnte. Dagegen verwies Dilthey auf die prinzipielle Einmaligkeit historischer Ereignisse und kultureller Phänomene. Um den Unterschied deutlich zu machen, schlug er die Unterscheidung zwischen *Erklären* und *Verstehen* vor. Natur und Technik könnten wir mit Hilfe von Gesetzen erklären, das „Geistesleben" müssten wir verstehen.[1] Historische Prozesse könnten nicht wie Phänomene der Natur aus gegebenen Gesetzmäßigkeiten kausal hergeleitet werden, sondern die Geisteswissenschaften müssten versuchen, historische Entwicklungen und Situationen als einmalige Prozesse nachzuerleben. Der jeweils besondere Sinn müsse in einem mühsamen Prozess herausgearbeitet werden.

Eine andere Gewichtung hat Hans-Georg *Gadamer* (1900 bis 2002) gesetzt: Er suchte nach Verfahren, mit denen die objektive Seite eines Sachverhalts herausgearbeitet werden kann. Die individuelle Sicht, wie sie Schleiermacher betont, galt ihm allenfalls als eine subjekthafte Meinung, die nur als solche und damit begrenzt interessant sein könnte. Vielmehr seien Verfahren erforderlich, die eher als „Kunst" zu verstehen seien und nicht standardisiert werden könnten (vgl. Grondin 1997).

Als zentrale Ansatzpunkte der Hermeneutik sollen hier drei Gedanken herausgestellt werden: der „objektive Geist", das „Vorverständnis" und der „hermeneutische Zirkel".

Der heute etwas merkwürdig anmutende Begriff *objektiver Geist* bezeichnet eine Voraussetzung, ohne die Verstehen gar nicht möglich ist. Die erkenntnistheoretischen Überlegungen zur hermeneutischen Analyse gehen davon aus, dass sich historische und geistige Prozesse in einem kulturellen Umfeld ereignen. Jedes Denken, alles Handeln und vor allem jede Interaktion ist darauf angewiesen, dass Sprache(n), Symbole, ästhetische Produkte u.Ä. zur Verfügung stehen, aus denen die Akteure auswählen können und die von den Adressaten ihrer Schriften auch verstanden werden. Es ist also nur möglich, den Text eines anderen zu verstehen, weil der Autor und der Leser einem gemeinsamen Kulturkreis angehören. Diese Gemeinsamkeit von Begriffen und der damit verbundenen Vorstellungen, von ethischen und ästhetischen Normen, von grammatikalischen und syntaktischen Regeln bezeichnet man als den *objektiven Geist* einer Kultur. Gemeint ist damit der unabhängig von den beteiligten Subjekten bestehende kulturelle Kontext, in dem und mit dessen Hilfe Individuen miteinander verkehren können. Dieser Kontext ist so umfassend, dass verschiedene Subjekte das *objektiv* zur Verfügung stehende kulturelle Angebot für sich selbst in unterschiedlicher Weise nutzen. Man verwendet zwar die gleichen Begriffe, verbindet mit ihnen bestimmte Vorstellungen und verknüpft sie nach bestimmten Regeln, aber jeder tut dies in einer mehr oder weniger anderen Weise,

1 Der Begriff „Verstehen" wird leicht verwechselt mit „*Verständnis haben*" – das ist keineswegs Ziel der Aktion, im Gegenteil kann hermeneutisches Verstehen durchaus dazu führen, dass man nach der Analyse für die herausgearbeiteten Motive etc. gar kein „Verständnis" im wertenden, moralischen Sinne hat.

sodass gleiche sprachliche Äußerungen subjektiv unterschiedliche Bedeutungen bekommen können. Der Philosoph Jean Paul *Sartre* (1905 bis 1980) hat für diese Beziehung zwischen allgemein vorgegebenen, allen verfügbaren Elementen der Sprache und deren individuell eigentümlicher Kombination den Begriff vom *individuellen Allgemeinen* geprägt.

Wer sich nun mit den Äußerungen einer anderen Person auseinandersetzt und diese verstehen will, bezieht jene, mehr oder weniger andersartige subjektive Nutzung, die der Autor von dem objektiven Geist gemacht hat, auf die Gesamtheit des objektiven Geistes und versucht, durch diesen Vergleich erkennbar zu machen, in welcher Weise und aus welchen Gründen diese andere Person die Möglichkeiten des kulturellen Angebots genutzt bzw. nicht genutzt hat.

Erkenntnistheoretisch geht es also um das Verhältnis zwischen den Ebenen einer *gegebenen* bzw. *gewordenen* und einer *gestalteten* bzw. *gewollten* Realität (s.o.): In der hermeneutischen Analyse soll herausgearbeitet werden, in welcher Weise Autoren mit den verfügbaren kulturellen Möglichkeiten umgegangen sind und welche Intentionen sich in der subjekthaften Auswahl ausdrücken.

Auf dem Hintergrund des objektiven Geistes setzt das Verstehen eines Textes ein *Vorverständnis* voraus. Der Interpret hat – wenn und weil er an dem kulturellen Kontext des Autors teilhat – eine mehr oder weniger bewusste Vorstellung von dem Gegenstand, um den es geht. Diese Vorstellung muss nicht mit der des Autors übereinstimmen, aber sie muss dem Gegenstand und dem Text, um den es gehen soll, angemessen sein. Ohne eine solche Ahnung könnte der Text gar nicht erfasst werden, man wüsste gar nicht, worum es überhaupt geht. Konkret: Man muss die Sprache kennen, die Symbole deuten und auch die Feinheiten sprachlicher Wendungen erfassen können. Ein Interpret kann also nach dem erkenntnistheoretischen Verständnis der Hermeneutik nicht unvoreingenommen oder naiv an einen Text herangehen. Er hat ja schon vor der ersten Lektüre des Textes eine vielleicht noch nicht entfaltete, aber in jedem Fall vorhandene Ahnung von dem Gegenstand, über den er in dem Text etwas lesen wird. Damit gerät die Analyse allerdings in ein Paradox: Das Vorverständnis ist unvermeidlich und sogar unverzichtbar, aber es kann die Wahrnehmung des Textes in eine Bahn lenken, die voreingenommen machen kann.

Dies soll aber durch den *hermeneutischen Zirkel* vermieden werden. Diesem Konzept liegt folgender Gedanke zugrunde: Wenn der Interpret sich einem Text nähert und dabei nicht nur nach Bestätigungen seines Vorverständnisses sucht, wird das primäre, vorläufige Vorverständnis herausgefordert. Es kann sich erweitern oder vertiefen und es kann sich ändern. Häufig wird ein Text nicht nach einmaligem Lesen zu verstehen sein, man wird sich erneut und ggf. immer wieder bemühen müssen. Und jedes Mal erweitert sich das (Vor-)verständnis des Interpreten, das Verstehen des Textes dringt immer mehr zu den Tiefenstrukturen vor, die wesentliche Bedeutung wird immer transparenter. Man prüft also am Material, ob Vorverständnis und

Details miteinander vereinbar sind. Die Details können zum Vorverständnis passen oder sie können ihm widersprechen.

Nach diesem Konzept kann man erwarten, dass der Interpret einen Text besser verstehen kann, als der Autor selbst sich und seinen Text verstanden hat: Der Autor war sich möglicherweise gar nicht bewusst, dass er und wie er aus den vielfältigen Angeboten des objektiven Geistes in subjekthafter Weise auswählt. Der Interpret kann diese Subjekthaftigkeit transparent machen, wenn er das Ausgewählte mit den prinzipiellen Möglichkeiten vergleicht. Man klärt z.B. die gewählten Begriffe, deutet Formulierungen und Argumentationsketten etc. (s.u.).

Dass man diesen Prozess des immer tieferen Eindringens in den Text als *Zirkel* bezeichnet, sollte nicht missverstanden werden. Es geht nicht um einen Zirkel-Schluss, bei dem man immer wieder dort ankommt, wo man gestartet ist, und sich im Kreis dreht. Diese Gefahr besteht sicher – aber sie soll durch eine kritische Haltung gerade vermieden werden. Die Interpretation eines Textes soll sich zwischen dem Vorverständnis und dem Text hin- und herbewegen. Der Text wird auf dem Hintergrund des Vorverständnisses gedeutet und diese Deutung wirkt wieder auf das Verständnis der Sache zurück. Dieser Prozess ist als *eine spiralförmige Bewegung* zu verstehen. Das Vorverständnis soll in jeder Bewegung des Zirkels am Text kritisch überprüft und ggfs. verändert werden. Um dies methodisch, also vom Verfahren her zu stützen, sollen der Text und das Vorverständnis immer wieder in Details zerlegt werden, um *das Ganze und die Details* in ständigem Wechsel aneinander prüfen zu können. Das Verständnis einzelner Sätze oder Begriffe muss mit dem des gesamten Textes wechselweise in Einklang stehen: Kein Detail darf dem Gesamtverständnis widersprechen, und dieses soll sich nach und nach aus dem Verständnis der Details entfalten. Es wurde vorgeschlagen, den Begriff des Zirkels durch den der *hermeneutischen Spirale* zu ersetzen. Dabei kann sich das Bild der Vertiefung oder der Erhöhung einstellen – beides wäre angemessen.

Bei hermeneutischen Verfahren haben *intuitive Momente* des Verstehens, des Nachempfindens und des Erahnens eine große Bedeutung. Schleiermacher sprach gar von einer *divinatorischen* (seherischen) Tätigkeit. Die methodische Absicherung im Sinne der intersubjektiven Nachprüfbarkeit und der Transparenz des Vorgehens wurde in der Tradition der Hermeneutik wie in der geisteswissenschaftlichen Pädagogik nicht als zentrales Problem gesehen. Es ging in erster Linie darum, das Wesentliche eines Textes ganzheitlich, in sich stimmig und überzeugend zu formulieren. In der klassischen Hermeneutik wurde Wissenschaft kaum als ein kommunikativer Prozess verstanden, in dem methodisch nachvollziehbare und überprüfbare Deutungsvorschläge zur Diskussion gestellt werden.

In den 1960er Jahren wurde die hermeneutisch orientierte Wissenschaft aus zwei Perspektiven mit heftiger *Kritik* konfrontiert: Zum einen wurde aus Sicht empirischer Positionen bemängelt, dass geisteswissenschaftliche Deutungen sich der methodisch fundierten Überprüfung entziehen. Auch historische Entwicklungen könnten wissenschaftlich erst dann angemessen gedeutet werden, wenn deren Grundlagen nachvollziehbar sind. Und überhaupt seien wissenschaftliche Erkenntnisse erst dann nützlich, wenn sie über einmalige Ereignisse hinaus wiederholt beobachtbar seien und dadurch auch für zukünftige Entwicklungen hilfreich werden. Zum anderen wurde aus gesellschaftskritischen Positionen vor allem der *Kritischen Theorie* bemängelt, dass historische Prozesse in hermeneutischen Deutungen idealisiert würden und dass nicht aufgezeigt werde, welche politisch-ökonomischen Interessen damit verbunden sind.

4.1.2 Wahrnehmen: Phänomenologie

Eine Sache, mit der wir im Alltag umgehen, hat für uns eine bestimmte Bedeutung: Sie kann uns wichtig sein oder nicht, wir können sie für bestimmte Zwecke verwenden, in anderen Zusammenhängen kann sie uns eher hinderlich sein usw. Nicht immer – ja eher selten – sind wir uns beim Umgang mit einer Sache dieser Bedeutung bewusst: Wir benutzen die meisten Dinge wie selbstverständlich, und nur selten sind wir gezwungen, unseren Mitmenschen ausdrücklich darüber Rechenschaft zu geben. – Wer sich nun wissenschaftlich dafür interessiert, welche Bedeutung bestimmte Dinge für jene Menschen haben, die alltäglich oder beruflich mit ihnen umgehen, der muss versuchen, diese *Bedeutung transparent werden zu lassen* und sie auf den Begriff zu bringen. Er muss die Sache so rekonstruieren, dass ihr Sinn erkannt und dass über diese Sinndeutung kommuniziert werden kann. Mit der Frage, wie solche Bedeutungen erkannt werden können, beschäftigt sich die *Phänomenologie*. Deren Leitfrage lautet: Wie kann man verständlich machen, mit welcher Be–Deutung ein Sachverhalt wahrgenommen wird, in welcher Weise er zu einem „Phänomen" wird?

Die hermeneutische Analyse bezieht sich auf Texte, in denen bestimmte Bedeutungsgehalte mehr oder weniger deutlich ausgedrückt werden. Wir können Worte, Bilder, Symbole etc. verstehen, wenn wir ein entsprechendes Vorverständnis haben. Nicht-sprachliche Dinge haben aber keine Sprache, sie können sich selbst nicht artikulieren, und wir können sie auch nicht befragen. Sie haben jedoch in unserem Alltag eine Bedeutung. Wir nehmen sie wahr, sie lösen Empfindungen aus und können Gedanken anregen.

Solche normalerweise unbewusst ablaufenden Sinngebungen zu rekonstruieren, versucht die *Phänomenologie*. Deren erkenntnistheoretische Grundlagen hat vor allem der Philosoph Edmund *Husserl* (1859 bis 1938) erarbeitet. Auf ihn beziehen sich die meisten Vertreter dieser „Schule". Dem Begriff nach ist die Phänomenologie eine *Theorie der Erscheinungen* (von griechisch: „phainomenon" = das Erscheinende).

Die Phänomenologie ist in ihrem Ursprung wie die Hermeneutik eine Methode der Geisteswissenschaften. Sie will mit ähnlichen Fragestellungen und vergleichbaren methodischen Ansätzen unsere Lebenswelt verständlich machen, sie bezieht sich aber nicht auf Texte, sondern auf *nicht-verbale Gegenstände*.[2] Dies wird indes nicht etwa als ein Mangel gewertet, sondern als ein besonderer Vorteil. Denn jede Benennung einer Sache beinhaltet bereits eine bestimmte Deutung, wobei die Dinge selbst und ihre alltagssprachlichen Benennungen keineswegs deckungsgleich sein müssen. Wer sich auf sprachliche Umschreibungen verlässt, kann damit schon einer unangemessenen Deutung aufsitzen. Die Phänomenologie will hinter solche Deutungen zurückgehen. Husserl drückte dies in der Sentenz aus: „Wir wollen uns schlechterdings nicht mit bloßen Worten [...] zufriedengeben [...] wir wollen auf die Sachen selbst zurückgehen." Es gilt, die Sachen zunächst in ihrem unverstellten Sein zu erfassen und sie erst dann in abstrakter, begrifflich treffender Weise nachzubilden.

Im Unterschied zur Hermeneutik fordert die Phänomenologie als Ausgangspunkt eine Wahrnehmung, die *nicht von Vorannahmen* o.Ä. geleitet wird. Man soll von den Dingen ausgehen, sie unvoreingenommen betrachten, möglichst genau mit vielen Details beschreiben und nicht vorschnell mit vertrauten Begriffen operieren. Kein „Ich weiß schon!", sondern ein „Ich sehe etwas, weiß aber noch nicht, was es bedeutet!" Schon gar nicht darf man ein irgendwie wertendes Urteil treffen. Erst später soll man versuchen, die Beobachtungen begrifflich zu fassen. Damit wird die Erwartung verbunden, dass man den Dingen nicht zuschreibt, was man erwartet, sondern dass man sie selbst zum Sprechen bringt, wobei der Beobachter sozusagen als Medium fungiert.

Dieses Bemühen gerät bald in ein *Dilemma*: Auf der einen Seite soll die Bedeutung eines Phänomens möglichst intensiv erfasst werden und nachvollziehbar werden. Man kann dies aber nur auf der Grundlage seiner subjekthaften Wahrnehmung tun und damit ist man rasch außerhalb des intersubjektiv Kontrollierbaren. Da hilft nur eine möglichst große Transparenz des Verfahrens. Phänomenlogische Analysen haben also durchaus eine „Sinn konstituierende" Wirkung: Sie ergänzen das einfache Dasein einer Sache um deren reflektierte Be–Deutung. Man kann darin eine Verfälschung sehen, wenn man meint, dass Wissenschaft auf das Gegebene beschränkt sein sollte. Dem Gegenstand ist ein Sinn aber schon inbegriffen, bevor dieser durch eine Analyse auf den Begriff gebracht wird. Insofern wird die Bedeutung nicht geschaffen, sondern entdeckt (aus dem Nicht-Wissen heraus gezogen). Die Forderung, sich einer Sache möglichst unvoreingenommen zu nähern, soll dies befördern – eine Sicherung ist es allerdings nicht. Die Alternative kann aber wohl nicht lauten, dass man es bei den impliziten Bedeutungen und ihren verborgenen Wirkungen belässt!

2 Gelegentlich werden allerdings auch Texte als „Phänomene" verstanden; die Trennung wird in der Literatur nicht stringent durchgehalten.

4.2 Empirisch-rationalistische Konzepte

Unter der Kategorie *empirisch-rationalistisch* werden in diesem Kapitel Konzepte vereint, die sich von hermeneutisch-interpretativen Ansätzen durch den Anspruch absetzen, sich nicht auf Deutungen, sondern auf Tatsachen im Sinne einer im Prinzip objektiven Gültigkeit zu beziehen. Die Abgrenzung ist problematisch. Der häufig verwendete Begriff empirisch-*analytisch* erfasst nur eine Variante, Empirie ist natürlich auch deskriptiv und auch induktiv. Und zum anderen sind auch die anderen Konzepte rational. Das Adjektiv *rationalistisch* soll hier den besonderen Anspruch hervorheben. – Zur Einführung bzw. zur Vertiefung sei auf folgende Publikation aufmerksam gemacht (wobei die Auswahl hier besonders schwer fällt):

- *Kromrey 2009*: Entlang der in einem Forschungsprozess zu treffenden Entscheidungen werden Modelle und Methoden der empirischen Sozialforschung theoretisch anspruchsvoll und zugleich anschaulich nachvollziehbar gemacht.
- *Atteslander 2008*: Seit drei Jahrzehnten ist diese umfassende, gut verständliche und mehrfach aktualisierte Einführung verfügbar.
- *Diekmann 2007*: Die wesentlichen Methoden der modernen empirischen Sozialforschung werden anhand einzelner Verfahren und entlang des Forschungsprozesses erläutert. Es wird deutlich, wie durch Datenanalysen gesellschaftliche Entwicklungen und Strukturen herausgearbeitet werden können.
- *Wosnitza/Jäger 2006*: Diese als „elementar" bezeichnete Einführung erläutert, wie in empirischen Studien Daten erfasst, ausgewertet und präsentiert werden können.
- *Böhm-Kasper/Schuchart/Weishaupt 2009*: Zur Vorbereitung auf entsprechende Prüfungen wird das erforderliche Wissen kurz und bündig zum Lernen angeboten.
- *Reinders u.a. 2010*: Diese Einführung nimmt die empirische Bildungsforschung in den Blick und vermittelt Kenntnisse, die zur Rezeption wie für eigene Forschung wichtig sind.
- *Abel/Möller/Treumann 1998*: Mit ausdrücklichem Blick auf pädagogische Fragestellungen werden wissenschaftstheoretische Grundlagen ebenso erörtert wie das methodische Handwerkszeug. Die Argumentation wird eng an praxisorientierten Beispielen entwickelt.
- *Kopp 2009*: In komprimierter und gut verständlicher Weise werden historische Entwicklungen, theoretische Konzepte und empirische Befunde der Bildungssoziologie als Beispiele anschaulich dargelegt.
- *Ritzi/Wiegmann 2010:* Der historische Rückblick erinnert an Konzepte, die in der Pädagogik für eine praxisbezogene empirische Forschung entwickelt worden sind und für die aktuelle Diskussion anregend sein können.
- *Schirmer 2009*: Die Autorin bezieht den Begriff „empirische Forschung" auf qualitative und quantitative Methoden und will aufzeigen, dass diese Konzepte sich in der Praxis häufig näher stehen, als es den Anschein hat.

Das *intuitive* Moment hermeneutisch-interpretativer Konzepte hat vermutlich manchen Leser kritisch fragen lassen, ob auf dieser Grundlage wirklich Aussagen entstehen, die über das Alltagsverständnis mit all seinen Unwägbarkeiten hinausgelangen. Können das Verstehen-wollen und das Wahr-nehmen jene Irrtümer oder Voreingenommenheiten aufdecken, die in alltäglicher, von Interessen und Vorurteilen bestimmter Rede enthalten sind? Sollte im wissenschaftlichen Disput nicht genauer geprüft werden, ob man Irrtümern erliegt, die dem Alltagsbewusstsein verborgen bleiben?

Solche Fragen stehen hinter methodologischen Konzepten, die sich stärker einer *empirischen* Fundierung, einer rationalen Analyse und einer kritischen Prüfung verpflichtet fühlen. Sie wollen sich nicht auf die Intuition philosophischer Deutungen verlassen, sondern Verfahren entwickeln und anwenden, die sich auf *Erfahrung* beziehen. Dafür wird im weiten Sinne der Begriff *Empirie* (von gr. empireia = Erfahrung) verwendet. Man kann den Begriff Erfahrung (mittelhochdeutsch ervarn = reisend erkunden) wörtlich nehmen: Durch Fahren bekommt man Anregungen, und wenn man diese sammelt und reflektiert, kann man klug werden. In diesem Sinne sollen Erfahrungen Begründungen dafür erbringen, dass man Sachverhalte in bestimmter Weise auf den Punkt bringt und Prozesse als regelhaftig erklärt. Methodologisch können unter Empirie *verschiedene Varianten* verstanden werden.

4.2.1 Induktives Schließen: Positivismus

Als Reaktion auf die als problematisch empfundenen Konzepte der geisteswissenschaftlichen Pädagogik haben einige Pädagogen versucht, ihre Disziplin dadurch zu einer besser anerkannten Wissenschaft zu machen, dass die eher exakten Verfahren der Naturwissenschaften auch auf pädagogische Fragestellungen angewendet werden. Zu nennen sind hier vor allem Ernst Christian *Trapp* (1745 bis 1818), August Wilhelm *Lay* (1862 bis 1926), Ernst *Meumann* (1862 bis 1915), Aloys *Fischer* (1880 bis 1937) und Peter *Petersen* (1884 bis 1952).

Erkenntnistheoretisch können solche Ansätze dem so genannten *Positivismus* des *Wiener Kreises* (vgl. Geier 2004) zugeordnet werden. Diese Gruppe wollte die wissenschaftliche Diskussion aus dem „Wirrwarr theologischer und metaphysischer Illusionen" herausführen und eine „Wissenschaftliche Weltanschauung" begründen. Wissenschaft sollte auf beobachteten, *positiv* festgestellten Tatsachen aufbauen. Nur aus solchen Tatsachenfeststellungen sollten allgemein gültige Gesetze abgeleitet werden. Einzelne Beobachtungen sollten zu generellen Aussagen verdichtet werden, indem ihre gemeinsamen Momente in eine umfassendere Aussage hineingeführt werden. Deshalb sprach man von einem Konzept der *Induktion*, mit dem man sich von jenen abgrenzte, die aus allgemeinen, metaphysischen Aussagen bzw. Annahmen über das Transzendente konkrete Aussagen oder gar praktische Anleitungen ableiten wollten. Man kann auch von einem *synthetischen*, zusammenführenden Konzept sprechen, um den Unterschied zu *analytisch* prüfenden Verfahren (s.u.) deutlich zu machen.

Solche Analysen zielen darauf, in den beobachteten Tatsachen gemeinsame Strukturen, Prozesse und gesetzartige Beziehungen zu entdecken. Was immer wieder zu

beobachten ist und in Experimenten wiederholt bewirkt werden kann, lässt sich offenbar auf Ursache-Wirkungs-Beziehungen zurückführen, die unter entsprechenden Bedingungen wahrscheinlich immer wieder wirksam sind. Man kann deshalb im Umkehrschluss bestimmte Beobachtungen immer wieder als Ausdruck solcher Gesetzmäßigkeiten erklären. Man beruft sich dabei auf Erfahrungen, in denen sich Vermutungen wiederholt bestätigt haben und die man deshalb *induktiv* generalisieren darf. Solche Erfahrungen werden in empirischer Forschung systematisch gesucht. Wenn man dabei erfolgreich ist, kann das zu erklärende Phänomen, das *Explanandum* (s.o.), durch den logisch korrekten Bezug auf eine gültige Gesetzesaussage, das *Explanans*, gedeutet werden.
Man wurde jedoch bald *skeptisch*, ob Tatsachen unvoreingenommen festgestellt werden können. Können Wahrnehmung und ihre Deutungen nicht von jenen Erwartungen gesteuert sein, mit denen die Beobachter sich einem Sachverhalt nähern? Und wann kann man einen induktiven Schluss als vollendet und gültig beurteilen? Aus mehreren singulären *Protokollsätzen* lassen sich noch keine generell verbindlichen *Allsätze* ableiten. Das Vertrauen auf die Gültigkeit induktiver Schlüsse wurde als „naiver Empirismus" bezeichnet und als „naiver Positivismus" diskreditiert.

4.2.2 Deduktives Prüfen: Kritischer Rationalismus

Dagegen versucht eine andere Richtung empirischer Forschung sozusagen den umgekehrten Weg. Statt Einzelaussagen zu Gesetzesaussagen zusammenzufügen, also induktiv und synthetisch vorzugehen, versucht sie es deduktiv und *analytisch*. Aus Vermutungen über mögliche allgemeine, theoretische Aussagen werden Teilaussagen abgeleitet, die sich in der Erfahrung wiederfinden lassen müssten, wenn die aufgestellte Theorie zutrifft. Umfassende All-Aussagen werden *analysiert* (zergliedert oder zerlegt) und als konkrete Einzelaussagen der empirischen Überprüfung zugänglich gemacht. Dabei ist *Theorie als Entwurf der Analyse vorgängig*, sie wird nicht erst aus Beobachtungen heraus entwickelt.
Dieser Ansatz ist im Wesentlichen von Karl R. *Popper* (1902 bis 1994) formuliert und von Hans *Albert* weiterentwickelt worden (vgl. Popper 2005). Er wird als *kritischer Rationalismus* bezeichnet: Theorien, die wissenschaftliche Gültigkeit beanspruchen, sollen mit den Mitteln der *ratio* (des Verstandes) kritisch unter die Lupe genommen werden.
Nach dieser Konzeption werden Aussagen nur dann als wissenschaftlich akzeptiert, wenn sie sich einer solchen Überprüfung nicht entziehen, wenn sie – wie man sagt – *an der Erfahrung scheitern können*. Eine Aussage, die sich dieser Prüfung von vornherein entzieht, gilt in diesem Sinne nicht als wissenschaftlich. Das zentrale Prinzip des kritischen Rationalismus ist deshalb die *Falsifizierbarkeit*. Dahinter steht die Überlegung, dass es prinzipiell nicht möglich sei, eine Theorie endgültig als wahr zu beweisen, sie zu *verifizieren*. Man könne allenfalls versuchen, aus dem Bestand an Vermutungen und Behauptungen über die Realität jene herauszufin-

den, die wahrscheinlich *nicht* richtig sind. Kriterium einer solchen Relativierung ist die empirische, also durch Methoden gestützte Erfahrung, also die Prüfung, ob allgemeine Theorie und konkrete Beobachtungen übereinstimmen.
Wenn eine solche Prüfung negativ ausgeht, dann ist die aus einem *Allsatz* abgeleitete Behauptung an der Erfahrung gescheitert, sie ist *falsifiziert*. Eine Theorie ist damit zwar noch nicht endgültig widerlegt, sie ist aber in ihrer Gültigkeit *belastet*. Umgekehrt ist eine Theorie *nicht verifiziert*, wenn eine aus ihr abgeleitete Erwartung die empirische Prüfung bestanden hat. Sie hat sich lediglich – aber immerhin – *bewährt*. Weitere Schlüsse wären induktiv-synthetischer Art – deren Problematik war ja gerade Ausgangspunkt für die kritisch-rationalistische Wendung gewesen. Man spricht im wissenschaftlichen Diskurs nicht von bewiesenen Erkenntnissen, sondern von *belastbaren* Befunden. Damit ist gemeint, dass bisherige Prüfungen positiv ausgegangen sind und dass dies wohl auch für zukünftige Falsifikationsversuche erwartet werden darf – natürlich ohne letzte Zweifel abweisen zu können. Ggf. kann man für eine Theorie einen *Belastungsgrad* angeben, z.B. wenn Hypothesen sich in manchen Fällen bewährt haben, aber in anderen gescheitert sind.
Eine überprüfbare Behauptung, die aus einer Theorie abgeleitet ist, wird als *Hypothese* bezeichnet. Dem Wortsinn nach ist das eine Unter–Stellung: Sie hat einen geringeren Anspruch auf Gültigkeit, weil sie sozusagen probeweise aus einer höheren These abgeleitet ist und weil sie diese ggf. unter-stützen soll.
Hypothesen können in *zwei Varianten* beschrieben werden:

- In einer *Nullhypothese* H_0 (lies: „ha-null“) wird behauptet, dass z.B. in einer experimentellen Studie (s.u.) die Veränderung eines Merkmals „Null“ Effekt haben wird. Eine solche Hypothese wird auch als *Prüfhypothese* bezeichnet, gegen die ein im Grund erwarteter Effekt getestet wird.
- In einer *Alternativhypothese* H_1 (lies: „ha-eins“; auch $H_{2,}$ H_3, etc. bis $H_{n)}$ wird in der Regel das erwartete Ergebnis formuliert, das einer kritischen Prüfung unterzogen werden soll. Eine solche Hypothese wird auch als *Arbeitshypothese* bezeichnet.

Welche Variante der Hypothese man wählt, hängt vom methodologischen Konzept ab, an dem man sich orientiert und natürlich von der inhaltlichen Fragestellung. Wichtig ist letztlich, dass transparent wird, mit welchen Erwartungen ein Problem untersucht wird.
Wenn Hypothesen nach dem Konzept des kritischen Rationalismus formuliert werden, kann daraus ein recht *fragwürdiger Schematismus* werden: Es werden gelegentlich Sätze formuliert, die in ihren Behauptungen eigentlich von vornherein unsinnig oder zumindest sehr unwahrscheinlich sind (etwa: „Zwischen Jungen und Mädchen gibt es *keine* Unterschiede in der Bevorzugung von Puppen.“ oder: „Eine freundliche Architektur bei Schulbauten hat *keinen* Einfluss auf das Wohlbefinden der Schüler und der Lehrer.“). Man stellt dann – angeblich überrascht – fest, dass diese Hypothesen falsch waren, und schließt daraus, dass das Gegenteil dann wohl

richtig sein müsse. – Dies entspricht nicht dem Konzept der empirisch-analytischen Prüfung im Sinne des kritischen Rationalismus.

Wie man zu einer n*euen Theorie* im Sinne eines Entwurfs, der noch zu prüfen ist, kommt, ist nach dem Konzept des kritischen Rationalismus ziemlich beliebig. Man könnte sie sogar im Traum erlebt haben. Wichtig ist allein, dass sie falsifizierbar formuliert und der kritischen Prüfung unterzogen wird. Ähnliches gilt für den Fall, dass sich eine Theorie in der empirischen Prüfung nicht bewährt hat. Dann gilt es, nach den möglichen Ursachen für dieses Scheitern zu suchen und einen Entwurf zu finden, der sich möglicherweise besser bewähren könnte. Ob er dies tut, ist dann im nächsten Schritt genau so kritisch zu prüfen, wie man es zuvor getan hatte.

Diese beiden Bereiche werden mit den Begriffen *Entdeckungszusammenhang* und *Begründungszusammenhang* strikt voneinander abgegrenzt: Wie man (im *context of discovery*) zu Vermutungen kommt, ist erkenntnistheoretisch völlig offen. Entscheidend ist, dass man (im *context of justification*) genau prüft, ob die Vermutungen sich in Form von Hypothesen bewähren.

In der alltäglichen Rede, aber auch in der wissenschaftlichen Argumentation wird häufig nicht genau zwischen *Hypothese* und *Theorie* unterschieden. Manche geben schon eine Vermutung als Theorie aus („Ich sage das mal theoretisch!"), andere sprechen von Theorie erst dann, wenn sie vom Wahrheitsgehalt völlig überzeugt sind („Das ist eindeutig!").

Sinnvoll ist die Unterscheidung zwischen Hypothesen im engeren, empirisch-analytischen Sinne und eher offenen Forschungsfragen. *Hypothesen* behaupten, *dass* unter bestimmten Bedingungen ein Ereignis eintreten wird, *Forschungsfragen* wollen herausarbeiten, *wie* ein Problem beschrieben oder gedeutet werden kann oder *ob* eine Vermutung sich in der Prüfung bewährt. In der aktuellen Forschungspraxis bzw. in deren Beschreibung spielt die strenge Form der Hypothesen-Prüfung nicht mehr die zentrale Rolle. Der Grundgedanke, dass Vernutungen und theoretische Entwürfe einer kritischen Prüfung unterzogen werden müssen, bleibt im Sinne von Transparenz und Kommunikation aber unverändert wichtig.

5 Strategien der Forschung

An der Diskussion erkenntnistheoretischer Positionen sollte deutlich geworden sein, dass Forschung – gerade zu pädagogischen Fragestellungen – mit *unterschiedlichen Zielsetzungen* betrieben werden kann. Verschiedene Vorstellungen über das richtige Vorgehen auf dem Weg zur Wahrheit hängen offenbar mit Erwartungen zusammen, die mehr oder weniger bewusst in die Forschung einfließen. Dies wirkt sich auch in forschungspraktischen Konzepten und Verfahrensweisen aus. Im nächsten Schritt dieser Einführung sollen *Strategien* behandelt werden, nach denen Forschung in unterschiedlicher Weise angelegt werden kann. Statt von Strategien wird auch von *Paradigmen*, *Arrangements* oder *Designs* gesprochen.
Unterschiede im strategischen Vorgehen ergeben sich vor allem aus dem jeweiligen Stand der Forschung und nicht zuletzt aus ganz konkreten personellen und finanziellen Möglichkeiten. Gerade das Untersuchungsfeld der Pädagogik ist so komplex, dass es in seiner Vielschichtigkeit unmöglich mit einem einzigen Verfahren ausgelotet werden kann. Dabei ist es aber nicht beliebig, welches Verfahren angewendet wird. Folgende Ziele und/oder Bedingungen können unterschiedliche Vorgehensweisen nahelegen:

- Wenn ein Forschungsfeld in seinen vielfältigen Dimensionen untersucht werden soll und wenn man die natürlichen Konstellationen möglichst wenig stören möchte, wird man sich in dieses „Feld" begeben und *Feldforschung* betreiben.
- Wenn ein ausgewähltes Merkmal möglichst genau auf seine Wirkung(en) untersucht werden soll, dann wird man *experimentell* vorgehen.
- Wenn man eine Frage in möglichst vielen Aspekten und in vielen Details möglichst genau verstehen möchte, wird man sich auf eine begrenzte Anzahl von *Fällen* konzentrieren.

Man kann sich also in einer Makroperspektive einem weiten Feld zuwenden oder sich in einer Mikroperspektive mit wenigen Merkmalen oder mit wenigen Fällen auseinandersetzen. Diese Strategien sollen im Folgenden näher betrachtet werden.

5.1 Feldforschung

Das Konzept der Feldforschung beruht auf der von dem Psychologen Kurt *Lewin* (1890 bis 1947) entwickelten „Feldtheorie". In sozialpsychologischer Perspektive wird angenommen, dass Menschen in ihrem Handeln von ihrem sozialen Umfeld beeinflusst werden und dass ihr Handeln auf das Umfeld zurückwirkt. Dies beruht auf zwei erkenntnistheoretischen Annahmen, die sich in entsprechenden Zielsetzungen ausdrücken:

• Zum einen ist mit Feldforschung ein eher technisch-*pragmatischer* Aspekt gemeint: Man forscht nicht in künstlichen Situationen oder in experimentell gestalteten Kontexten (wie z.B. im Labor), sondern man sucht Menschen (*Probanden*) dort auf, wo sie alltäglich leben und handeln. Dort werden Daten unter natürlichen, normalen Bedingungen erhoben.
• Zum anderen wird mit dem Feldbegriff die inhaltlich-*theoretische* Annahme verbunden, dass das Verhalten und das Handeln von Menschen nicht als isoliertes, autonomes oder gar statisch-stabiles Ereignis zu sehen sind, sondern erst in den jeweiligen sozialen, strukturellen Bezügen konkret werden und dass sie deshalb auch nur verstanden werden können, wenn man diese „Feld"-Beziehungen mit in den Blick nimmt.

Ein pragmatischer Vorteil der Feldforschung liegt darin, dass in der Regel eine *größere Anzahl von Personen* in die Untersuchung einbezogen wird, sodass die Ergebnisse eher als repräsentativ und generalisierbar angesehen werden können. Damit ist aber zugleich der Nachteil verbunden, dass in der Regel aus inhaltlichen, zeitlichen und/oder personellen Gründen nur einige wenige Merkmale intensiv erfasst werden können. Die Komplexität der vielfältigen Wirkungszusammenhänge – von der man ja gerade ausgegangen ist – kommt dann doch nur in einem engeren thematischen Ausschnitt in den Blick.
Wenn man im Feld forscht, kann man hoffen, dass die externe Validität (s.o.) besser gewährleistet ist. Eine Feldstudie soll in der Regel repräsentativ sein für eine *Grundgesamtheit* wie z.B. „Schülerinnen und Schüler" oder „Wählerinnen und Wähler". Diese Einheit bezeichnet man als *Population* (wie „Volk" oder „Bevölkerung"). Da man solch große Gruppen nicht vollständig untersuchen kann, beschränkt man sich auf *Stichproben*. Wenn die *Probanden*, die *Versuchspersonen*, sorgfältig ausgewählt wurden, kann man von deutlich kleineren *Untersuchungsgruppen* mit hinreichender Treffsicherheit auf die Gesamtheit schließen. Der Begriff Stichprobe wird bei vielen Studien auch dann verwendet, wenn die Probanden nicht nach systematischen Kriterien oder nach dem Zufall ausgewählt worden sind, sondern die Untersuchungsgruppe sich irgendwie ergeben hat. Man spricht dann von einer *anfallenden Stichprobe*. In solchen Fällen ist es natürlich nicht sicher, ob auf eine Grundgesamtheit geschlossen werden kann bzw. für welche Fall-Gruppe die Aussagen gültig sind.
In der pädagogischen Forschung geht es in vielen Fällen aber nur darum, für eine bestimmte Gruppe von Personen transparent zu machen, in welcher Weise bestimmte Merkmale oder Personen in Beziehung zueinander stehen. Dann steht der Feldbegriff eher in seiner thematischen Bedeutung im Vordergrund. Die Strategie nähert sich dann der einer Fall-Studie (s.u.).
Um die Vorteile der Feldforschung zu wahren, sollen die Forschenden die soziale Realität möglichst wenig verändern. Sie versuchen, die laufenden Prozesse mög-

lichst wenig zu stören und doch mit ihnen vertraut zu werden. Es kann aber aufschlussreich sein, eine im Feld als wirksam vermutete Bedingung bewusst zu beeinflussen und dann zu beobachten, ob der erwartete Effekt (oder etwas anderes) eintrifft. Man hofft, dass die Manipulation eines Merkmals deutlicher werden lässt, welche Beziehungen etc. bestehen. Dabei hofft man, dass durch diesen Eingriff die Verhältnisse nicht gravierend verfälscht werden.

Nun kann man allerdings unter pädagogisch-ethischen Gesichtspunkten häufig nicht taten- und teilnahmslos zuschauen, unter welchen Bedingungen z.B. Kinder und Jugendliche in Familien aufwachsen oder in der Schule lernen sollen. Pädagogische Forschung wird dann rasch mit der Aufforderung konfrontiert, zur Weiterentwicklung beitragen zu sollen und herauszuarbeiten, mit welchen Maßnahmen bestimmte Bedingungen zugunsten der Betroffenen verbessert werden können. Unter dieser Perspektive bekommt Forschung im Feld einen „experimentellen" Charakter. Man spricht dann von einem *„Feldexperiment"*.

In konsequenter Form wird daraus das anspruchsvolle Konzept der *Entwicklungsforschung*. Man spricht auch von *Handlungsforschung*, *Aktionsforschung* (vgl. Altrichter/Posch 2006) oder neuerdings von *Interventionsforschung* (vgl. Hascher/Schmitz 2010). Dem liegt die Forderung zugrunde, dass sich sozial relevante Forschung nicht (nur) an abstrakten Fragestellungen aus der Wissenschaft abarbeitet, sondern sich konkreten Bedürfnissen von Menschen in konkreten Lebens- und Handlungssituationen zuwendet. Denen kann man nicht distanziert begegnen, man darf sie nicht als „Objekt" von Forschung behandeln, sondern man muss sie in die „Aktion" einbeziehen. Erst dadurch kann deutlich werden, welche Probleme vorliegen, welcher Handlungsbedarf besteht und vor allem, an welchen Punkten angesetzt werden kann. Entwicklungsforschung soll dann herausarbeiten, welche „Aktionen" angebracht sind, sie soll diese erproben und methodisch fundiert aufklären, welchen Erfolg und welche möglichen Nebenwirkungen dies hat.

Ein solcher Aktionismus ist mit den traditionellen Vorstellungen von Forschung nicht ohne Weiteres vereinbar. Man ist der Gefahr ausgesetzt, die für wissenschaftlich fundierte Analysen wichtige kritische Distanz zu verlieren. Man wird eingebunden in praktisch und letztlich politisch bedeutsame Prozesse. Man bekommt Verantwortung für den Erfolg und ggf. auch für Misserfolg oder mögliche Nebenwirkungen. Die prinzipielle Differenz zwischen alltäglicher und wissenschaftlicher Kommunikation kann verschwinden. – Aus diesem Dilemma kann pädagogische Forschung sich allerdings nicht herauswinden. Sie ist auf der einen Seite immer in der Gefahr, sich zu verselbstständigen, und auf der anderen Seite, ihre auf Unabhängigkeit angewiesenen Erkenntnismöglichkeiten zu verlieren. In diesen beiden Extremfällen würde sie für die Entwicklung pädagogischer Prozesse irrelevant. Auch da hilft es nur, die Bedingungen transparent zu machen, unter denen sich Forscher in die pädagogische Entwicklungsarbeit einbringen und das Verhältnis zwischen politischem Engagement und wissenschaftlicher Reflexion zu kontrollieren.

Als eine Variante der Feldforschung, die sich besonders intensiv auf konkrete Strukturen und Prozesse einlässt, ist die *ethnographische Forschung* zu verstehen (vgl. Hünersdorf/Maeder/Müller 2008, Heinzel u.a. 2009). Es geht dabei um den Versuch, in einer in der Regel überschaubaren Handlungssituation die Interaktionen der Beteiligten möglichst genau zu erfassen, detailliert zu beschreiben und die Beobachtungen so zu deuten, dass das je Besondere zum Ausdruck kommt. Methodologisch werden dabei vor allem hermeneutisch-interpretative Verfahren eingesetzt.

Aus Kosten- und Zeitgründen wird häufig versucht, einen Effekt *im Querschnitt* (*synchron*, zur gleichen Zeit) zu erfassen. Man misst z.B. in der Schule bestimmte Merkmale in einer 5, einer 7. und einer 9. Klasse. Wenn sich dabei Unterschiede zeigen und womöglich die erhoffte Tendenz aufweisen, ist daran noch keineswegs sicher erkennbar, ob dies als Entwicklungsverlauf über das Alter bzw. die Schulzeit zu interpretieren ist. Die Unterschiede können auf unterschiedlichen Konstellationen beruhen, die in den verschiedenen Gruppen wirksam gewesen sind (z.B. bessere Lehrkräfte o.Ä.).

Weil sich Prozesse im Feld in der Regel mehr oder weniger deutlich wandeln und weil bei vielen Untersuchungen auch langfristige Effekte (*diachron*, über die Zeit) beobachtet werden sollen, werden in der Feldforschung zunehmend *Längsschnitt-Designs* eingesetzt. Gegenüber Querschnitt-Studien haben sie den Vorteil, dass sicherer beurteilt werden kann, ob eine beobachtete Veränderung wirklich auf eine langfristige Wirkung zurückzuführen ist. Viele pädagogische Prozesse sind nicht in einer zeitlichen Momentaufnahme angemessen zu erfassen. Wirkungen sind in vielen Fällen erst über die Zeit zu erwarten. Dem sollten Strategien der Forschung entsprechen:

- In einer *Trend-Untersuchung* wird eine Fragestellung zu verschiedenen Zeiten an verschiedenen Stichproben untersucht. – Die Aussagekraft ist begrenzt, weil man nur schwer beurteilen kann, ob eventuelle Differenzen auf die vergangene Zeit oder auf Merkmale der verschiedenen Personengruppen zurückzuführen sind.
- In einer *Panel-Untersuchung* wird eine bestimmte Erhebungsgruppe zu verschiedenen Zeiten wiederholt untersucht. Die Personen stehen auf der „Liste der Teilnehmer“ (englisch „panel“). Diese Gruppen müssen (im Unterschied zur „Kohorte“, s.u.) nicht nach einem bestimmten Merkmal zusammengesetzt sein. In der Regel werden dieselben Instrumente eingesetzt. – Dabei kann es zu Problemen kommen, weil die Personen durch die ersten Erhebungen in Einstellungen oder Verhalten beeinflusst sein können. Man bezeichnet dies als *Paneleffekt.* Und es kann sich im Laufe der Zeit herausstellen, dass die eingangs verwendeten Instrumente mögliche Veränderungen (wie z.B. im Sprachgebrauch, bei Moden etc.) nicht mehr valide erfassen können. Wenn man daraufhin die Instrumente verändert, kann man nicht mehr über die Zeit vergleichen.
- Nach einem *Kohorten-Design* werden in einer thematisch spezifischen Form der Panel-Studie Personen untersucht, die gemeinsame, meist biographische Merkmale

haben. So kann z.B. eine Schulklasse über die Schulzeit hinweg oder wenigstens ein paar Jahre lang begleitet werden.

Diese Varianten haben unterschiedliche Aussagekraft: Lediglich bei einer Panel-Studie kann man davon ausgehen, dass eventuell beobachtete Veränderungen nicht auf Besonderheiten und Unterschiede der jeweiligen Erhebungsgruppen (z.B. in Persönlichkeitsmerkmalen oder situativen Faktoren) beruhen können. Aber dieses Verfahren ist natürlich ungleich anspruchsvoller und schwieriger zu bewerkstelligen. Nicht immer sind alle Personen über eine längere Zeit hinweg verfügbar, weil sie z.B. umziehen und ihre neue Adresse nicht mitteilen. Dabei bedeutet ein Umzug ja auch, dass sich die Lebensumstände verändern – und schon gehören diese Personen nicht mehr im engeren Sinne zum Panel.
Natürlich macht die bloße Sammlung und Aufzählung von Daten noch nicht erkennbar, auf welche Faktoren die beobachteten Veränderungen zurückzuführen sind, eine Zeitreihe lässt noch keine Kausalzusammenhänge erkennen. Häufig bleibt es bei der reinen Beschreibung von Phänomenen oder aber es werden Spekulationen entworfen, die plausibel erscheinen, aber kaum wirklich begründet oder geprüft werden können.

5.2 Experimente

In den Sozialwissenschaften und in der Psychologie gilt das *Experiment* als die exakteste Form der Forschung. In der pädagogischen Forschung ist die Bedeutung – jedenfalls zurzeit – deutlich geringer. Empfohlen wird es gleichwohl immer wieder. Folgende Publikationen geben Einblick in Konzept und Praxis dieser Variante:

- *Klauer 2005*: Aus pädagogisch-psychologischer Sicht wird für Experimente in der Pädagogik plädiert, weil bzw. wenn diese methodisch anspruchsvoll und exakt durchgeführt werden.
- *Zimmermann 2008*: Der Band informiert über methodologische Grundlagen und praktische Verfahren sozialwissenschaftlicher Experimente.
- *Wellenreuther 2007*: Am Beispiel des Lehrens und Lernens werden Ergebnisse aus der pädagogischen Forschung kritisch beleuchtet und für die Anwendung in der Praxis aufbereitet.
- *Hopf 2004*: Berichtet wird über die Anfänge der experimentellen Pädagogik zu Beginn des 20. Jahrhunderts.
- *Schneider 2009*: Eher zum Vergnügen sei auf diese Sammlung „verrückter Experimente" hingewiesen.

In Experimenten wird in methodisch strenger Form geprüft, ob zwischen beobachteten Merkmalen eine Beziehung erkennbar ist und wie intensiv diese ggf. ist. Wenn solche Befunde reliabel und valide sein sollen, dann müssen sie wiederholbar sein, also von anderen Forschenden *repliziert* werden können. Wenn man Gesetzmäßig-

keiten des Handelns oder den regelhaften Ablauf von Prozessen, Ereignissen etc. aufdecken möchte, so ist dies in der Feldforschung oft nicht hinreichend möglich. In den komplexen Handlungsbedingungen werden einzelne Zusammenhänge oft nicht erkennbar. Erst eine kontrollierte experimentelle Manipulation bestimmter Bedingungen kann Aufschluss geben über Wirkungen und Kausal-Beziehungen.
Experimente beziehen sich sinnvollerweise auf Merkmale, die unterschiedlich ausgeprägt sein können, also *variabel* sind. Solche Merkmale werden als *Variable*“ (= „Veränderliche“) bezeichnet. Merkmale, die ihre Ausprägung nicht verändern können, sind *„Konstante*“. In einem Experiment geht es in der Regel um zwei Variablen: Die eine Variable (oder ein Bündel von Variablen) löst etwas aus, bei der anderen tritt möglicherweise ein Effekt ein. Die zweite Variable wird als von der ersten abhängig gesehen, sie ist deshalb die *abhängige Variable* (kurz: *AV*). Die andere, die manipulierte Variable wird zwar ihrerseits von anderen Faktoren abhängig sein, aber im Rahmen des Experiments geht es nur um ihre Beziehung zu den anderen hier untersuchten Merkmalen. Gegenüber der abhängigen Variable ist die bewirkende Variable die *unabhängige Variable* (kurz: *UV*). In der empirischen Forschung werden häufig die Begriffe *Treatment* für die Behandlung, Manipulation der UV und *Kriterium* für das Merkmal, an dem sich ein Effekt in der AV zeigen soll, verwendet. Andere Begriffs-Paare sind „Ursache – Wirkung“, „experimentelle Variable – Kontrollvariable“.
Als einfachste Form eines Experiments kann ein Vergleich zu zwei Zeitpunkten verstanden werden. Wenn zwischen „vorher“ und „nachher“ ein Treatment erfolgt (z.B. dass man verschiedenartige Lerngruppen bildet) und beim Kriterium (z.B. im Lernerfolg) eine Veränderung zu beobachten ist, dann kann man vermuten, dass diese Änderung durch die veränderte Bedingung bewirkt worden ist. Aber ein solcher Schluss ist keineswegs zwingend, denn man kann nicht kontrollieren, ob der beobachtete Effekt auch ohne eine Veränderung der Treatment-Variable entstanden wäre.
In einem methodisch anspruchsvollen Experiment wird deshalb die Beobachtung in einer Experimentalgruppe mit einer Kontrollgruppe verglichen, in der die unabhängige Variable nicht verändert wurde. Natürlich müssen auch die anderen Merkmale konstant gehalten werden. Wenn sich in der Kontrollgruppe die Ausprägung des Kriteriums nicht oder deutlich geringer verändert als in der Experimentalgruppe, dann kann das als Beleg für die Wirkung des Treatments gewertet werden. Denkbar ist auch, dass sich das Kriterium in der Kontrollgruppe negativ verändert – dann wäre es positiv zu werten, wenn das Kriterium in der Experimentalgruppe auf dem vorherigen Niveau verbleibt. Dieses Grundmuster eines echten experimentellen Designs kann auf mehrere Variablen (UVs und AVs) erweitert und komplizierter gestaltet werden, und es können sog. „intervenierende Variablen“ einbezogen werden, die einfache Effekte verringert oder verstärkt haben können.
Natürlich gibt es in der pädagogischen Forschung kaum Sachverhalte, die mit ei-

nem eindimensionalen Kausalmodell hinreichend erklärt werden können. Man hat es weder mit einzelnen, allein wirkenden Ursachen, noch mit einzelnen Wirkungen zu tun. Faktoren und Effekte sind in der Regel „konfundiert" (vermengt), sie mögen gar als „konfus" erscheinen. Hier kommen lineare Modelle, wie sie gelegentlich in eindeutigen Ursache-Wirkungs-Gesetzen formuliert werden, an ihre Grenzen.
Ein Experiment unter *Laborbedingungen* versucht, alle Faktoren auszuschließen, die nicht untersucht werden sollen. Das Verhalten wird unter Bedingungen manipuliert und beobachtet, die durch nichts anderes gestört werden. Die Versuchspersonen – die *Probanden* – werden in der Regel aus ihrem alltäglichen Handlungskontext herausgenommen und in eine Situation gebracht, in der sie sich ganz auf das zu beobachtende Verhalten konzentrieren können.
In dem Maße, in dem dies gelingt, kann ein Effekt, der nach einem Treatment beobachtet wird, auf dieses kausal zurückgeführt werden, weil etwas anderes ja nicht Verursacher gewesen sein kann. Aber es stellt sich in gleichem Maße die Frage, ob das Verhalten unter Laborbedingungen extern valide ist, also auf das Alltagshandeln übertragen und verallgemeinert werden kann. Unter den isolierten Bedingungen des Labors, wo die Probanden z.B. nicht von ihren sozialen Bezugsgruppen beeinflusst werden und für die Folgen ihres Verhaltens in der Regel nicht verantwortlich sind, verhalten sie sich möglicherweise anders als im Alltag.
Trotz aller Umsicht – oder gerade deshalb – kann es indes passieren, dass in einem Experiment etwas nachgewiesen wird, was es nur unter den Bedingungen des Experiments gibt. Solche *Placebo-Effekte* sind ja auch im Alltag bekannt. In der Medizin dient der Vergleich mit Scheinpräparaten zur Prüfung neuer Medikamente. In den Sozialwissenschaften wird als Beispiel häufig eine Untersuchung in den amerikanischen *Hawthorne-Werken* zitiert. Hier waren neue Formen der Arbeitsorganisation erprobt und in ihrer Wirkung wissenschaftlich untersucht worden. Die gesteigerte Effektivität und die größere Zufriedenheit der Arbeitenden erwiesen sich jedoch langfristig nicht als Folge der neuen Organisationsformen, sondern vielmehr als Effekt der besonderen Aufmerksamkeit, die die begleitenden Wissenschaftler den Arbeitenden hatten zukommen lassen.
Weiterhin gibt es z.T. nur *schwer kontrollierbare Effekte*, die sich aus der Reihenfolge der Untersuchungen, aus den Untersuchungen selbst, dem Verhalten der Forschenden, den situativen Umständen usw. ergeben können. Da man nicht immer Experimente geplant durchführen kann und weil es manchmal von Interesse sein kann, eine Veränderung, die schon eingetreten ist, nachträglich auf die bedingenden Faktoren hin zu untersuchen, sind Verfahren entwickelt worden, mit denen im Nachhinein – also *ex-post-facto* – versucht wird, ein „quasi-experimentelles Design" zu simulieren. Dies sind vor allem Verfahren der Datenanalyse, bei denen die relevanten Merkmale rechnerisch kontrolliert werden. Es werden dann Personen, die beim Treatment bestimmte Merkmalsausprägungen aufweisen, mit solchen verglichen, bei denen dies nicht der Fall ist.

Kritisch wird gegenüber Experimenten darauf verwiesen, dass es moralisch unzulässig sein kann, mit Menschen zu experimentieren, dass künstliche experimentelle Situationen der komplexen Realität nicht gerecht werden, dass die externe Validität nicht zu sichern ist, dass pädagogische Praxis eigentlich nicht wiederholbar ist und dass man im Grunde nur vorhandene Theorien überprüft und kaum zur Weiterentwicklung der Theorie beiträgt.
Ein Problem kann sich auch daraus ergeben, dass bestimmte Bedingungen des Umfeldes (des „Kontextes") die Wirkung der untersuchten Variablen positiv oder negativ beeinflussen. Vielleicht verhalten sich Personen in der experimentellen Situation anders, weil sie sich beobachtet fühlen. Ein beobachteter Effekt kann gerade durch die besondere Situation erst hervorgebracht, verstärkt oder ein an sich möglicher Effekt unterdrückt worden sein.
Als eine Variante des Experimentierens kann man die Strategie der Entwicklungsforschung (s.o.) verstehen: In einem „Feld" wird erprobt, ob bestimmte Veränderungen zu besseren Ergebnissen führen. Man bezeichnet dies dann als „Feldexperiment".

5.3 Fallstudien

Anders als Experimente sind *Fallstudien* insbesondere biographischer Art in der pädagogischen Forschung sehr beliebt. In folgenden Publikationen werden die wesentlichen Vorzüge und Verfahren herausgestellt und diskutiert:

- *Giebeler u.a. 2008*: Fälle aus der sozialen Arbeit werden aus der Sicht verschiedener Disziplinen werden vorgestellt und interpretiert.
- *Wernet 2006*: An verschiedenen Beispielen werden methodologische Konzepte und methodische Verfahrensweisen anschaulich dokumentiert.
- *Kraul/Marotzki 2002*: Die Beiträge des Bandes vermitteln Ansätze und Perspektiven der erziehungswissenschaftlichen Biographieforschung.
- *Krüger/Marotzki 2006*: Das Handbuch gibt einen systematischen Überblick zu den theoretischen Konzepten, den Methoden und Schwerpunkten biographieorientierter Forschung.
- *Schlüter 2010*: Wie aus biographischen Materialien individuelle Selbstbilder und gesellschaftliche Deutungsmuster herausgearbeitet werden können, wird an anschaulichen Beispielen erläutert.

Häufig ist ein Problem noch gar nicht so weit erschlossen, dass man die *wesentlichen Merkmale des Feldes* bereits benennen könnte, an denen nach einer experimentellen Manipulation ein gewünschter Effekt zu erwarten wäre. Man muss erst einmal mit offenen Erwartungen hinsehen, bevor man zu allgemeineren Beobachtungen oder zu experimentellen Untersuchungen fortschreiten kann. Dies könnte mit Hilfe einer Fallstudie versucht werden. Neben methodologischen Gründen ist der Blick auf den Fall in der pädagogischen Forschung in der besonderen Zielsetzung begründet:

Pädagogik hat es mit Individuen zu tun, deren Entwicklungsmöglichkeiten verbessert werden sollen. Deshalb muss sich die Forschung in diesem Feld auch intentional an Einzelnen orientieren.

Eine Fallstudie ist also der Versuch, eine besondere Situation, ein Problem, einen Prozess etc. dadurch transparent zu machen, dass eine kleine Gruppe von Personen oder nur eine einzige Person intensiv untersucht wird. Der Vorteil liegt darin, dass der eine Fall viel besser in mehreren (allen?) Dimensionen aufgearbeitet werden kann, als es in einer Feldstudie oder gar einem Experiment möglich wäre. Der Bericht über diese Art von Forschung kann dichter, authentischer und komplexer sein.

Eine große Rolle spielt bei Fallstudien *biographisches Material.* Das können schriftliche Dokumente wie Tagebücher, aber auch Fotos u.Ä. sein oder eigens im Rahmen der Forschung durchgeführte Interviews (s.u.). Man bittet Personen, ihr „Leben" (bios = Leben) zu „beschreiben" (graphe = Schrift). Dabei stellt sich die Frage, in welchem Grad jemand valide Auskunft geben kann über den tatsächlichen Verlauf seines Lebens, über Beweggründe des Handelns und die Bedeutung bestimmter Ereignisse. Wer sein Leben beschreibt, der schreibt es eben so, wie er sich und seine Interaktion mit der Lebenswelt subjekthaft wahrnimmt und/oder wie er sich gern darstellen möchte. Insofern sind Lebensgeschichten *konstruiert.* Allerdings kann man gerade hierin das Spezifische dieser Materialien sehen: Subjekthaftes Verhalten vollzieht sich ja nicht losgelöst vom situativen, sozialen Kontext des Handelnden, sondern es wird durch diesen Kontext (die Interaktionspartner, die Bezugspersonen etc.) beeinflusst und die Person versucht, auf diesen Kontext einzuwirken. Und gerade diese Prozesse können sich in der biographischen Darstellung ausdrücken und nur durch diese Vermittlung können sie der forschenden Analyse zugänglich werden. Ob dabei tatsächlich die eigentlichen Beweggründe und Prozesse zutage kommen, kann natürlich nicht sicher geklärt werden.

Ein Nachteil von Fallstudien liegt darin, dass kaum eingeschätzt werden kann, in welcher Weise die Besonderheiten eines Falles auch für andere Personen gültig sein können. Dies gilt im Prinzip auch dann, wenn solche anderen Personen in vielerlei Hinsicht „ähnlich" zu sein scheinen. Einzelne Fallstudien sind kaum generalisierbar. Aber das mindert ihre Bedeutung in der pädagogisch orientierten Forschung keineswegs. Sie sind allemal näher an den Personen, sie sind authentischer und sie lenken den Blick auf Prozesse, die in der professionellen Reflexion pädagogischen Handelns im Mittelpunkt stehen (sollten).

6 Daten erheben

Im Rahmen der verschiedenen Strategien müssen zunächst Daten gesammelt werden, mit denen die jeweiligen Fragestellungen bearbeitet werden können. Das können zunächst Materialien sein, die man einfach nur *sammeln* muss. Darüber hinaus kann man *beobachten*, wie sich Menschen in bestimmten Situationen verhalten, und man kann sie *fragen*, warum sie sich so verhalten. Diese drei Techniken der Datenerhebung sollen im Folgenden näher betrachtet werden.

6.1 Spuren sammeln

Jegliche Forschung wird versuchen, ihren Gegenstand möglichst unverändert untersuchen zu können. Deshalb sollte man zunächst versuchen, mit Materialien zu arbeiten, die nicht erst als Reaktion auf einen Impuls der Forschenden entstehen, sondern *non-reaktiv* vorhanden sind. Man hofft, dass in solchen Materialien *Spuren* des Denkens und Handelns zu finden sind und dass deren Interpretation aufschlussreich ist. Zu denken ist an offizielle, formelle Dokumente (Zeugnisse, Urkunden), an persönliche, informelle Texte (Briefe, Tagebücher) oder andere Medien (Fotos, Zeichnungen). So kann z.B. der Verlauf von *Diskursen* anhand von Entwürfen, Anträgen etc. rekonstruiert werden (vgl. Keller 2007, Jäger 2009).

Man kann solche Spuren auch provozieren, ohne die Handelnden darüber zu informieren: Man kann z.B. Briefe „verlieren" und registrieren, für welche Adressaten diese weitergeleitet werden. Man kann Notfälle simulieren und beobachten, wie sich Menschen in solchen Situationen verhalten.

Im weiteren Sinn kann es auch als non-reaktiv verstanden werden, wenn in einer Situation das Verhalten zunächst nicht beeinflusst wird und erst nachträglich in einer Befragung um eine Reaktion gebeten wird.

Die Grenzen dieser Verfahren liegen darin, dass man in solchen Spuren nur wenige Aspekte erfassen kann und wenig Auskunft über Motive des Verhaltens bekommt. Die Spuren sagen nicht, warum sie entstanden sind.

6.2 Verhalten beobachten

In allen Interaktions-Situationen wird ständig „beobachtet". Man nimmt den anderen wahr, deutet Gestik und Verhalten und macht sich darauf seinen Reim. Wissenschaftlich zu *beobachten* ist jedoch deutlich schwieriger. In den folgenden Publikationen wird dies systematisch erörtert:

- *Fuchs 2004:* Mit kritisch-skeptischem Blick wird problematisiert, ob man überhaupt beobachten kann bzw. was eine Beobachtung aus dem Beobachteten macht.
- *Greve/Wentura 1997:* Die Besonderheiten und Verfahren wissenschaftlicher Beobachtung werden in ihren Stärken und Schwächen herausgestellt.
- *Martin/Wawrinowski 2006:* Diese „Beobachtungslehre" regt zur bewussten Reflexion von Wahrnehmungen und deren Deutungen im pädagogischen Alltag an.
- *Nuding 2006:* Vorgestellt werden Verfahren der Beobachtung und deren Verwendung zur diagnostischen Beurteilung.
- *Weigand/Remi Hess 2007:* Berichtet wird über Verfahren und Ergebnisse von Beobachtungen in interkulturellen Situationen.

Etwas zu beobachten, das scheint auf den „ersten Blick" eine ganz einfache und normale Sache zu sein. Man müsse doch nur seine Sinne wach halten und sie auf das betreffende Objekt richten. Im Alltag reicht dies in den meisten Situationen tatsächlich aus. Es kann aber auch zu erheblichen Problemen führen, wenn jemand aus Beobachtungen sichere Kenntnisse ableiten will. Wie weit sind unsere „Wahrnehmungen" – im Wortsinn also das, was wir „für wahr nehmen" – von Erwartungen geprägt bzw. wie viel müssen wir von einer Sache bereits verstehen, wenn wir sie angemessen erfassen wollen. So könnte z.B. eine naive, d.h. unvoreingenommene und nicht informierte Person, die einen Tischler beobachtet, zu dem Schluss kommen, dass es beim Hobeln vor allem darauf ankomme, Hobelspäne zu produzieren. Ein klassisches Beispiel, das sich in der geistigen Entwicklung eines jeden Kindes wiederholt, ist die alltägliche und sinnlich eindrückliche Beobachtung, dass sich die Sonne um die Erde dreht. „Im Osten geht die Sonne morgens auf, im Süden hat sie mittags ihren Lauf, im Westen sehen wir sie untergeht, im Norden können wir sie niemals sehn." – so sagt es der Kinderreim. Aber ist diese Beschreibung schlicht falsch? Hat sie nicht auch eine lebenspraktische Bedeutung und eine subjektive Wahrheit, die nur den Astronomen nicht weiterhilft? Wie verlässlich sind unsere Wahrnehmungen, welche Begriffe leiten wir aus ihnen ab und welche Folgerungen können wir ziehen etc.? Für eine wissenschaftliche Beobachtung, deren Aussagen intersubjektiv nachvollziehbar sein sollen, sind deshalb Anforderungen zu stellen und zu erfüllen, die über das Beobachten im Alltag hinausgehen.

Wissenschaftliches Beobachten ist der Versuch, über das Verhalten von Personen in bestimmten Situationen möglichst zuverlässige und gültige Informationen zu sammeln, deren Interpretation dazu verhilft, die jeweilige Handlungssituation zu verstehen (ggf. besser als die Handelnden selbst es tun) und sie in ihren Zusammenhängen aufzuklären. Dazu kann man verschiedene Verfahren verwenden, die den unterschiedlichen Bedingungen angemessen sind. Im Unterschied zum alltäglichen Zusehen werden bei der wissenschaftlichen Beobachtung in der Regel vorab oder spätestens im Verlauf des Verfahrens mehr oder weniger präzise formulierte Kategorien entwickelt, mit denen die Beobachtung auf jene Aspekte konzentriert werden soll, die für die zu untersuchende Fragestellung als wichtig erachtet werden.

Wie man eine Beobachtung konkret gestaltet, hängt von der Fragestellung und den spezifischen Möglichkeiten ab. Prinzipiell sind folgende *Varianten* zu unterscheiden:

- Man kann *verdeckt oder offen* beobachten. Es kann sinnvoll sein, die Beobachteten nicht wissen und merken zu lassen (z.B. mit Hilfe eines Einwegspiegels), dass sie beobachtet werden, damit sie ihr Verhalten nicht reaktiv verändern. Wenn man offen auftritt, kann man sich im Feld vermutlich besser orientieren und bewegen.
- Man kann *teilnehmend oder nicht-teilnehmend* beobachten. Als Teilnehmer ist man in die üblichen Rollen und Prozesse einbezogen und kann deren Funktionen am eigenen Leibe miterleben. Allerdings gibt man eine Distanz auf, die für eine systematische Wahrnehmung wichtig sein kann.
- Man kann *thematisch offen oder inhaltlich vorstrukturiert* beobachten. Im einen Fall findet man möglicherweise Dinge, die man nicht erwartet hat, im andern Fall sucht man nach Daten, mit denen Vermutungen oder Hypothesen überprüft werden können.
- Man kann *in natürlichen oder in künstlichen Situationen* beobachten. Dies entspricht in der Regel der gewählten Strategie: In der Feldforschung sucht man eine unveränderte Situation, im Experiment konzentriert man sich auf einen Ausschnitt. Das eine ist komplex und möglicherweise unübersichtlich, das andere hat in der Regel eine geringe ökologische Validität.

Die wichtigste *Vorarbeit* besteht darin, die Kategorien zu klären, nach denen beobachtet und dokumentiert werden soll. Die Kategorien müssen klar definiert sein und sich deutlich voneinander unterscheiden. Damit sie eindeutig angewendet werden („Durchführungsobjektivität"), sollten die Beobachter vor Beginn ihrer Tätigkeit informiert und trainiert werden.

Die *Vorteile* der Beobachtung gegenüber anderen Verfahren liegen darin, dass die beobachteten Personen sich im Prinzip mehr oder weniger natürlich und normal verhalten können, und vor allem, darin, dass sie ihr Verhalten nicht selbst beschreiben und interpretieren müssen. Die Beobachtung kann Ereignisse unter vielfältigen Aspekten erfassen. Sie ist prinzipiell – wie bei einer ethnographischen Orientierung – offen für neue Einsichten.

Als *Grenzen* der Beobachtung können folgende Punkte benannt werden: Das Beobachtete kann durch die Beobachtung verändert werden. Es ist nicht sicher, ob der beobachtete Ausschnitt nach Inhalt und Zeitpunkt repräsentativ ist. Beobachtungen sind nur begrenzt wiederholbar. Es ist nicht erkennbar, mit welchen Intentionen die Personen handeln, die subjektive Bedeutung ihres Verhaltens ist nicht beobachtbar. Beobachtungen können durch Erwartungen und Bewertungen der Beobachter gefiltert sein.

6.3 Mündlich befragen

Wenn man sich mit den Ergebnissen der Beobachtens nicht zufriedengeben will, wird man *nachfragen*. Aber auch das ist in der Wissenschaft schwieriger als im Alltag. Folgende Publikationen machen dies deutlich:

- *Konrad 2010*: Wie eine Befragung gut geplant, sorgfältig durchgeführt und sinnvoll ausgewertet werden kann, wird systematisch und fundiert erläutert.
- *Trautmann 2010:* Bei Interviews mit Kindern und Jugendlichen entstehen besondere Probleme, die aber durchaus gemeistert werden können.
- *Küsters 2009:* Der Schwerpunkt liegt auf „narrativen Interviews", deren theoretische Grundlagen und konkrete Verfahren erläutert werden.
- *Mayer 2009:* Im Zentrum stehen wissenschaftstheoretische Konzepte und Verfahren der Entwicklung, Durchführung und statistischen Auswertung von Interviews und schriftlicher Befragung.

Wenn man etwas über die Intentionen des Verhaltens erfahren möchte, wird man sich nicht auf Mutmaßungen verlassen, sondern die Personen fragen. Dies kann mündlich in einem Gespräch zwischen Interviewer und Befragten (im wechselseitigen Blick = „Inter-view"") oder schriftlich mittels Fragebögen bzw. standardisierter Tests erfolgen. Hier geht es zunächst um die mündliche Befragung.
Wenn der Augenschein nicht ausreicht, um das Verhalten seiner Mitmenschen zu verstehen, wird man fragen, welche Beweggründe ihr Handeln leiten oder welche Erwartungen sie mit einer bestimmten Situation verbinden. In der wissenschaftlichen Befragung versucht man, solche Auskünfte systematisch und methodisch möglichst gut kontrolliert zu erhalten. Dabei ist prinzipiell nicht sicher zu beurteilen, ob die Antworten das ausdrücken, was eine Person „wirklich" denkt oder empfindet.

Verschiedene *Techniken* des Fragens sollen mögliche Fehler vermeiden und zur Gültigkeit der Ergebnisse beitragen:

- Man kann *offen* fragen. Das wird man tun, wenn man keine Vorgabe machen kann oder machen will. Die Gesprächspartner sollen in einem „narrativen Interview" oder einem „biographischen Interview" ihr Leben in lockerer Form (aus dem Stegreif) so beschreiben, wie es ihnen als bedeutsam erscheint. Das Konzept solcher Gespräche ist vor allem von Fritz *Schütze* entwickelt worden (vgl. Küsters 2009). Welche Schwerpunkte die Erzähler setzen, kann man vorher nicht wissen. Bedeutsam ist aber vermutlich gerade das, was ihnen spontan einfällt.
- Man kann ein Interview *fokussieren*, indem man das Gespräch nur zu einem ausgewählten Themenbereich führt. Das können z.B. herausgehobene Ereignisse (Examina) oder „kritische" Lebensphasen (Konflikte zwischen Eltern und Kindern) sein.
- Man kann einen *Leitfaden* verwenden, wenn die Fragestellung auf bestimmte Lebenssituationen zielt und sichergestellt werden soll, dass dazu etwas gesagt wird.

- Man kann *projektive Impulse* setzen, die Assoziationen auslösen sollen, in denen (auch) weniger bewusste Aspekte erkennbar werden (z.B. Einstellungen zu Leistung).
- Man kann ein Interview strikt *standardisieren*, wenn bestimmte Informationen gesammelt werden sollen. Dazu kann es wichtig sein, dass alle Interviewer die Fragen in allen Interviews genau in gleicher Weise stellen (Durchführungs-Objektivität) und die Befragten entsprechend Auskunft geben.
- Man kann *explizit* (ausdrücklich und gezielt) zu bestimmten Aspekten fragen („Welche Partei haben Sie gewählt? Wie ist Ihre Meinung zu …?").
- Man kann sich als Interviewer eher *passiv-neutral* verhalten oder *aktiv zuhören,* also zurückfragen, ob man etwas richtig verstanden hat, oder um Erläuterungen bitten.
- Die *Art des Fragens* kann Antworten schon im Voraus kanalisieren. Durch ungewollte Andeutungen über den Wert eines Sachverhalts kann der Fragende Antworten im Sinne einer *sozialen Erwünschtheit* (*social desirability*) provozieren.
- Der *Ort,* an dem das Interview stattfindet, kann beeinflussen: Ein wissenschaftliches Institut setzt andere Stimuli als die Wohnung des Interviewten.

Grundsätzlich ist bei Interview-Aussagen skeptisch zu beurteilen, wie *ehrlich* die Befragten antworten. Nehmen sie eine wissenschaftliche Befragung ernster als ein Gespräch im Alltag, oder halten sie ein bisschen Schummeln für erlaubt? Ist ihnen bewusst und können sie artikulieren, was sie empfinden, wie sie denken und wie sie handeln oder gehandelt haben?
Die Befragung setzt einigermaßen gute *verbale Fähigkeiten* der Befragten voraus. Nicht alle Befragten können sich auf die in der Regel mittelschichtorientierte Sprachebene der Interviewer einstellen. Zudem müssen die Befragten von konkreten Situationen abstrahieren können, wenn allgemeine Verhaltenstendenzen und Einstellungen erfasst werden sollen.
In einem Interview ist das *Engagement* der Befragten nicht zuletzt davon abhängig, wie wichtig ihnen das zu behandelnde Thema erscheint. Wenn sie selbst betroffen sind oder gar erwarten können, dass etwas herauskommt, was für sie bedeutsam sein könnte, werden sie vermutlich genauer nachdenken, bevor sie antworten.
Als eine gerade in der pädagogischen Forschung interessante Variante sei auf das von Angelika *Wagner* entwickelte Konzept des *nachträglichen lauten Denkens* verwiesen (vgl. Wagner 1981). Im Anschluss an eine Handlungssituation (die per Video dokumentiert sein kann) werden die beteiligten Personen gebeten, sich zu einer ausgewählten Szene in Erinnerung zu rufen, was ihnen dabei – meist blitzartig – durch den Kopf gegangen ist. Wie wurde eine vielleicht kritische Situation erlebt, welche Handlungsalternativen hätte es gegeben, warum wurde die dokumentierte Entscheidung so und nicht anders getroffen? Möglicherweise bittet man nachträglich auch um eine kritische Reflexion.

Aktuell sehr bedeutsam ist das Konzept der *Gruppendiskussion* (vgl. Bohnsack/Przyborski/Schäffer 2010, Kühn/Koschel 2010): Hier geht es darum, dass Einstellungen und Verhaltensweisen in der Regel in einen sozialen Kontext eingebunden sind, von diesem beeinflusst sind und darauf zurückwirken. Solche Prozesse sollen erkennbar werden, wenn man mehrere Personen zu einer Fragestellung ins Gespräch bringt. Dabei sollen die wechselseitigen Beeinflussungen gerade nicht unterbunden werden, sondern sich in Rede und Widerrede, ggf. auch in Kontroversen im Verlauf des Gesprächs entfalten. Zu hoffen ist, dass sich verschiedene Sichtweisen und Ebenen des angesprochenen Problems ausdrücken.

6.4 Schriftlich befragen

Mündliche Interviews können in der Regel nur mit einer kleinen Anzahl von Personen durchgeführt werden. Bei größeren Stichproben können schriftlich zu bearbeitende *Fragebögen* eingesetzt werden. Wie diese vorbereitet und durchgeführt werden sollten, wird in mehreren Publikationen beschrieben:

- *Porst 2009*: Dieses „Arbeitsbuch“ gibt konkrete Hinweise zur Planung und Durchführung einer Befragung, erörtert werden aber auch die methodologischen Grundlagen.
- *Raab-Steiner/Benesch 2008:* In kleinen Schritten wird dargelegt, wie aus einer Forschungsidee eine fundierte Befragung werden kann, die zu differenzierten Befunden führt.
- *Bühner 2006*: An anschaulichen Beispielen wird gezeigt, wie Fragebögen erarbeitet und ggf. zu standardisierten Testverfahren weiterentwickelt werden können.
- *Heinrich/Plaum* 2009: Am Thema „Gewalt an Schulen“ werden Probleme der Befragung verdeutlicht.

Schriftliche Umfragen haben einen sehr breiten Anwendungsbereich. Mit ihrer Hilfe kann auf relativ einfache Weise und für eine große Anzahl von Personen ermittelt werden, wie bestimmte Sachverhalte wahrgenommen und interpretiert werden. So können im Rahmen einer Feldstudie auch große Zufallsstichproben erfasst werden. Ein weiterer Vorteil besteht darin, dass die erhaltenen Antworten meistens quantifiziert und statistisch analysiert werden können.
Eine Befragung soll *sinnvoll aufgebaut* sein, damit die Befragten einen gut gegliederten Ablauf erkennen können. Es kann allerdings auch sinnvoll sein, spontane, assoziative Reaktionen auf vielfältige Impulse zu sammeln, ohne dass die Befragten einen Zusammenhang erkennen oder rekonstruieren können. Ein Fragebogen muss in jedem Fall sorgfältig vorbereitet, in einer *Pilotstudie* erprobt und in der Regel mehrfach überarbeitet werden. Ohne solche Vorarbeiten sind die Ergebnisse in aller Regel später nicht sinnvoll zu interpretieren.
Schriftliche Befragungen werden in der Regel *anonym* durchgeführt, weil die Befragten vermutlich unbefangener antworten. Allerdings kann dies dazu führen, dass die Befragten weniger sorgfältig antworten, weil sie ja nicht persönlich für ihre

Angaben einstehen müssen. Wenn eine Befragung zu einem späteren Zeitpunkt wiederholt werden soll (z.B. bei einer experimentellen Strategie, s.o.), kann die Anonymität gewahrt werden, indem die Befragten auf den Fragebögen eine Kennung eintragen, die nur ihnen bekannt ist (z.B. die Geburtsdaten der Eltern).
Auf die gestellten Fragen kann in offener, eigener Formulierung oder anhand vorgegebener Kategorien, z.B. mit einem Grad der Ablehnung oder der Zustimmung zu den Aussagen, den so genannten *Items* reagiert werden.

Items sollen folgenden *Ansprüchen* gerecht werden. Sie sollen…
… für die Befragten *verständlich* sein; die Sprache und die Begriffe müssen klar sein,
… *eindeutig* sein, sie sollen nicht mehrere Dimensionen auf einmal ansprechen, es sollen keine Doppelfragen sein,
… *nicht suggestiv* wirken, sie sollen keine Stereotypen verwenden und keine impliziten Werturteile enthalten,
… sich *nicht gegenseitig beeinflussen*,
… *echte Fragen* sein, d.h. sie sollen unterschiedliche Antworten ermöglichen,
… *inhaltlich valide*, also für die Fragestellung bedeutsam sein.

Die wissenschaftliche Brauchbarkeit von Befragungen kann unter folgenden Gesichtspunkten *eingeschränkt* sein:
- Es kann den Befragten relativ „egal" sein, worüber sie Auskunft geben sollen. Das kann sich darin ausdrücken, dass die Antworten ohne Überlegung gegeben werden oder Skalenwerte nach einem graphischen Muster angekreuzt werden.
- Gravierender ist – wie bei mündlichen Interviews – die Frage, ob die Befragten ehrlich über ihre Empfindungen etc. Auskunft geben können und Auskunft geben wollen.
- Und kaum zu beurteilen ist, in welchem Verhältnis die Äußerungen in der Befragung zu dem tatsächlichen Verhalten stehen, ob sich Wort und Tat entsprechen, also wie valide die Auskünfte sind.

6.5 Projektive Verfahren

Bei einer Befragung ist es nicht immer eindeutig, wie die Antworten zu bewerten sind: Auch eine Aussage „nach bestem Wissen und Gewissen" gibt nicht unbedingt wieder, was eine Person denkt und empfindet. Sie kann sagen, was ihr mehr oder weniger zufällig in den Sinn kommt, sie kann durch die Frage in eine bestimmte Richtung gelenkt worden sein, sie kann auf vermutete Erwartungen des Fragenden reagieren etc. Um solche Einflüsse zu vermeiden, kann man versuchen, mit so genannten *projektiven Verfahren* den Impuls zu einer Antwort möglichst neutral zu halten und keine Andeutung über eine erwartete Antwort zu geben (vgl. Braehler u.a. 2002, Rost 2004, Hermann 2001). Man legt einen Stimulus vor und wartet mehr oder weniger zurückhaltend ab, wie darauf reagiert wird. Manche Verfahren verzichten dabei auf sprachliche Antworten und bieten offene szenische Situationen an, die zu emotionalen, symbolischen oder aktiv-körperlichen Reaktionen anregen können. Die Befragten sollen ihre nicht bewussten oder gar tabuisierten Empfindungen auf den Stimulus *projizieren*. Erleichtert wird dies dadurch, dass keine Ich-Aussagen getroffen werden sollen, sondern über abgebildete oder symbolisierte Personen geredet wird. Die Probanden sollen nicht bewusst in sich hineinschauen, sondern vermuten, wie Dritte handeln und denken würden. Thematisch geht es z.B. um Beziehungen, Interaktionen, Aggressivität, um Schulangst, um das Selbstbild, um Motive und Motivationen.

Die Verfahren sind vielfältig, im Grund aber ähnlich: Es gibt Vorlagen, die thematisch völlig neutral sind (wie z.B. „Tintenkleckse“ oder abstrakte Gemälde). Häufig werden den Probanden Fotos vorgelegt; sie sollen dann beschreiben, was dort passiert, was vorher geschehen sein könnte und wie es vermutlich weitergeht. Solche Fotos oder Bilder sind thematisch nicht eindeutig, rufen aber bei verschiedenen Personen unterschiedliche Deutungen hervor. Daraus kann man Hinweise bekommen, in welcher Weise und in welcher Stärke bestimmte psychische Dispositionen (vermutlich) ausgeprägt sind. So können z.B. zwei abgebildete Menschen als freundlich oder als gegnerisch gedeutet werden, eine Situation kann mehr oder weniger als leistungsbezogen empfunden werden, sie kann eher Angst oder eher Zuversicht auslösen. Aus den Äußerungen kann in mehr oder weniger standardisierter Form auf Gefühle und verborgene Gedanken der Probanden geschlossen werden. In einigen Verfahren werden kurze Geschichten vorgelesen oder vorgelegt, die zu Ende erzählt werden sollen. Schließlich kann auch zu zeichnerischen Produktionen angeregt werden.

Projektive Verfahren werden in der empirisch anspruchsvollen Psychologie etwas skeptisch beurteilt, weil die klassischen Gütekriterien schwierig zu beurteilen sind. In der diagnostischen Praxis werden sie jedoch gern verwendet. Besonders bei Kindern ist der spielerische Charakter von Vorteil. Die Kinder merken gar nicht, dass sie einen diagnostischen Test bearbeiten. Bei der Interpretation ist es dann sehr wichtig, dass die Befunde diagnostisch vorsichtig bewertet werden. Aber das gilt für standardisierte Verfahren in gleicher Weise.

Projektive Verfahren stoßen an die Grenzen des ethisch Zulässigen: Ist es erlaubt, sozusagen trickreich nach Dingen zu fahnden, die den Probanden nicht bewusst sind, die sie möglicherweise für sich behalten wollen? Es ist also zu bedenken und zu beobachten, ob diese Form der Befragung Emotionen und Gedanken auslöst, mit denen man die Probanden nicht allein lassen darf. Gerechtfertigt sind solche Verfahren nur dann und in dem Maße, wie die begründete Hoffnung besteht, aus den Befunden etwas schließen zu können, das den Probanden oder anderen möglichen Betroffenen helfen wird, mit sich und bestimmten Situationen besser umgehen zu können.

6.6 Testen

Bei einer Befragung weiß man oft nicht, wie die Antworten der Befragten einzuordnen sind: Ist es eher durchschnittlich oder abweichend, wenn jemand einen bewölkten Himmel „schön" findet? Oder ist ein Kind, das in der Erziehungsberatung vorgestellt wird, tatsächlich überdurchschnittlich ängstlich – wie die Eltern es vielleicht darstellen – oder ist das Verhalten unauffällig? Wenn man hier zu einem objektivierten Urteil kommen will, verwendet man standardisierte Formen der Befragung, die als *Test* bezeichnet werden.

Die *Literatur* zu (standardisierten) Testverfahren ist kaum noch überschaubar. Unter schulpädagogischer Perspektive geben Kany/Schöler 2009 einen informativen Überblick. Ingenkamp/Lissmann 2008 erläutern Konzepte und Beispiele der „pädagogischen Diagnostik". Bei Pospeschill/Spinath 2009 steht die „psychologische Diagnostik" im Vordergrund.

Testverfahren sollen Merkmale erfassen, die in der Regel nicht direkt beobachtet werden können, aber als wirksame bzw. relevante Dimensionen des Denkens und Handelns vermutet werden. Durch Testverfahren werden solche Merkmale operationalisiert (s.o.). Dadurch werden sie in ihrer Ausprägung quantitativ bestimmbar. Merkmale von Persönlichkeiten zu messen, kann nur dann interessant sein, wenn zu erwarten ist, dass sie bei verschiedenen Personen (bzw. bei derselben Person zu verschiedenen Zeitpunkten) unterschiedlich ausgeprägt sind. Ein Test identifiziert die Position, an der eine Person im Vergleich zu anderen Personen bzw. zu einer größeren, vergleichbaren Gruppe steht.

Die meisten Verfahren sind nach der klassischen Testtheorie (s.u.) konstruiert. Dabei wird davon ausgegangen, dass die zu messenden Persönlichkeitsmerkmale in einer größeren Personengruppe normalverteilt (s.u.) ausgeprägt sind. Nach diesem Konzept können Testwerte für einzelne Personen bestimmt werden.

Die *pädagogische Bedeutung* solcher Testverfahren ist in der Erziehungswissenschaft umstritten. In jüngster Zeit haben die groß angelegten internationalen Leistungsstudien (insbesondere TIMSS, PISA und IGLU), mit denen Kenntnisse und Kompetenzen von Schülerinnen und Schülern in ausgewählten Bereichen erfasst worden sind, erhebliche öffentliche Aufmerksamkeit gefunden. Dabei wurde auch diskutiert, ob solche Verfahren den eigentlichen Zielen und Aufgaben der Schule gerecht werden. Dahinter steht die kritische Einschätzung, dass Tests nicht nur gegebene Sachverhalte (s.o.) abbilden, sondern eine Ebene von Wirklichkeit konstruieren, die es vorher so noch nicht gegeben hat. So zentriert die Diskussion über PISA und andere Studien den Blick auf die dort einbezogenen Kompetenz-Bereiche, während andere Dimensionen der Bildung (wie z.B. die ästhetische) vernachlässigt zu werden drohen.

In neueren Testverfahren wird versucht, die Sachverhalte nicht (oder nicht nur) über verbale Fragen/Aufgaben und Antworten zu erfassen, sondern Aufgaben zu stellen, die praktisch-handelnd zu bearbeiten sind. Dies spielt z.B. bei dem Versuch eine Rolle, Handlungskompetenzen zu erfassen. Statt zu fragen „Können Sie …?“ oder „Wie gut können Sie …?“ wird eine Situation präsentiert, in der konkret gehandelt werden muss. Dies kann in realen, laborartigen „Settings“ geschehen oder durch Simulation solcher Situationen auf einem Computer. Auf diese Weise wird der Praxisbezug eines Testverfahrens enger und die prognostische Validität der Ergebnisse kann verstärkt werden.

Standardisierte Test-Verfahren werden in der pädagogischen Diskussion immer wieder mehr oder scharf kritisiert. Zentraler Vorwurf ist dabei, dass aus den Testergebnissen voreilige bzw. unzulässige Folgerungen abgeleitet werden. Die Daten würden nicht mit den nötigen Vorbehalten und der erforderlichen Vorsicht interpretiert, sondern zu klassifizierenden Urteilen oder gar Ver–Urteilungen herangezogen. So würde z.B. bei Schulleistungstests aus einem unter dem Durchschnitt liegenden Messwert geschlossen, dass der Schüler bzw. die Schülerin nicht zu besseren Leistungen befähigt sei. Wenn man dies schon vorher vermutet hatte, werde es jetzt wissenschaftlich-objektiv fest–gestellt. Je mehr den standardisierten Verfahren eine hohe Gültigkeit zugemessen werde, desto größer sei diese Gefahr. – Diese Kritik richtet sich nach meinem Verständnis gegen einen unreflektierten und politisch missbräuchlichen Einsatz von Tests bzw. ihrer Ergebnisse. Als diagnostische Hilfsmittel können sie sehr sinnvoll und hilfreich sein, wenn man die Daten als Hinweis nimmt und mit Blick auf „das ganze Kind“ reflektiert.

7 Analyse nicht-numerischer Daten

Der Begriff *Daten* wird hier in weitem Sinn gebraucht: als etwas „Gegebenes" (lat. dare = geben). Das können auch Texte sein oder dingliche Materialien. Im Unterschied zu dem nachfolgenden Kapitel geht es hier um Material, das nicht numerisch-statistisch analysiert werden kann, sondern qualitativ interpretiert werden muss. Dabei werden Varianten unterschieden, die sich in Details durchaus voneinander abgrenzen, aber im Grunde von Konzepten der Hermeneutik bzw. der Phänomenologie abgeleitet sind.

Für *Literaturhinweise* ist hier auf Kapitel 4.1 (Hermeneutisch-interpretative Konzepte) zu verweisen. In der „qualitativen" Literatur werden methodologische Begründungen und die daraus abgeleiteten Verfahren in der Regel miteinander verbunden behandelt, während hier hermeneutische und empirische Konzepte stärker in Beziehung gesetzt werden sollen.

7.1 Texte analysieren

Schriftliche Dokumente spielen in der pädagogischen Forschung eine wichtige Rolle. Das Spektrum reicht von Interaktions-Szenen aus dem Alltag bis zu theoretisch anspruchsvollen Texten des wissenschaftlichen Diskurses. Sie alle können zum Gegenstand einer methodisch gestützten Analyse werden. Immer geht es um den Versuch, einen Text in seiner Tiefenstruktur zu verstehen, möglichst differenziert herauszuarbeiten, welcher Sinn in ihm verborgen ist, und dies in einer gut nachvollziehbaren Weise darzustellen und anderen zugänglich zu machen.

7.1.1 Die klassische Hermeneutik

Mit hermeneutischen Methoden soll erschlossen werden, was in einem Text eigentlich ausgedrückt wird. Das ist zunächst eine Frage nach der richtigen Interpretation: Was hat der Autor (damals) sagen wollen? Dabei stellt sich die Frage nach der Bedeutung eines Textes bzw. des darin behandelten Problems immer wieder neu, weil jede Zeit ihre eigenen Fragen stellt und ihre spezifischen Probleme klären will. Dazu soll die Auseinandersetzung auch mit klassischen Texten immer wieder neu beitragen.

In der methodologischen Literatur zur Hermeneutik wird die Meinung vertreten, es sei unmöglich, die Hermeneutik abstrakt als eine Sammlung von quasi technisch anwendbaren Verfahrensregeln zu beschreiben. Man könne eigentlich nur gute Beispiele vorlegen und an ihnen konkret – und deshalb jeweils anders – nachvollziehbar machen, was mit Hermeneutik gemeint ist. Hermeneutik sei eine „Kunst". Der Ausgangspunkt der Analyse sei beliebig, sie könne sogar dem Zufall überlassen bleiben und mit einem „Verdacht“ einsetzen. Dieser sollte allerdings im Sinne des Vorverständnisses (s.o.) explizit gemacht werden. Der Interpret müsse dann den Text bzw. seine Aspekte so lange hin und her gruppieren, bis die verborgenen Strukturen und Bedeutungen erkennbar werden. Dieser im Prinzip unendliche Prozess kann abgebrochen werden, wenn in weiteren Schritten der hermeneutischen Spirale (s.o.) keine neuen Aspekte mehr erkennbar sind.

Schleiermacher hat für die Auslegung eines Textes zwei wesentliche Gesichtspunkte vorgeschlagen: die „grammatische“ und die „psychologische“ Auslegung. Die *grammatische Auslegung* bezieht sich auf die „objektive“ Seite. Sie soll deutlich machen, wie die Rede „herausgenommen (ist) aus der Sprache“. Alles, woraus eine Rede besteht – die Zeichen, die Worte, die syntaktischen Strukturen, die symbolischen Mittel etc. – dies ist schon vorher dagewesen. Es ist ein kulturelles Erbe, das jedem Redner, jedem Schreiber zur Verfügung steht (vgl. das Konzept des „objektiven Geistes“). Diese Betrachtung muss mit einer *psychologischen Auslegung* in Beziehung gesetzt werden, die den Text als Ausdruck von Motiven, eines bestimmten „Lebensmoments“ und der persönlichen „Eigentümlichkeit des Verfassers“ versteht. Beide Aspekte gehören zusammen. Die Analyse muss sich immer wieder zwischen der Betrachtung des Besonderen und des Allgemeinen hin und her bewegen.

Damit sind einige Prinzipien und Grundregeln benannt, nach denen eine hermeneutische Textanalyse verfahren soll. Da es in jedem Fall darauf ankommt, sich auf einen bestimmten Text und dessen Urheber einzulassen, scheint es kaum möglich, die Verfahren noch genauer anzugeben. Die detaillierten Analyseschritte ergeben sich zum Teil erst im Verlauf der Analyse selbst.

Wolfgang *Klafki* hat die *Verfahrensweise* einer hermeneutischen Textanalyse in elf „Grunderkenntnissen“ anschaulich beschreiben (vgl. Klafki 2007). Besonders wichtig sind dabei die folgenden Hinweise:

- Das Vorverständnis, mit dem eine hermeneutische Analyse begonnen wird, muss der Interpret sich selbst und den Rezipienten deutlich machen.
- Dieses Vorverständnis ist wiederholt mit konkreten Details des Textes zu vergleichen und mit jeder Wendung einer hermeneutischen Spirale zu erweitern und ggf. zu verändern.
- Solche Details können einzelne Worte und deren etymologische Entwicklung, syntaktische Strukturen, argumentative Folgerungen u.Ä. sein.
- Der Text ist auch im Kontext seiner Entstehung zu beurteilen: Worauf bezieht er sich, wogegen wendet er sich? Dazu können ggf. weitere Quellen herangezogen werden.
- Auf dieser Grundlage kann der Gedankengang herausgearbeitet und auf seine inhaltliche Stimmigkeit geprüft werden. Dabei soll auch geprüft werden, welche möglicherweise verborgenen oder gar verheimlichten Zielsetzungen (im Sinne von Ideologien) in der Quelle zum Ausdruck kommen.

Christian *Rittelmeyer* unterscheidet sechs Aspekte bzw. *Schritte einer hermeneutischen Interpretation* (Rittelmeyer 2010):

- In der *strukturalen* Interpretation wird die „Bauform" des Textes (seine Grundgedanken, die rhetorischen Figuren) betrachtet.
- Die *komparative* Interpretation vergleicht einen Text mit anderen Texten zum gleichen Thema.
- Eine *experimentelle* Interpretation verändert in einem Text z.B. die Redeform („ich" statt „man") oder stellt eine bildliche Darstellung in eine verfremdende Umgebung.
- Eine *psychologische/mimetische* Interpretation bemüht sich um ein einfühlendes, innerliches Nacherleben (vgl. die psychologische Deutung bei Schleiermacher).
- Eine *kontextuelle* Interpretation zieht Informationen aus dem Umfeld des Interpretationsobjektes heran.
- Die *kulturanalytische* Interpretation verortet einen Text in seinem historischen, situativen Umfeld (vgl. das Konzept des „objektiven Geistes").

Bei all diesen Aspekten wird vor der Illusion gewarnt, dass man im Sinne einer Technik rasch zu eindeutigen Ergebnissen kommen kann. Wichtig sei ein *Habitus* des „An-sich-herankommen-lassens".

7.1.2 Analyse von Interviews und Interaktionen

In sozialwissenschaftlichen Befragungen – insbesondere bei soziologischen und politologischen Fragestellungen – geht es zunächst um die persönliche Meinung oder das Verhalten der befragten Individuen – so weit es diesen bewusst ist. Darüber hinaus kann ein Interview auf tiefer liegende Dimensionen zielen. Der Stimulus, der z.B. in einem narrativen Interview (s.o.) gegeben wird, kann dazu anregen, Meinungen, Empfindungen, Assoziationen etc. zu einem bestimmten Problembereich eher spontan und entsprechend diffus in einer verbalen Reaktion auszudrücken. Man geht davon aus, dass in solchen Äußerungen auch weniger bewusste Meinungen, Empfinden etc. *projiziert* werden. Sie können Hinweise geben auf die Tiefenstruktur des zu untersuchenden Problems. Man nimmt sozusagen die verbalen Aussagen selbst noch nicht als Wahrheit, sondern fragt, was die Interviewten eigentlich zum Ausdruck bringen, was hinter den gewählten Worten etc. steckt.

Es ist immer wieder versucht worden, die Analyse von Texten aus dem Geruch des Spekulativen oder gar Willkürlichen herauszuheben. Einen Versuch, die Textanalyse methodisch abzusichern, stellt die *Inhaltsanalyse* dar. Sie ist in den – traditionell eher empirisch orientierten – Sozialwissenschaften entwickelt worden, und sie wird zunehmend auch in der Pädagogik zur Kenntnis genommen. Wesentliche Grundlagen und Techniken dieses Verfahrens hat Philipp *Mayring* (2008) ausgearbeitet. Er versteht die Inhaltsanalyse als eine Technik zur Auswertung sprachlichen Materials, wobei eine inhaltliche, theoretisch orientierte Fragestellung im Vordergrund stehen muss.

Man kann sich der Bedeutung eines Textes in drei *Grundformen des Interpretierens* nähern:

- Man kann das Material so *komprimieren*, dass bedeutsame Einzelheiten in abstrakterer Form überschaubar werden. Man kann z.B. konkrete Begriffe in übergreifenden, allgemeineren Kategorien zusammenfassen.
- Man kann einzelne Textstellen *näher erläutern:* Man interpretiert einzelne Worte und die sprachliche Struktur und zeigt Beziehungen zwischen verschiedenen Textstellen auf. Dabei können auch Informationen über den Urheber relevant sein.
- Man kann den Text *strukturieren:* Zu der jeweiligen Fragestellung wird ein Kategoriensystem entwickelt, das an den Text angelegt werden kann. Strukturmerkmale können formaler oder inhaltlicher Art sein, sie sollen typische Aspekte hervorheben.
- Schließlich kann man den Text *skalieren:* Es wird ein *Kodier-Leitfaden* entwickelt, mit dem der Text auf bestimmte Merkmale hin durchsucht und verschlüsselt („kodiert") wird. Man kann dann auszählen, wie oft bestimmte Aspekte in einem Text angesprochen werden.

Eine im Grunde ähnliche Zielsetzung wird mit der so genannten *dokumentarischen Methode* verfolgt. Dieser Ansatz wurde von Karl *Mannheim* (1893 bis 1947) entwickelt und wird zurzeit vor allem unter Leitung von Ralf *Bohnsack* weitergeführt (vgl. Bohnsack/Nentwig-Gesemann/Nohl 2007). Die Bezeichnung bezieht sich darauf, dass Handlungen und Aussagen eines Menschen (z.B. über sein Leben) als „Dokumente" seiner Einstellungen aufgefasst werden. Dabei wird unterschieden zwischen der subjekthaft bewussten Ebene, die ein Befragter verbal artikulieren kann, und einer tieferen, als „objektiv" verstandenen Ebene, in welcher der eigentliche Sinngehalt der Handlungen verborgen ist. Es wird unterstellt, dass die Akteure nach einem impliziten Wissen handeln, das ihnen jedoch nicht bewusst ist. Gegenstand der Analyse bleibt das als handlungsleitend artikulierte Wissen der Akteure. Man vergleicht diese subjekthaften Äußerungen mit möglichen alternativen Anschlusshandlungen bzw. -äußerungen und beurteilt sie vergleichend mit Fällen, in denen ähnliche Themen auf unterschiedliche Weise dokumentiert worden sind. Man beginnt also in der Regel mit einer eher vordergründig rekonstruierenden Umschreibung der Beobachtung oder der Interaktion. Diese geht dann – so weit wie möglich – in eine reflektierende, hinter die Fassade blickende Deutung über.
Eine ähnliche Zielsetzung verfolgt die von Ulrich *Oevermann* entwickelte so genannte *objektive Hermeneutik* (vgl. Wernet 2006). Der Begriff „objektiv" ist m.E. leicht missverständlich, treffender wird das gemeinte Ziel mit dem Begriff *strukturale Hermeneutik* angesprochen: Es geht auch hier darum, einen beobachteten Sachverhalt in seiner Bedeutung und der verborgenen „Sinnstruktur" zu verstehen. Ausgangspunkt ist das traditionelle hermeneutische Ziel, einen Text besser zu verstehen als dessen Urheber bzw. eine Interaktion besser als dessen Akteure. Die

latenten Sinnstrukturen werden als „objektiv“ verstanden: Sie bestehen unabhängig von ihrer „psychischen Repräsentanz“ bei den beteiligten Subjekten auch dann, wenn sie den Handelnden nicht bewusst sind oder sogar von ihnen als unzutreffend bezeichnet würden.

Der methodische Kern dieses Ansatzes ist eine *Sequenzanalyse*. Eine „extensive Sinnauslegung“ soll mehr erbringen als eine bloße Umschreibung („*Paraphrase*“) des Materials. Der Interpretationsprozess ist prinzipiell offen, die Ergebnisse sind jederzeit revidierbar. Mit „objektiv“ ist hier also nicht der Anspruch intersubjektiver Nachprüfbarkeit gemeint, sondern das Ziel, an die nicht-subjektiv-bewussten Dimensionen des Handelns heranzukommen. Es geht nicht um die bewussten Intentionen der Handelnden, sondern um jene Strukturen, die vor oder gar trotz aller reflektierten oder vermeintlichen Intention das Verhalten beeinflussen.

Die *extensive Sinnauslegung* kann als eine Folge von *Gedankenexperimenten* verstanden werden, die mit einem Text durchgespielt werden. Dabei sollen im Diskurs der Forschenden alle erdenklichen Deutungen herausgearbeitet und erörtert werden – und zwar auch solche, die möglicherweise kontrafaktisch sind und damit auf etwas aufmerksam machen, was in der beobachteten Situation zwar nicht der Fall ist, aber im Prinzip unter anderen Bedingungen möglich oder wünschbar (gewesen) sein würde. Die Forschenden sollen sich dem jeweiligen Text gegenüber möglichst distanziert verhalten und keinesfalls versuchen, das Verhalten der Personen aus der Kenntnis des Handlungs-Kontextes oder gar aufgrund emotionaler Betroffenheit zu verstehen.

Die objektive, strukturale Hermeneutik ist als Verfahren äußerst aufwendig, wenn die einzelnen Schritte sorgfältig bearbeitet werden. Zudem bleibt nach der Lektüre einer solchen Analyse eine gewisse Skepsis: Die Interpretationen haben zwar einen hohen Grad an Plausibilität, aber ob die letztlich bevorzugte Lesart die einzig und objektiv zutreffende ist, kann letztlich nicht verbindlich entschieden werden. Die Intensität der Analyse ist beeindruckend, und es fragt sich, ob die Leser (wieder) so viel kritische Distanz finden, dass sie sich ein eigenes Urteil bilden können.

Bei umfangreichem Textmaterial kann die Auswertung durch *quantifizierende Verfahren* unterstützt werden. Die Entwicklung der elektronischen Medien hat wesentlich dazu beigetragen. Die zurzeit weit verbreitete Software ist das Programm *MaxQDA*. Es wurde von Udo *Kuckartz* entworfen, und es wird regelmäßig optimiert (Kuckartz 2009). Die Buchstaben „Max“ waren vom Autor zunächst als eine vorläufige Reverenz für den Soziologen Max Weber gedacht, die Bezeichnung hat sich aber verstetigt. „QDA“ steht für „*q*ualitative *D*aten*a*nalyse“. Die Bezeichnung erscheint mir weniger irritierend, wenn man sie als „Analyse qualitativer Daten“ liest: Nicht die Methode ist „qualitativ“, sondern das Material. Mit Hilfe des Programms werden (verbale) Texte um numerische „Daten“ ergänzt, die dann quantitativ ausgewertet können und „qualitativ“ interpretiert werden müssen.

Das Verfahren unterstützt den Anwender darin, Textdokumente – insbesondere Transkripte von Interviews – nach ausgewählten Fragestellungen zu durchsuchen, bestimmte Begriffe und Formulierungen als „Kategorie" zu kodieren und deren Häufigkeit zu ermitteln. Dabei können im Prozess theoretisch-abstrahierende Deutungen entwickelt und sogleich überprüft werden. Man kann zwischen einem eher induktiven und einem eher deduktiven Vorgehen wechseln. Für die Interpretation kann es nützlich sein, nicht nur nach Befunden zu suchen, die den Erwartungen entsprechen. Gerade Fälle, die sich erwartungswidrig darstellen, können für das Verständnis aufschlussreich sein. Dabei können insbesondere kontrastierende Konstellationen aus verschiedenen Fällen aufschlussreich sein.
Prinzipiell ist auch hier die Frage nach der Validität zu stellen: Sind die Kodierungen treffend, sind alle relevanten Aspekte angemessen erfasst und sind Deutungen vorsichtig entwickelt worden und treffend formuliert? Allgemein gesprochen bewegt man sich in einem Zwiespalt: Soll man vorab deduktiv aus einem theoretischen Konzept Kategorien festlegen und prüfen, ob diese im Text aufzufinden sind, oder soll man aus dem Text heraus in abstrahierend-induktiver Weise Kategorien entwickeln, die den Inhalt, die Struktur und den tieferen Gehalt des Textes repräsentieren?

7.2 Phänomene deuten

Ähnlich wie in der Hermeneutik geht es bei der Phänomenologie darum, Dinge in ihrer Bedeutung zu erfassen. Aber anders als dort wird ein Vorverständnis eher als eine problematische Vor-Eingenommenheit gesehen, die eine unverstellte Wahrnehmung behindert (s.o.).
Es ist deshalb zu Beginn einer phänomenologischen Analyse wichtig, sich von allen Vorkenntnissen, Einstellungen u.Ä. freizumachen, die sich auf den zu betrachtenden Gegenstand beziehen. Dieser soll in seinen ursprünglichen Eigenschaften möglichst unvoreingenommen betrachtet werden. Man soll den jeweiligen Gegenstand schlicht vor sich hinzustellen, damit dieser sozusagen aus sich selbst heraus erscheinen kann und nicht in einem bestimmten Licht gesehen wird. Die Sache soll wirken können, ohne von bestimmten Erwartungen verändert zu werden. Die Dinge sollen möglichst unvoreingenommen betrachtet, sensibel wahrgenommen und sorgfältig beschrieben werden. Wer eine Sache verstehen will, muss sich mit Ruhe, Geduld und Zeit auf diese einlassen, ja sich ihr hingeben, um möglichst viel aufnehmen zu können.
Nun wäre es falsch, die Phänomenologie als eine Art naiven Empirismus (s.o.) zu verstehen, der sich der trügerischen Hoffnung hingäbe, eine Sache völlig objektiv betrachten zu können. Es soll vielmehr erkennbar werden, was eine Sache zum „Phänomen" macht, warum sie Bedeutung für den Menschen hat. Diese Bedeutung haben die Sachen nicht aus sich selbst heraus, sondern erst in der Art und

mit der Intensität, in der Menschen ihnen eine Bedeutung geben. Bedeutungen entstehen also aus subjektiven Bewusstseinsleistungen der Menschen, wenn sie mit den Dingen umgehen.

Der zweite Schritt einer phänomenologischen Analyse besteht darin, sich von der reinen Beschreibung des äußeren Gegenstandes zu lösen und danach zu fragen, wie der Gegenstand dem eigenen Bewusstsein erscheint. Dies ist ein aktiver Prozess, in dem aus den zunächst bedeutungslosen Dingen, die den Menschen umgeben, dessen Lebenswelt gestaltet wird. Diese beiden Schritte sollen das Objekthafte der Dinge und das Subjekthafte der menschlichen Auseinandersetzung mit den Dingen in Beziehung zueinander bringen und diesen Wechselprozess transparent machen. Solche individuellen, subjekthaften Deutungen können jedoch nur als ein erster Versuch gelten. In einem dritten Schritt ist zu fragen, ob die herausgearbeiteten Merkmale einem Gegenstand auch dann zu eigen sind, wenn er in verschiedenen Variationen und/oder in verschiedenen Lebenswelten erscheint. Erst das, was über solche Variationen hinweg identisch ist und sich in seiner Grundstruktur nicht verändert, das macht das Wesen dieses Gegenstandes aus, dies ist die ursprüngliche Idee, von dem der anfangs betrachtete Gegenstand als ein mehr oder weniger zufälliges Abbild verstanden werden kann.

Einen ähnlichen Ansatz hat der US-amerikanische Anthropologe Clifford *Geertz* (1926 bis 2006) als „dichte Beschreibung" bezeichnet (Geertz 2007). Er thematisiert die Beziehung zwischen einer Situation und deren Beschreibung. Diese habe immer eine „Verdoppelung" zur Folge. Der Beobachter erweitert die Situation um seine Person und er verändert diese durch seine Tätigkeit. Die Situation bleibt nicht die ursprüngliche. Zudem wird die Situation symbolisch „verdoppelt", weil sie in sprachliche „Zeichen" gefasst wird. Diese gedoppelte Ebene bleibt in Distanz zur eigentlichen Sache.

Aber aus dieser Distanz lässt sich „die Sache" anders lesen, als es die Beteiligten selbst vermögen. Eine „dichte Beschreibung" zielt deshalb nicht darauf, die Selbst-Wahrnehmung der Akteure zusammenzufassen und deren Bild von sich selbst auszumalen und zu vermitteln. Dies wäre wegen der prinzipiell verbleibenden Distanz gar nicht möglich. Vielmehr soll der Beobachter herausarbeiten, mit welchen Begriffen die Situation aus seiner distanzierten Sicht erfasst werden könnte. Dabei bleibt der skeptische Vorbehalt erhalten, dass diese Beschreibungen immer nur „Deutungen über Deutungen" sein können. Aber als solche sind sie mehr als die Deutungen der Akteure, denn es wird sozusagen versucht, deren Deutungen auf eine höhere Ebene zu heben, sie transparenter zu machen und auch Bedeutungen aufzuzeigen, die den Akteuren nicht bewusst sind.

In der sozial- und erziehungswissenschaftlichen Forschung werden immer häufiger *Bilder und Filme* als Material verwendet (vgl. z.B. Friebertshäuser/von Felden/Schäffer 2007, Dinkelaker/Herrle 2009, Bohnsack 2009). Deren Interpretation kann als eine phänomenologisch orientierte Analyse verstanden werden. Diese Materialien sprechen nicht (verbal) für sich, aber durch das Medium des Betrachters und seine Wahrnehmung kann herausgearbeitet werden, was sie für uns bedeuten. Phänomenlogische Verfahren sind häufig nur schwer nachvollziehbar und intersubjektiv kaum kontrollierbar. Als methodologische Mahnung bleibt zu fragen, ob die Bedeutung eines Phänomens historisch, situativ und interindividuell invariant ist und allgemeingültig beschrieben werden kann. In extremer Polarisierung kann eine phänomenologische Analyse irrelevant werden, wenn sie unzulässig generalisiert oder wenn sie lediglich subjekthaft-individuelle Mutmaßungen erbringt. Das spekulative Moment soll bewusst eine große Rolle spielen, es ist aber in Untersuchungen, die sich als phänomenologisch verstehen, häufig kaum nachvollziehbar, wie die Verfasser zu ihren Deutungen gekommen sind. Ein „unvoreingenommenes Sich-Einlassen" auf die Dinge ist äußerst schwierig. Gibt es überhaupt Worte, mit denen ein Sachverhalt „unvoreingenommen" beschrieben werden kann? Vielleicht wäre es (doch) sinnvoll, die Prinzipien und Verfahren des hermeneutischen Textverstehens auch auf non-verbale Gegenstände anzuwenden.

8 Analyse numerischer Daten

Methodologische Grundlagen und Verfahren der *Statistik* werden in zahlreichen Lehrbüchern beschrieben:

- Einige Lehrbücher sind mathematisch sehr anspruchsvoll: Bortz 2004, Müller-Benedict 2007, Bühner/Ziegler 2009, Schäfer 2010.
- Häufig werden die Verfahren mit anschaulichen Beispielen verbunden: Hartung/Elpelt/Klösener 2009, Zöfel 2009.
- Manchmal wird versucht, es „so einfach wie möglich" zu machen: Krämer 2010, Kuckartz u.a. 2010.
- Ausdrücklich auf „Prüfungsstoff" konzentriert ist Leonhart 2008.
- Nur wenige Lehrbücher beziehen sich ausdrücklich auf erziehungswissenschaftliche Fragestellungen: Wosnitza/Jäger 2006, Stelzl 2005, Hauser/Humpert 2009.
- Eine „Didaktik der Statistik" hat Kaun 2008 vorgelegt.
- Hilfreich sind Bücher, in denen mögliche Missverständnisse, fälschliche Anwendungen erläutert werden: Gigerenzer 2009, Krämer 2009 und Stelzl 2005.

Etliche Einführungen wollen Statistik dadurch verständlich machen, dass die verschiedenen Verfahren anhand von Formeln und Beispielen ausführlich erläutert werden. Dies ist sicher hilfreich, wenn man die Verfahren in ihren Details verstehen und selbst anwenden will. In der vorliegenden, eher kurz gehaltenen Einführung sollen die zentralen Konzepte als *Modelle* (s.o.) vorgestellt werden, von denen die meisten Verfahren abgeleitet sind. Hier sollen lediglich jene Konzepte in ihren Grundgedanken zugänglich gemacht werden, die für die kompetente Rezeption und eine kritische Diskussion empirisch-statistischer Forschungs-Ergebnisse erforderlich sind. An wenigen fiktiven Datensätzen sollen diese Verfahren nachvollziehbar werden.

8.1 Nutzen und Grenzen des Messens

Wenn in einer Untersuchung mit quantitativen Informationen gearbeitet wird, geht es darum, die zu untersuchenden Phänomene durch eine operationale Definition – also durch die Angabe eines Messverfahrens (s.o.) – eindeutig nachvollziehbar zu machen. Die so geschaffenen Daten können mit vielfältigen statistischen Verfahren analysiert werden. Davon erhofft man sich Aussagen, die weniger von der Intuition qualitativer Verfahren abhängig sind. Im Grunde geht es aber bei der Analyse quantifizierter Informationen um etwas Ähnliches wie bei der Hermeneutik: So wie man versucht, aus einem Text herauszuarbeiten, was in seiner Tiefenstruktur verborgen ist oder sein könnte, so ist Empirie der Versuch, aus Daten herauszuholen, was an Strukturen in ihnen zum Ausdruck kommen kann. Das Quantifizieren eröffnet Analysen, die bei nicht-numerischen Daten nicht möglich sind.

Im Wesentlichen soll durch statistische Auswertungen deutlich(er) werden …
… wie *häufig* die möglichen Ausprägungen eines Merkmals auftreten,
… wie stark die Merkmale im *Durchschnitt* ausgeprägt sind,
… wie groß *Unterschiede* zwischen den Personen sind,
… an welcher *Position* einzelne Personen in dieser Verteilung verortet sind,
… ob *Beziehungen* zwischen Merkmalen erkennbar sind und wie eng diese sind,
… als wie *verlässlich* statistische Befunde zu beurteilen sind,
… wie *bedeutsam* die Ergebnisse in inhaltlicher, praktischer Hinsicht sind.

Zunächst werden die in einer Untersuchung gesammelten Daten *deskriptiv* aufbereitet. Später kann dann geprüft werden, ob induktiv von der Untersuchungsgruppe auf eine größere Population geschlossen werden kann. Dabei sind immer nur Aussagen über Wahrscheinlichkeiten möglich. Statistische Befunde müssen immer kritisch auf ihre Bedeutung und mögliche Folgerungen reflektiert werden.
Im Alltag werden viele Sachverhalte mit vertrauten Messwerten beschrieben: Ein Meter hat 100 cm, eine Stunde 60 Minuten usw. Wir verwenden diese Maße, ohne noch daran zu denken, dass sie nicht *gegeben* sind, sondern *gestaltet* wurden oder uns *vertraut* geworden sind. Es ist aber keineswegs selbstverständlich, welches Maß wir für welchen Sachverhalt verwenden und ob die Zuordnung numerischer Kennwerte zu den Sachverhalten angemessen ist. Dieses Problem des Messens stellt sich vor allem dann, wenn das zu untersuchende Merkmal in seiner Ausprägung variieren kann und wenn nicht einmal eindeutige Mindest- und Höchstwerte vorliegen. Dennoch gibt es in der Regel einen Bereich, den man bei Messungen sinnvoll in den Blick nehmen kann. So variiert die Körpergröße von Menschen in einem bestimmten Bereich und für das Geschlecht kennen wir zwei Ausprägungen, zwischen denen es sich bewegen kann. Bei Schulleistungen und Schulnoten ist es schon weniger eindeutig: Die Leistung einer Schülerin oder eines Schülers kann sich über einen Bereich erstrecken, in dem es keine natürlichen Abschnitte gibt, die Erstreckung ist *stetig*. Zensuren werden mehr oder weniger willkürlich bestimmten Abschnitten dieser kontinuierlichen Erstreckung zugeteilt, die Messwerte sind *diskret*. Schulnoten sind relativ ungenau. Eine Leistung, die z.B. den Wert „gut“ bzw. „2“ der Skala erhält, kann in Wirklichkeit näher bei „1,51“ oder bei 2,49 liegen, sie erhält aber den pauschalen Mittel-Wert „2“, genauer wird die Leistung nicht bestimmt. Quantifizieren bedeutet also häufig einen Verlust an Genauigkeit. Diesen Preis nimmt man in Kauf, weil mit den gewonnenen Daten in vielfältiger Weise weitergearbeitet werden kann. Die unvermeidliche Willkürlichkeit des Messens sollte aber bei der Interpretation statistischer Befunde im Bewusstsein bleiben.
Schwierig ist auch die Frage zu klären, in welcher Weise das Messen eines Sachverhalts diesen selbst beeinflusst. Bleibt ein Mensch, dessen „Intelligenz“ psychometrisch festgestellt wird, noch derselbe – zumal dann, wenn er erfährt, als wie (wenig) intelligent er bemessen wurde? Und grundsätzlich kann man fragen, ob die

Entscheidung, ein Merkmal messen zu wollen, dieses in seiner Bedeutung verändert. Wenn etwas des Messens und des damit verbundenen Aufwands für würdig erachtet wird, erfährt es eine zusätzliche Aufmerksamkeit, es wird ins Bewusstsein gehoben und damit im Sinne einer sozialen Realität (s.o.) konstituiert.
Für numerische Daten werden drei Begriffe verwendet:

- Ein *Skalenwert* ist ein Messpunkt auf einer Messskala; er wird mit großen Buchstaben geschrieben: X = 3 ist z.B. ein Punkt auf einer Antwort-Skala in einem Fragebogen.
- Ein *Messwert* bezeichnet eine für eine Person o.Ä. gemessene Ausprägung eines Merkmals; er wird mit kleinen Buchstaben geschrieben und ggf. um einen Laufindex i ergänzt: $x_i = 3$ ist die von einer Person i gewählte Antwort.
- Ein statistischer *Kennwert* ist eine nach einem statistischen Modell berechnete Größe; $\bar{x} = 3{,}0$ ist z.B. der für die Personen einer Untersuchungsgruppe berechnete Mittelwert.

Diese Werte werden in der Regel bei einem einzigen (ersten) Merkmal mit den Buchstaben X bzw. x notiert; für ein zweites Merkmal kommen die Buchstaben Y bzw. y hinzu. Bei Bedarf werden auch alle anderen Buchstaben verwendet (s.u.).
Wenn man etwas messen will, muss man den Besonderheiten eines Merkmals gerecht werden. Mit diesem Problem befasst sich die *Messtheorie.* Modellartig werden vier *Mess- oder Skalen-Niveaus* unterschieden:

- Bei vielen Merkmalen gibt es nur eindeutige, diskrete Unterschiede. So ist man/frau männlichen oder weiblichen Geschlechts, man gehört entweder der evangelischen oder der katholischen oder einer anderen oder gar keiner Religionsgemeinschaft an. Messen bedeutet hier, die einzelnen Fälle den verschiedenen möglichen Kategorien eindeutig zuzuordnen. Messverfahren dieser Art bezeichnet man als *Nominalskala* (nomen = Name) oder auch als *Nummernskala.*
- Viele Merkmale sind graduell unterschiedlich ausgeprägt sein, ohne dass diese Grade nach gleich großen Schritten definiert sind. Bei Schulnoten kann man z.B. lediglich ablesen, dass ein Schüler mit einer „2“ (in der Regel) besser ist als ein Schüler mit einer „4“. Aber der Unterschied zwischen einer „2“ und einer „3“ kann ganz anders sein als der zwischen einer „4“ und einer „5“. Messwerte dieser Art können also lediglich in eine Rangfolge gebracht werden. Diese Messskala bezeichnet man als *Ordinalskala* (ordo= die Reihe) oder als *Rangskala.*
- Bei anderen Merkmalen sind die Abstände zwischen den verschiedenen Messwerten genau bestimmt und immer gleich groß. Tests der psychologischen Diagnostik sind so konzipiert, dass die Daten diesen Voraussetzungen entsprechen. Die Intervalle zwischen einem Intelligenzquotienten (IQ) von 100 und 110 oder zwischen 105 und 115 sind aufgrund der Konstruktionsweise als gleich groß zu verstehen. Man bezeichnet eine Messskala dieser Art als *Intervallskala* oder auch als *metrische* oder als *äquidistante Skala.*
- Zusätzlich zu den bisher genannten Merkmalen kann eine Messskala einen absoluten Nullpunkt haben (weniger als Null gibt es nicht). Dann kann man die

Messwerte zueinander ins Verhältnis setzen (etwas ist x-mal so warm/groß/schwer wie...). Alle Maße der Größe, der Zeit und des Gewichts erfüllen diese Voraussetzungen. – Eine Skala dieser Art bezeichnet man als *Rationalskala* (nach engl. ratio = Verhältnis), als *absolute Skala* oder als *Verhältnisskala.*

Vom Skalenniveau der Daten hängt es ab, welche mathematischen und statistischen Verfahren angewendet werden dürfen:

- Bei Messwerten auf dem Rationalniveau sind alle Operationen einschließlich der Multiplikation und Division möglich: 20 Euro sind doppelt so viel wie 10 Euro. Eine dreißigjährige Person ist 3,0 mal so alt wie eine zehnjährige.
- Auf dem Intervallniveau dürfen die Skalenwerte addiert oder subtrahiert werden, aber nicht multipliziert oder dividiert. Zwei Personen haben z.B. beim IQ eine Differenz von 100 minus 105 = 5 Punkten.
- Auf dem Ordinalniveau dürfen die Skalenwerte nicht addiert und nicht subtrahiert werden; erlaubt ist es lediglich, die Häufigkeiten aufeinander folgender Messwerte zu kumulieren: 60 % der Lernenden einer Gruppe können zusammen eine der Noten von „1 *bis* 3" haben. Ein Durchschnitt ist messtheoretisch nicht korrekt, weil die Abstände zwischen den drei Noten nicht definiert sind.
- Auf dem Nominalskalenniveau ist es nur erlaubt, die Häufigkeiten der einzelnen Skalenwerte anzugeben: Die Kinderhorte „A" *und* „B" *und* „C" werden von 65 Kindern besucht.

Ob eine Messskala dem behaupteten Skalenniveau entspricht, ist häufig strittig. Viele Forschende möchten gern ein möglichst hohes Skalenniveau annehmen, weil sich damit anspruchsvollere statistische Verfahren anwenden lassen.

8.2 Kennwerte für einzelne Merkmale

In einem ersten Schritt werden bei der numerischen Datenanalyse relativ einfache, zum Teil aus dem Alltag vertraute Kennwerte deskriptiver Art berechnet. Diese sollen hier ohne ausführliche Beispiele aufgeführt werden.

8.2.1 Häufigkeiten

Einen ersten Überblick erhält man, wenn man die Häufigkeiten der einzelnen Skalenwerte auflistet. Diese können in vier Varianten ausgedrückt werden:

- Wenn ohne weitere Berechnungen ausgezählt wird, wie häufig die einzelnen Skalenwerte beobachtet worden sind, dann bezeichnet man dies als die *absolute Häufigkeit* oder als *absolute Frequenz* und schreibt es als f(X) (lies „f von x").
- Das Gewicht der absoluten Frequenzen wird besser ersichtlich, wenn man sie auf die Gesamtzahl der Fälle bzw. auf die fiktive Größe 100 bezieht. Solche Prozentangaben sind aus dem Alltag vertraut. Die *prozentuale Häufigkeit* P(X) eines

Skalenwertes wird folgendermaßen berechnet:[1]

prozentuale Häufigkeit = P(X) = f(X) / N * 100

Für die verbale Umschreibung von Prozentanteilen gibt es keine verbindlichen Regeln. Die sprachlichen Formulierungen ergeben sich häufig aus inhaltlichen Bewertungen (etwa wie bei einem Glas, das man als „halb voll" oder als „halb leer" beschreiben kann). Hier ist Vorsicht angesagt, wenn man solchen Manipulationen nicht erliegen will. Es macht einen Unterschied, ob z.B. ein Prozentanteil von 50 % umschrieben wird mit „manchmal", mit „gerade die Hälfte" oder als „starker Anteil".

Daran zeigt wieder einmal, wie wichtig es ist, nachvollziehen zu können, mit welchem Vorverständnis und welchen Erwartungen eine Untersuchung verbunden ist. Die inhaltliche Bewertung sollte man prinzipiell den Leserinnen und Lesern einer Studie überlassen – was nicht verbietet, die eigene Sicht als solche offenzulegen.

- In der wissenschaftlichen Statistik wird anstelle des Anteils „von Hundert" häufig die Relation zur Größe 1,0 berechnet. Dies erbringt keinen Erkenntnisgewinn, die *relative oder proportionale Häufigkeit p(X)* ist aber in der schließenden Statistik (s.u.) üblich. Die Berechnung ist ähnlich wie bei der prozentualen Häufigkeit:

relative (proportionale) Häufigkeit = p(X) = f(X) / N

Diese Kennwerte der Häufigkeit können für die einzelnen Skalenwerte bei Daten auf allen vier Skalenniveaus berechnet werden, weil die Skalenwerte nicht untereinander in Beziehung gesetzt werden.

- Wenn die Daten mindestens auf dem Niveau von Ordinalskalen vorliegen, kann man die Häufigkeiten addieren. *Kumulative Häufigkeiten* machen ggf. rasch erkennbar, wie viele Fälle „bis zu" einem bestimmten Skalenwert vorliegen (z.B. wie viele Studierende das Examen mit der Note „3" oder besser bestanden haben).

8.2.2 Graphische Abbildungen

Numerische Verteilungen sind nicht sehr anschaulich und viele LeserInnen finden es mühsam, Tabellen zu lesen. Da helfen bildliche, *graphische Darstellungen.* Hierzu gibt es Computer-Programme, die Tabellen rasch in Abbildungen umwandeln. Man kann die Anteile als Streifen, als Säulen, als Kreisanteile oder als Figuren darstellen. Dabei sind die Anteile leichter nach ihrer Größe miteinander in Beziehung zu setzen und zu beurteilen.

Probleme entstehen hier, wenn eine Grafik den Daten nicht gerecht wird. So können nebeneinander stehende Säulen eine Entwicklung suggerieren. Wenn die einzelnen Werte dann noch mit einer Linie verbunden werden, ist der Eindruck eines Trends kaum zu vermeiden. Das kann natürlich sinnvoll und gewollt sein, aber nicht immer sind die Voraussetzungen dafür gegeben. Manipuliert werden kann

1 In mathematischen Formeln wird die Multiplikation mit einem Sternchen * angezeigt – dies ist das in WORD bei Berechnungen übliche Zeichen.

auch mit den Achsen eines Diagramms, auf denen die Werte abgetragen werden. So kann man z.B. eine Steigerung um wenige Prozentpunkte groß herausstellen, indem man nur die Zone der Steigerung (z.B. zwischen 50 und 55 %) groß abbildet. Wenn man stattdessen die volle Skala von 0 bis 100 Prozent darstellt, fällt eine Veränderung um einen Prozentpunkt kaum auf. Aber auch hier kommt es auf die jeweilige Sache und die für sinnvoll gehaltene Aussage an. Wenn eine Steigerung um einen Prozentpunkt in der Sache bedeutsam ist, darf sie auch herausgestellt werden – aber nur dann, und es muss transparent sein, dass und warum man es so macht! Walter Krämer 2009 zeigt an anschaulichen Beispielen eindringlich auf, wie mit graphischen Darstellungen manipuliert wird.

8.2.3 Zentrale Tendenz

Mehrere Häufigkeitsverteilungen können einfacher miteinander verglichen werden, wenn man ihre *zentrale Tendenz* herausstellt. Dies kann nach drei Modellen geschehen:

- Eine erste Orientierung geben die Skalenwerte, die in einer Verteilung die höchste Häufigkeit auf sich gezogen haben. Dieser Skalenwert (nicht seine Häufigkeit!) wird als *Modalwert* (von modus = Menge; kurz *Mod*) oder als *Gipfelwert* (kurz *G*) bezeichnet. Bei Daten auf Nominalniveau ist dies der einzig zulässige Kennwert für die zentrale Tendenz.
- Bei Messwerten auf Ordinalskalen-Niveau kann die Mitte zwischen der unteren und der oberen Hälfte der Verteilung über die zentrale Tendenz orientieren. Dieser *Median* (von lat. medius = die Mitte) ist jener Punkt der Messskala, an dem diese Teilung ausgezählt oder rechnerisch (durch Interpolation zwischen den beiden nächstliegenden Werten) bestimmt werden kann. Zur besseren Unterscheidung wird der Median auch als *Zentralwert (Z)* bezeichnet.
- Bei empirischen Erhebungen werden häufig Skalen auf dem Intervallniveau verwendet. Hier kann die zentrale Tendenz durch den *arithmetischen Mittelwert* (häufig kurz *M*) – umgangssprachlich: der „Durchschnitt" – beschrieben werden. In statistischen Formeln (so auch hier im Folgenden) wird der Mittelwert in der Regel als $\bar{x}$ abgekürzt (lies: „x-quer"). Als Abkürzung findet man auch „*aM*", selten ein „*D*" (für *D*urchschnitt).

Der arithmetische Mittelwert wird berechnet, indem man die Messwerte aller Fälle addiert (das griechische Sigma Σ steht für „Summe") und durch die Anzahl der Fälle (N) dividiert:

$$\text{arithmetischer Mittelwert} = \bar{x} = \sum x_i / N$$

Der arithmetische Mittelwert kann bei Daten auf dem Intervallniveau und bei Rationalskalen berechnet werden, weil hier die Abstände zwischen den Skalenwerten als gleich groß definiert sind und miteinander verrechnet (z.B. addiert und nicht nur „gezählt") werden dürfen.

Der Mittelwert wird manchmal als *theoretischer Wert* oder als *Erwartungswert* bezeichnet. Dies ist dann sinnvoll, wenn in zahlreichen entsprechenden Studien für ein bestimmtes Merkmal zuverlässig immer derselbe (oder nahezu derselbe) Wert ermittelt worden ist. Dann kann man den durchschnittlichen Wert als den typischen verstehen, der eigentlich den Normalfall zum Ausdruck bringt. Ob dies angemessen ist, muss natürlich kritisch geprüft werden. Unzulässig ist es m.E., aus deskriptiven Befunden den Anspruch abzuleiten, dass es immer so sein müsse. Deshalb ist die Bezeichnung Mittelwert in der Regel angemessen bescheiden.
Ob man bei einer Verteilung den Median oder den Mittelwert berechnet, ist nicht nur nach dem Skalenniveau zu entscheiden. Wenn eine Verteilung (graphisch) symmetrisch ist, sind die beiden Werte identisch, aber wenn es einseitige Extremwerte gibt (die Verteilung „schief" ist), gibt es Unterschiede: Beim Mittelwert ziehen extreme Messwerte den Kennwert zu diesem Pol hin, während sie auf den Median keinen Einfluss haben (weil dort lediglich jene zwei Fälle maßgeblich sind, die (rechnerisch) unterhalb bzw. oberhalb der Mitte der Verteilung liegen). Inhaltlich bedeutsam kann dieser Unterschied z.B. dann sein, wenn man die Einkommensverteilung ansieht. Da diese deutlich schief ist, sieht das durchschnittliche Einkommen nach dem Mittelwert wesentlich höher aus als nach dem Median. Bei Leistungsnoten geht eine eventuell einmalige, vom Mittel besonders stark abweichende Leistung in den Mittelwert ein, während sie beim Median ignoriert würde. – Ist das Absicht?

8.2.4 Variation/Streuung

Bei Kennwerten der zentralen Tendenz bleibt verborgen, dass diese eigentlich nur für jene Fälle zutreffen, die in der Mitte liegen. Die meisten Fälle weichen aber von diesem Punkt ab. Deshalb liegt es nahe, mit weiteren Kennwerten zu beschreiben, wie stark die Messwerte um den Wert der zentralen Tendenz herum streuen. Diese Variation der Daten kann mit fünf, zum Teil ähnlichen Modellen dargestellt werden.
(1.) Bei allen Skalenarten kann mit der *Variationsbreite* (kurz *VB*; auch engl. „range") als einfachster Kennwert angegeben werden, wie groß der Abstand zwischen dem höchsten und dem niedrigsten beobachteten Messwert ist. Das kann dann informativ sein, wenn nur ein Teil der verfügbaren Skala verwendet wird. Bei Kursen in der Erwachsenenbildung kann es z.B. interessant sein, wie groß das Spektrum der TeilnehmerInnen nach dem Alter ist. Allerdings lässt eine Variationsbreite von VB = 20 nicht erkennen, wie alt die jüngsten und die ältesten Personen tatsächlich sind. Deshalb kann es sinnvoller sein, die tatsächliche Spannweite (z.B. „von 19 bis 39 Jahren") anzugeben.
(2.) Wenn die Skala wenigstens Ordinalniveau aufweist, können – ähnlich wie beim Modell des Zentralwertes – die *Quartilgrenzen* als jene Punkte bestimmt werden, an denen auf der Skala das untere und das obere Viertel rechnerisch vom jeweiligen

Rest getrennt werden können. Die *Quartildifferenz* zwischen diesen Quartilgrenzen beschreibt den Skalenbereich, in dem die mittleren 50 % der Fälle liegen. Wenn es sinnvoll erscheint und anschaulicher ist, können auch die Skalenbereiche für andere Prozentanteile (z.B: die unteren 5 Prozent) berechnet werden.
Graphisch können die Quartilgrenzen und die Variationsbreite in so genannten *Boxplots* dargestellt werden: Die mittleren 50 Prozent werden durch ein geschlossenes Kästchen repräsentiert, die Entfernungen zu den Mindest- und Maximalwerten werden durch entsprechend lange Flügel markiert.
(3.) Wenn die Abstände zwischen den Skalenpunkten eindeutig definiert und gleich groß sind, kann man als Kennwert der Streuung die *durchschnittliche Abweichung* (kurz *dA*) bestimmen. Man berechnet die Abweichungen der einzelnen Fälle vom gemeinsamen Mittelwert als absolute Beträge (also ohne die Vorzeichen) und ermittelt deren Durchschnitt:

$$\text{durchschnittliche Abweichung} = dA = \sum|x_i - \overline{x}| \,/\, N$$

Dieser Kennwert ist – anders als die Standardabweichung (s.u.) – anschaulich interpretierbar, aber (noch) wenig gebräuchlich.
(4.) In der empirischen Forschung wird in den meisten Fällen die *Standardabweichung* (kurz *s* oder *SD* wie *S*tandard-*D*eviation) als Maß der Streuung verwendet. Dieser Kennwert spielt in der schließenden Statistik (s.u.) eine wichtige Rolle, er wird jedoch – vielleicht der Einfachheit halber und trotz seiner geringen Anschaulichkeit – auch in der deskriptiven Statistik als Kennwert der Streuung verwendet. Begründet wird diese Berechnung häufig damit, dass die Differenzen zum Mittelwert wegen der positiven und negativen Vorzeichen in der Summe Null ergeben. Damit könne man nicht weiterrechnen. Dies werde gelöst, indem die Differenzen zunächst quadriert und erst dann addiert werden. Die Summe wird durch die Anzahl der Personen dividiert. Daraus wird dann noch die Wurzel gezogen (gewissermaßen macht man damit das Quadrieren rückgängig). Die Formel der Standardabweichung lautet[2]:

$$\text{Standardabweichung} = s(x) = \sqrt{\,[\sum(x_i - \overline{x})^2 \,/\, N]}$$

Im Vergleich zur durchschnittlichen (absoluten) Abweichung sind die Werte der Standardabweichung (als Folge des Quadrierens) in der Regel etwas größer. Durch das Quadrieren wird bewirkt, dass geringe Abweichungen weniger ins Gewicht fallen als große – ob das wichtig ist, mag dahingestellt sein. An der durchschnittlichen Abweichung bzw. der Standardabweichung ist beim Vergleich zwischen mehreren Merkmalen oder zwischen verschiedenen Untersuchungsgruppen rasch erkennbar, wie stark die Personen vom jeweiligen Mittelwert abweichen.
(5.) In Verfahren der schließenden Statistik (s.u.) wird häufig als Kennwert für die Streuung nicht die Standardabweichung verwendet, sondern die so genannte

2 Nach strengen Maßstäben ist die Standardabweichung nur bei Daten sinnvoll, die den Merkmalen der Zufallsnormalverteilung nach Gauß entsprechen (s.u.).

Varianz (kurz s^2). Sie ist definiert als der Durchschnitt der quadrierten Abweichungen vom Mittelwert bzw. als Quadrat der Standardabweichung. Was das bedeutet, soll später näher betrachtet werden. In der deskriptiven Statistik ist die Varianz als Kennwert der Verteilung wenig sinnvoll, weil eine „durchschnittliche quadrierte Abweichung" wenig anschaulich ist. Die Standardabweichung kann man sich immerhin in etwa – wenn auch mathematisch nicht ganz korrekt – als die mittlere Abweichung vom Mittelwert vorstellen.

8.2.5 Individuelle Lagen

Bis hierher ging es um Kennwerte, mit denen Daten in ihrer Verteilung bei allen Fällen/Personen beschrieben werden. Nun kann gerade bei pädagogischen Fragestellungen, die sich auf einzelne Personen oder bestimmte (Teil-)Gruppen beziehen, interessant sein, diese Fälle innerhalb der auf alle bezogenen Verteilung verorten zu können. Man möchte vielleicht wissen, in welche Richtung und wie stark eine Person vom Durchschnitt abweicht. Hier sind zwei Modelle zu betrachten:

(1.) Relativ einfach und anschaulich kann die Position innerhalb einer Gruppe durch den *Prozentrang* (PR) bestimmt werden. Man gibt an, wie viel Prozent vergleichbarer Personen einen niedrigeren Messwert aufweisen als der betrachtete Fall. Der Prozentrang ist ein anschauliches, aber doch recht grobes Maß für die Lage eines einzelnen Falles.

(2.) Ein genauerer Kennwert ist der *Standardwert* (häufig kurz *z* oder *z-Wert*). Man berechnet zunächst die Differenz zwischen dem individuellen Messwert und dem gemeinsamen Kennwert der zentralen Tendenz. Um diese Abweichung einschätzen zu können, setzt man sie zur Standardabweichung aller Fälle in Beziehung. Berechnet wird der z-Wert nach der Formel:

Standardwert = z = individuelle Abweichung / Standardabweichung

$$z = (x_i - \bar{x}) / s(x)$$

Der Standardwert bringt zum Ausdruck, in welcher Richtung und wie stark ein Fall vom gemeinsamen Mittelwert abweicht. Wenn z.B. für einen Fall bei einem Merkmal der Standardwert mit $z = -0{,}3$ bestimmt wird, dann ist an dem negativen Vorzeichen erkennbar, dass das Merkmal geringer ausgeprägt ist als im Mittelwert bei der Gesamtgruppe, und am Betrag lässt sich ablesen, dass die Abweichung weniger stark ist, als sie im Durchschnitt aller Fälle beobachtet wurde. Eine Person mit $z = 1{,}5$ weicht in positiver Richtung und sozusagen mit 1,5-facher Intensität überdurchschnittlich stark ab, das Merkmal ist auffällig herausragend ausgeprägt.

Der Unterschied zwischen den beiden, so ähnlich klingenden Kennwerten soll noch einmal deutlich gegenübergestellt werden:

- Die Standard*abweichung „s"* ist – in etwa – ein Kennwert für die *mittlere* Abweichung *aller* individuellen Messwerte von ihrem gemeinsamen Mittelwert. Sie hat die Einheit der Messskala.

- Der Standard*wert* „z“ ist ein Maß für die Richtung und die Stärke der Abweichung *eines* bestimmten Falles. Der Standardwert hat keine Einheit, denn mathematisch heben sich die Einheiten von tatsächlicher Abweichung und Standardabweichung in der Division auf.
Standardwerte können bei der pädagogischen Beratung hilfreich sein: Wenn z.B. bei einem Kind für Intelligenz ein z-Wert von +1,5 und für die Schulleistung ein z-Wert von –0,5 festgestellt wird, dann deutet dies darauf hin, dass dieses Kind seine intellektuellen Leistungsmöglichkeiten nicht voll entfalten konnte. Dies kann zu weiteren Fragen und eventuellen Maßnahmen anregen.
In empirisch-statistischen Untersuchungen werden die vorgefundenen Daten häufig in z-Werte transformiert, weil man dann z.B. in Vergleichen zwischen Merkmalen oder Gruppen einen Anhaltspunkt dafür hat, wie die Werte einzuschätzen sind. Wenn die Messskala und die Standardabweichung sich in hohen Zahlenwerten bewegen, dann hat eine Abweichung ein geringeres Gewicht, als wenn sie sich auf eine kleine Standardabweichung bezieht. Anders gesagt: Die Standardabweichungen der Daten – die ja nicht normiert sind und beliebig groß oder klein sein können – werden auf z-Werte transformiert, deren Standardabweichung immer = 1,0 ist.

8.2.6 Test-Werte

Standardabweichung und Standardwert spielen bei *Testverfahren* eine große Rolle. Man möchte einschätzen, wie stark bestimmte Merkmale – soweit sie messbar sind – bei den beobachteten Personen ausgeprägt sind. Dabei können zwei Konzepte voneinander unterschieden werden: Verfahren nach der *klassischen Testtheorie (KTT)* und die so genannte „Rasch-Skalierung“ (s.u.). Hier geht es zunächst um die traditionelle, klassische Testtheorie.

Bei der Entwicklung eines standardisierten Testverfahrens werden in der Regel viele Personen einbezogen. Ihnen werden Aufgaben gegeben, die für die zu untersuchende Sache als „valide“ gelten (s.o.). Die gesammelten Daten werden zunächst mit deskriptiven Kennwerten beschrieben: Wie häufig werden die Aufgaben im Durchschnitt gelöst und wie groß ist die Standardabweichung? Daraus können individuelle Standardwerte berechnet werden.

Mit diesen z-Werten könnte man sich zufriedengeben. Es ist aber üblich, *normierte Testwerte* zu berechnen, bei denen negative Werte vermieden werden und sich glattere Beträge (häufig ohne Komma-Stellen) ergeben. Es handelt sich dabei um eine schlichte lineare Transformation, die an der Relation der Werte nichts ändert. Man ersetzt den Mittelwert relativ willkürlich nach praktischen Gesichtspunkten durch einen neuen Test-Mittelwert und setzt eine neue Test-Standardabweichung.

Bei solchen Transformationen werden bei verschiedenen Verfahren für den Mittelwert und die Standardabweichung unterschiedliche Werte gesetzt. Die folgende Tabelle enthält ein paar Beispiele:

Testverfahren	M	s	Testwert für z.B. z = 0,5
Intelligenz	100	15	107,5
Schulleistung	50	10	55
PISA	500	100	550

Wenn man Test-Kennwerte interpretiert, muss man sich also immer vergegenwärtigen, auf welchen Test-Mittelwert und welche Test-Standardabweichung die Daten normiert worden sind. Ein Testwert von 80 ist z.B. bei einem Test mit dem Mittelwert 50 und der Standardabweichung 10 (so ist es häufig bei Schulleistungstests) außerordentlich positiv zu werten, während ein Intelligenzwert von 80 bei einem Mittelwert von 100 und der Standardabweichung 15 sehr niedrig ist. Standardwerte sind also wesentlich besser vergleichbar: Sie bezeichnen die Richtung und die Stärke der Abweichung gegenüber dem Mittelwert in einheitlicher Skalierung mit dem Mittelwert = 0,0 und der Standardabweichung = 1,0.
Neben dieser klassischen Testtheorie wird seit einiger Zeit die so genannte *Rasch-Skalierung* verwendet. Sie ist benannt nach dem dänischen Statistiker Georg *Rasch* (1901 bis 1980), der dieses Verfahren entwickelt hat. Das Konzept dieses Ansatzes wird auch als *Item-Response-Theorie (IRT)* bezeichnet (vgl. Hartig 2010). Es beruht auf der Annahme, dass sich im beobachtbaren Verhalten, nämlich in den „Antworten" (engl.: response) in einem Fragebogen oder den Lösungen in einem Leistungstest Personen-Eigenschaften ausdrücken, die der direkten Beobachtung nicht zugänglich sind. Es wird angenommen, dass sich diese latenten Eigenschaften im Test-Verhalten manifestieren und dort mehr oder weniger sicher erschlossen werden können. Das beobachtbare Verhalten gilt als Indikator der Merkmale, die untersucht werden sollen.
Dieser Ansatz bezieht sich auf die so genannte *Probabilistische Testtheorie*. Es wird ermittelt, mit welcher Wahrscheinlichkeit (engl.: probability) in einer relevanten Gruppe relevante Aufgaben gelöst werden. Daraus kann dann für eine bestimmte Person (oder eine Gruppe von Personen), die diese Aufgaben bearbeiten, auf die Stärke der vermuteten latenten Merkmale geschlossen werden. Je schwieriger die von einer Person gelösten Testaufgaben sind, als desto stärker ausgeprägt wird das latente Merkmal angenommen. So werden z.B. bei PISA die richtig bearbeiteten Test-Aufgaben als Indikatoren für die Ausprägung der vorhandenen Kompetenzen interpretiert.

8.3 Beziehungen zwischen Variablen und Personen

Bis hierher wurden nur jeweils die Daten eines einzelnen Merkmals betrachtet. Ein so begrenzter Blick ist in der Forschung aber eher selten sinnvoll. Meistens hat man es mit mehreren Merkmalen zu tun, und es stellt sich dann rasch die Frage, ob bzw. wie eng diese miteinander in Beziehung stehen. Kann man womöglich gar von einem Merkmal auf das andere schließen und voraussagen, wie stark das Merkmal „y" wahrscheinlich ausgeprägt ist, wenn man das Merkmal „x" kennt?

Diese Fragen werden in der Statistik vor allem mit drei Verfahren der Datenauswertung bearbeitet: mit der Kovarianz, der Korrelation und der Regression. Diese drei Konzepte beruhen auf einem ähnlichen Modell. In den Lehrbüchern wird manchmal ein erheblicher Unterschied behauptet, aber wenn man es näher betrachtet, sind die Modelle im Prinzip ähnlich.

In der Hoffnung, dass es die Sache anschaulich nachvollziehbar macht, verwende ich im Folgenden einen kleinen *fiktiven Datensatz* mit fünf Items, die abstrakt mit den Buchstaben A bis E benannt werden, und vier Fällen mit den Nummern i=1 bis 4.

Fall	a_i	b_i	c_i	d_i	e_i
i=1	3	3	6	125	30
i=2	4	1	8	115	50
i=3	5	6	3	95	20
i=4	6	4	5	85	40
Mittelwerte	$\overline{a}$ = 4,5	$\overline{b}$ = 3,5	$\overline{c}$ = 5,5	$\overline{d}$ = 105,0	$\overline{e}$ = 35,0

Die Beziehungen zwischen diesen Items sind besser zu erkennen, wenn man die *Differenzen zu den Mittelwerten* betrachtet. Die folgende Tabelle enthält bereits die Kennwerte der Varianzen und der Standardabweichungen, auf die später Bezug genommen wird:

Fall	$a_i - \overline{a}$	$b_i - \overline{b}$	$c_i - \overline{c}$	$d_i - \overline{d}$	$e_i - \overline{e}$
i=1	–1,5	–0,5	0,5	20	–5
i=2	–0,5	–2,5	2,5	10	15
i=3	0,5	2,5	–2,5	–10	–15
i=4	1,5	0,5	–0,5	–20	5
$\Sigma(x_i - \overline{x})^2$	5	13	13	1000	500
$s(x)^2$	$s(a)^2$ = 1,25	$s(b)^2$ = 3,25	$s(c)^2$ = 3,25	$s(d)^2$ = 250	$s(e)^2$ = 125
$s(x)$	s(a) = 1,118	s(b) = 1,80	s(c) = 1,80	s(d) = 15,81	s(e) = 11,18

Für die möglichen Merkmalspaare sind folgende Beziehungen erkennbar:

- Bei den Items A und B sind die Werte ähnlich verteilt: Jeweils zwei Werte liegen unterhalb bzw. oberhalb der Mittelwerte.
- Bei den Items A und C stehen höhere Werte bei C neben niedrigeren Werten bei A.
- Bei den Items B und C haben die Abweichungen die gleichen Beträge, aber entgegengesetzte Vorzeichen.
- Bei Item D fällt auf, dass die Werte von Person 1 nach Person 4 abfallen, während sie bei A ansteigen.
- Bei Item E ist keine Beziehung zu Item A erkennbar.

Man könnte sich damit zufriedengeben, diese Beziehungen verbal beschreiben zu können. Bei größeren Datensätzen wird es aber hilfreich, die Art und die Stärke solcher Beziehungen numerisch in geeigneten Kennwerten erfassen zu können.
Der Grundgedanke ist im Grunde ganz einfach: Wenn man die Messwerte zweier Merkmale gemeinsam betrachtet, dann gibt es für ihre Beziehungen miteinander zwei Möglichkeiten: Entweder weichen die Messwerte der einzelnen Fälle von den Mittelwerten in gleicher oder in entgegengesetzter Richtung ab. Bei gleich gerichteten Abweichungen haben die Differenzen zum Mittelwert die gleichen Vorzeichen (beide + oder beide –), im anderen Fall haben sie unterschiedliche Vorzeichen (– und + bzw. + und –). Nach einer grundlegenden Rechenregel ist ein Produkt bei gleichen Vorzeichen immer positiv, bei ungleichen Vorzeichen immer negativ. Addiert man diese Produkte für alle Fälle, dann wird diese Summe positiv, wenn die Produkte gleichgerichteter Abweichungen überwiegen, sie wird negativ, wenn gegenläufige Abweichungen überwiegen. Durch das Multiplizieren wird zugleich die Stärke der Abweichungen berücksichtigt, weil geringe Abweichungen weniger ins Gewicht fallen als große. Aus diesem Grundmodell werden drei Varianten abgeleitet, die im Folgenden beschrieben werden.

8.3.1 Kovarianz (cov)

Damit man Art und Stärke der Beziehung zwischen verschiedenen Gruppen vergleichen kann, relativiert man die Summe aller Produkte noch zur Anzahl der Fälle. An diesem durchschnittlichen Produkt kann man auch bei unterschiedlich großen Stichproben rasch erkennen, wie sich die beiden Messwertreihen zueinander verhalten. Diese Berechnung führt zu einem einfachen Maß für den Zusammenhang zweier Merkmale, zu der so genannten *Kovarianz* (kurz meistens cov). Sie ist definiert als das durchschnittliche Produkt der individuellen Abweichungen von den Mittelwerten:

$$\text{Kovarianz} = \text{cov}(x,y) = [\Sigma\ (x_i - \bar{x}) * (y_i - \bar{y})]\ /\ N$$

Als Beispiel wird aus der obigen Tabelle fiktiver Daten die *Kovarianz für die Items C und D* berechnet:

Fall	c_i	$c_i - \bar{c}$	d_i	$d_i - \bar{d}$	$(c_i - \bar{c}) * (d_i - \bar{d})$
i=1	6	0,5	125	20	10
i=2	8	2,5	115	10	25
i=3	3	–2,5	95	–10	25
i=4	5	–0,5	85	–20	10
N = 4	$\bar{c}$ = 5,5		$\bar{d}$ = 105		Σ = 70

$$\text{cov}(c,d) = 70\ /\ 4 = 17{,}5$$

Die Kovarianz ist ein sehr grober und in der Bedeutung kaum einschätzbarer Kennwert. Der Koeffizient sagt lediglich etwas über die Art der Beziehung aus: Für die

Items C und D ist lediglich festzustellen, dass ihre Abweichungen von den Mittelwerten überwiegend die gleiche Richtung haben. Die Größe der Kovarianz ist von den jeweiligen Skalen abhängig – und die können ja ganz unterschiedlich sein. Wenn man z.B. mit IQ-Werten oder der Körpergröße (in cm) rechnet, ist der Betrag der Kovarianz deutlich höher als in der Regel bei Antwortskalen in einem Fragebogen. Man kann also Kovarianzen nur vergleichen, wenn sie sich auf dieselben Skalen beziehen.

8.3.2 Korrelation (r)

Ein weit verbreitetes Maß für die Beziehung zwischen zwei Variablen ist die *Korrelation*. Der Grundgedanke ist fast identisch mit dem der Kovarianz. Es wird lediglich deren Makel behoben, dass sie von den jeweiligen Original-Skalen abhängig ist. Damit man auch Beziehungen zwischen verschiedenen Skalen vergleichen und überhaupt die Stärke der Beziehungen beurteilen kann, werden die Abweichungen von den jeweiligen Mittelwerten zunächst standardisiert. Man bedient sich dazu jenes Kennwertes, mit dem individuelle Abweichungen von den Mittelwerten vereinheitlicht werden (s.o.): Man setzt die Differenzen in Beziehung zu den Standardabweichungen, d.h. man berechnet Standardwerte z.

Während bei der Kovarianz die originalen Abweichungen $(x_i - \overline{x})$ und $(y_i - \overline{y})$ multipliziert werden, multipliziert man für die Korrelation die Standardwerte $z(x_i)$ und $z(y_i)$. Damit kommt man zu einem Wert, der nicht mehr von den jeweiligen Messskalen abhängig ist. Wenn man die Summe dieser Produkte wieder durch die Anzahl der Fälle dividiert, erhält man den so genannten *Korrelationskoeffizienten*. Er wird mit einem kleinen „r" abgekürzt. In der am häufigsten verwendeten Form – der *Produkt-Moment-Korrelation* – lautet die Formel:

$$\text{Korrelation der Merkmale x und y} = r(x,y) = \Sigma[z(x_i) * z(y_i)] / N$$

Auch hier ergeben sich positive Werte, wenn die Standardwerte bei den Messwertpaaren überwiegend das gleiche Vorzeichen haben, sie werden negativ, wenn die Standardwerte überwiegend unterschiedliche Vorzeichen haben. Korrelationskoeffizienten werden nach englisch-amerikanischem Standard nicht mit einem Komma, sondern mit einem Punkt notiert. Dabei wird auf die Null vor dem Punkt verzichtet, weil sie ja überall stehen müsste. Der *Rechengang* soll an den fiktiven Items C und D verdeutlich werden:

Fall	c_i	$c_i - \overline{c}$	$(c_i - \overline{c}) / s(c) = z(c_i)$	d_i	$d_i - \overline{d}$	$d_i - \overline{d} / s(d) = z(d_i)$	$z(c_i) * z(d_i)$
i=1	6	0,5	0,278	125	20	1,27	0,353
i=2	8	2,5	1,389	115	10	0,63	0,875
i=3	3	–2,5	–1,389	95	–10	–0,63	0,875
i=4	5	–0,5	–0,278	85	–20	–1,27	0,353
N=4	$\overline{c}$ = 5,5	s(c) = 1,80		$\overline{d}$ = 105,0	s(d) = 15,81		Σ = 2,456

$$r(c,d) = \Sigma\ [z(c_i) * z(d_i)]\ /\ N = 2{,}456\ /\ 4 = 0{,}614 \approx .61$$

Um diesen Wert einschätzen zu können, wird er mit dem denkbaren Fall verglichen, dass bei zwei Items die Standardwerte bei allen Personen völlig identisch sind, dass also das eine Item von dem anderen vollständig bestimmt wird. Dies ist rechnerisch auch dann der Fall, wenn man ein Item mit sich selbst korreliert. Für die Korrelation des Items C mit sich selbst ergibt sich:

$$r(c,c) = \Sigma\ [z(c_i) * z(c_i)]\ /\ N = 4{,}012\ /\ 4 = 1{,}003 \approx 1{,}0$$

Enger kann eine Beziehung zwischen den Standardwerten zweier Items nicht sein. Ein Korrelationskoeffizient kann also im Betrag niemals größer werden als 1,0. Bei einer völlig *gleich*gerichteten Beziehung ergibt sich als Korrelationskoeffizient r = 1,00. Im Falle einer vollständig *gegen*läufigen Beziehung ergibt sich r = –1,0. Alle anderen Werte liegen zwischen diesen beiden Extremen. Dadurch wird an Korrelationskoeffizienten relativ einfach erkennbar, in welcher Richtung und in welcher Stärke die Messwerte miteinander in Beziehung stehen.
Weil Kovarianz und Korrelation das gleiche Grundmodell haben, kann der Korrelationskoeffizient auch aus der Kovarianz berechnet werden. Man standardisiert das durchschnittliche Produkt der individuellen Abweichungspaare (also die Kovarianz) am Produkt der beiden Standardabweichungen:

$$r(x,y) = cov\ (x,y)\ /\ (s_x * s_y)$$

Für die Items C und D ergibt sich (mit kleinem Rundungsfehler):

$$r(c,d) = 17{,}5\ /\ (1{,}80 * 15{,}81) = 17{,}5\ /\ 28{,}458 = 0{,}6149 \approx .61$$

In empirischen Studien berechnet man in der Regel diesen Kennwert für alle Merkmalspaare und stellt die Ergebnisse in einer *Korrelationsmatrix* zusammen. Dabei stehen in der Diagonalen (also für die Korrelation der Items mit sich selbst) die Werte 1.00. Weil die Werte oberhalb der Diagonalen mit denen unter ihr spiegelbildlich identisch sind, werden sie in der Regel nicht mit abgebildet. Die Werte für Item A stehen in der ersten (Daten-)Spalte, die für Item E in der untersten (Daten-) Zeile. Manche Werte muss man sozusagen um die Ecke lesen (der Wert für die Items C und D ist hervorgehoben):

A	1.00				
B	.50	1.00			
C	–.50	–1.00	1.00		
D	–1.00	–.61	**.61**	1.00	
E	.00	–.87	.87	.14	1.00
	A	B	C	D	E

In diesen Werten drückt sich aus, in welcher Richtung und in welcher Stärke zwischen den Messwerten, die für die Items erhoben worden sind, numerische Beziehungen bestehen:

- Zwischen den Items A und B besteht eine positive Beziehung. Sie ergibt sich daraus, dass die Werte bei beiden Items entweder oberhalb oder unterhalb der Mittelwerte liegen (s.o.). Dadurch sind alle Produkte der Abweichungen positiv. Aber weil diese Abweichungen unterschiedlich stark sind, ergibt sich für die Korrelation nicht der maximal mögliche Wert 1,0, sondern nur r = .50.
- Ähnlich verhält es sich bei der Beziehung zwischen A und C: Hier liegen die höheren Werte der Fälle bei dem einen Item unterhalb des Mittelwertes, bei dem anderen darüber; bei den niedrigeren Werten ist es umgekehrt. In der Struktur sind die Werte dem Mittelwert jedoch ähnlich wie bei A zugeordnet, nur die Vorzeichen sind umgedreht. Deshalb ergibt sich hier für die Korrelation der gleiche Betrag, aber sie hat ein negatives Vorzeichen: r = –.50.
- Bei der Verteilung für Item D entsprechen die Werte in der Struktur denen bei Item A: Die Abstände zu den Mittelwerten sind bei den vier Personen für beide Items identisch, allerdings ist die Reihenfolge sozusagen 100-prozentig vertauscht. Deshalb ergibt sich hier als Korrelationskoeffizient der höchst mögliche negative Wert r = –1.00.
- Zwischen den Werten für die Items A und E ist keine Beziehung zu erkennen. Als Korrelationskoeffizient ergibt sich deshalb r = .00.

Für verschiedene Arten der Daten, für kleine Stichproben und verschiedene Konstellationen sind Korrelationskoeffizienten nach anderen, aber im Grundsatz ähnlichen Modellen zu berechnen. Diese sind in jedem ausführlichen Statistik-Buch nachzuschlagen.

Wie sind diese Werte zu verstehen? – Man kann sich die *inhaltliche Bedeutung* einer korrelativen Beziehung folgendermaßen deutlich machen: Der Korrelationskoeffizient ist ein Maß dafür, wie eng die Streuung der Messwerte bei dem einen Merkmal mit der Streuung eines anderen Merkmals in Beziehung steht. Aus dem Standardwert, den ein Fall bei dem einen Merkmal aufweist, kann geschätzt werden, welcher Standardwert bei dem anderen Merkmal erwartet werden kann. Die Streuung der Messwerte eines Merkmals, das man verstehen möchte, kann sozusagen in zwei Anteile zerlegt werden: zum einen in jenen Anteil, der mit den Abweichungen bei einer anderen untersuchten Variable in Beziehung steht, und zum anderen in einen Anteil, der aus weiteren, hier nicht erfassten oder nicht erfassbaren Faktoren herrührt. Der Korrelationskoeffizient erfasst nur den erstgenannten Anteil. Ein Korrelationskoeffizient weist (im statistisch-numerischen Sinne) aus, wie stark die Streuung des einen Merkmals mit der Streuung bei dem anderen in Beziehung steht.

In der Literatur wird häufig gesagt, dass die Streuung erklärt werde. Dieser Begriff legt die Annahme nahe, dass ein *Kausalzusammenhang* bestehe. Dies ist jedoch allein aufgrund der korrelativen Beziehung nicht zulässig. Es wird lediglich ein mathematisch-funktionaler Zusammenhang zwischen zwei Messwertreihen herausgearbeitet. Es wird nur die Intensität erfasst, mit der die Messwerte zweier Merkmale mit gleich bzw. entgegen gerichteter Tendenz auftreten. Eine solche funktionale Beziehung darf nicht kausal als Ursache-Wirkungs-Beziehung interpretiert werden. Natürlich ist eine Kausalbeziehung nicht ausgeschlossen, sie kann jedoch anhand der Korrelation weder nachgewiesen, noch widerlegt werden. Folgende Beziehungen zwischen den beiden Merkmalen sind denkbar:

- Das Merkmal x kann das Merkmal y beeinflussen.
- Das Merkmal y kann das Merkmal x beeinflussen.
- x und y können sich wechselseitig beeinflussen.
- x und y können gemeinsam von einem dritten Merkmal abhängig sein.
- Die numerische Beziehung kann reiner Zufall sein.

Bei der *Interpretation* der Korrelationskoeffizienten ist darauf zu achten, wie die Skalen der beiden Messverfahren gerichtet sind bzw. was ein niedriger bzw. hoher Wert in der Sache bedeutet. Ein positiver Korrelationskoeffizient besagt nur, dass zwischen den jeweiligen Messwerten eine positive Beziehung besteht. Wenn nun aber die Messskala bei inhaltlich positiven Ausprägungen mit niedrigen Skalenwerten und bei negativer Bedeutung mit positiven Skalenwerten definiert ist, dann drückt ein negativer Korrelationskoeffizient in der Sache eine positive Beziehung aus. Dies ist z.B. bei Schulnoten (in Deutschland) der Fall: Der niedrige Ziffernwert 1 steht für eine hohe Leistung. Die korrelative Beziehung z.B. zu Intelligenz- oder Leistungstests ist also negativ. In der Interpretation wird dies häufig dennoch als (inhaltlich) „positive Beziehung" beschrieben. Gemeint ist dann der inhaltliche Zusammenhang (gute Leistung entspricht guten Noten), nicht der statistisch-zahlenmäßige.

Als Forscher oder auch als interessierter Laie ist man häufig enttäuscht, wenn *keine auffällige Beziehung* zwischen den untersuchten Merkmalen zu bestehen scheint. Eine niedrige Korrelation muss aber keineswegs bedeuten, dass kein Zusammenhang besteht! Mit Hilfe der Korrelation wird lediglich die *lineare Beziehung* zwischen zwei Merkmalen abgebildet. Der Korrelationskoeffizient bringt nur zum Ausdruck, in welcher Richtung und in welchem Maße die Beziehung zwischen den Merkmalen gleichförmig und stetig ist und in einem Koordinatenkreuz graphisch durch eine gerade Linie (eben „linear") abgebildet werden kann. Ein Wert in der Nähe von $r = .00$ bedeutet lediglich, dass zwischen den Messwerten keine lineare Beziehung erkennbar ist. Wenn die graphische Darstellung eher einer *J-Kurve*, einer *Parabel* oder einer *U-Kurve* ähnelt, ergibt die Berechnung des Korrelationskoeffizienten einen Wert nahe .00. Dies als „kein Zusammenhang" zu deuten, würde in die Irre führen. Ob eine *nicht-lineare Beziehung* vorliegt, kann man prüfen, indem man z.B. eine bivariable Häufigkeitsverteilung erstellt oder die Verteilung grafisch darstellt.

Es wäre eine vielleicht naheliegende, aber eindeutig falsche Deutung, wenn man aus dem Betrag eines Korrelationskoeffizienten darauf schließen wollte, wie stark

die untersuchten Merkmale an sich ausgeprägt sind oder wie groß die Unterschiede zwischen den Personen bzw. den Messwerten sind. Weil der Korrelationskoeffizient sich auf die Abweichungen von den jeweiligen Mittelwerten und auf die standardisierte Streuung bezieht, ist dies nicht sinnvoll. Ein hoher Korrelationskoeffizient kann sich auch ergeben, wenn die Streuung ganz gering ist, und umgekehrt ist bei großen Streuungen der Korrelationskoeffizient nicht automatisch hoch.
Wie ist die *Stärke eines Korrelationskoeffizienten* zu beurteilen? – Die Stärke des Zusammenhangs ist zwar eindeutig erkennbar, aber wann ist eine Beziehung als „hoch" oder „bedeutsam" einzuschätzen? Man kann sich an folgenden Umschreibungen orientieren, die Grenzen sind allerdings als fließend zu verstehen:

- r = bis .20 = „schwach", „gering",
- r = .20 bis .40 = „niedrig", „mäßig"
- r = .40 bis .60 = „deutlich"
- r = .60 bis .80 = „hoch", „eng", „stark"
- r = .80 bis 1.0 = „sehr hoch"

Solche Einteilungen sind sehr schematisch: Es müsste vielmehr bei jedem Merkmalspaar letztlich nach inhaltlichen Kriterien entschieden werden, wie bedeutsam ein Zusammenhang ist (vgl. dazu das Kapitel über Praktische Bedeutsamkeit, s.u.). Zum anderen sind die Grenzen so hoch angesetzt, dass in sozialwissenschaftlichen Studien selten mehr als „mäßig" hohe Koeffizienten gefunden werden. Dabei kann bereits eine Korrelation von etwa r = .30 im Vergleich mit theoretisch hergeleiteten Erwartungen durchaus sehr bedeutsam sein.
Kritisiert wird an Korrelationsstudien häufig, dass sie theoretisch unbefriedigend sind, weil (bzw. wenn) die vermuteten Beziehungen nicht stringent begründet werden, sondern *ex-post-facto* berechnet und dann nach Plausibilität gedeutet werden. Bei einem solchen *Schrotschussverfahren* werden irgendwelche Daten erhoben und hinterher schaut man mal, ob es hier und da Korrelationen gibt, die man interpretieren kann. Häufig wird dabei auch noch auf kausale Beziehungen geschlossen, weil man der Faszination plausibler Funde erliegt und gern davon berichten möchte.

8.3.3 Regression (b)

Das Modell der Korrelation ist insofern unbefriedigend, als es keine Auskunft darüber gibt, wie die statistisch-funktionale Beziehung zu deuten ist. Die Wirkungen scheinen in beiden Richtungen gleich stark zu sein – was vermutlich inhaltlich als unwahrscheinlich gelten muss. Erklären kann man mit Korrelationskoeffizienten relativ wenig, wenn mit erklären gemeint ist, dass ein Gesetz zur Deutung bzw. für Prognosen herangezogen werden kann. – Einen Ausweg aus diesem Problem verspricht eine Variante dieses Konzept.

Der Begriff *Regression* bezieht sich auf die Beobachtung, dass manche Merkmale sich auf andere Merkmale auszuwirken scheinen, dass sie dies aber in der Regel nicht vollständig tun. Meistens sind nämlich noch andere Faktoren mit im Spiel. Der britische Naturforscher Francis *Galton* (1822 bis 1911) untersuchte im Jahr 1885 den Zusammenhang zwischen den Körpergrößen von Vätern und Söhnen. Er stellte fest: Große Väter haben im Durchschnitt große Söhne, aber diese sind nicht ganz so groß wie sie selbst. Kleine Väter haben dagegen häufig kleine Söhne, wenn auch nicht ganz so kleine, wie sie selbst es sind. Die Körpergröße der Söhne bewegt sich somit auf den allgemeinen Durchschnitt zu. Diesen Schritt zur Mitte nannte Galton *Regression* (von Lateinisch: regredi = zurückgehen). Als Beispiel aus der Pädagogik kann das Verhältnis von Intelligenz und Schulleistung dienen: Nicht alle Kinder mit einem hohen IQ haben entsprechend hohe Schulleistungen, und auch Kinder mit niedriger Test-Intelligenz können zu Schulleistungen gefördert werden, die über ihrer Test-Intelligenz liegen. Die Schulleistungen der Kinder dieser beiden Gruppen liegen im Durchschnitt näher zur Mitte der Messskala, sie „regredieren" zur Mitte. Da sie aber gleichwohl häufig oberhalb bzw. unterhalb der mittleren Schulleistung anderer Kinder liegen, scheinen die Schulleistungen doch von der Intelligenz beeinflusst zu sein. Man kann also durchaus von der Intelligenz darauf schließen, welche Schulleistung in etwa zu erwarten ist.
Mit dem Begriff *Regression* ist also nur indirekt gemeint, dass etwas auf eine beeinflussende, zugrundeliegende Variable „zurückgeht", wie es in der Literatur häufig umschrieben wird. Die ursprüngliche Bedeutung wird besser getroffen, wenn man sich klar macht, dass es darum geht, ob und wie stark ein Faktor eine abhängige Variable so beeinflusst, dass deren Messwerte und ihre Abweichungen vom Mittelwert vorhergesagt werden können. Man bezeichnet den auf das Kriterium wirkenden Faktor (das Treatment) als *Regressor* – seine Wirkung ist die Regression. So gesehen geht bei der Regression der Blick in der Sache also doch auf bedingende Variablen zurück. Geschätzt wird deren numerisch-funktionaler Einfluss. Die in der Statistik übliche Verwendung des Begriffs ist sozusagen etwas „um die Ecke gedacht".
Im Unterschied zur Korrelation soll bei der Regression eine kausale Wirkung von der unabhängigen auf die abhängige Variable erkundet werden. Dies ist im Grunde ein kühner Schluss, der nur gerechtfertigt ist, wenn dafür stringent hergeleitete theoretische Begründungen vorliegen. Man kann das Verfahren durchaus im Sinne des kritischen Rationalismus (s.o.) als Prüfung einer Theorie verstehen: Man behauptet eine kausale Beziehung, operationalisiert sie durch die Messung entsprechender Variablen und prüft, ob sich diese Hypothese in den erhobenen Daten bewährt.
Berechnet wird die Regression nach dem oben skizzierten Modell: Ausgangspunkt ist wieder das durchschnittliche Produkt der Abweichungspaare, die Kovarianz. Während diese bei der Korrelation zum Produkt der beiden Standardabweichungen ins Verhältnis gesetzt wird, zieht man jetzt zum Vergleich die Varianz (also das durchschnittliche Quadrat der Abweichungen vom Mittelwert) jenes Merkmals he-

ran, von dem eine Wirkung erwartet wird. In der folgenden Formel ist der Einfachheit halber im Zähler und im Nenner die jeweilige Division durch N weggelassen:

$$\text{Regression (von x nach y)} = b(y,x) = \Sigma[(x_i - \overline{x}) * (y_i - \overline{y})] / (\Sigma(x_i - \overline{x})^2$$

Für ein Beispiel wird im Folgenden unterstellt, dass eine *kausal-regressive Beziehung von Merkmal C auf Merkmal D* geprüft werden soll. Es ergibt sich:

Fall	c_i	$c_i - \overline{c}$	$(c_i - \overline{c})^2$	d_i	$d_i - \overline{d}$	$(c_i - \overline{c}) * (d_i - \overline{d})$
i=1	6	0,5	0,25	125	20	10
i=2	8	2,5	6,25	115	10	25
i=3	3	–2,5	6,25	95	–10	25
i=4	5	–0,5	0,25	85	–20	10
	$\overline{c}$ = 5,5	s(c) = 1,50	13,0	$\overline{d}$ = 105,0	s(d) = 15,81	Σ= 70

$$b(d,c) = \Sigma[(c_i - \overline{c}) * (d_i - \overline{d})] / \Sigma(x_i - \overline{c})^2 = 70{,}0 / 13{,}0 = 5{,}3846 \approx 5{,}38$$

Man kann die Regression auch aus der Kovarianz berechnen:

$b(y,x) = cov / s(x)^2$;

für b(d,c) ergibt sich: $17{,}5 / 3{,}25 = 5{,}385 \approx 5{,}38$

Für die Beziehung zwischen den Items C und D bedeutet der Koeffizient b(d,c) = 5,38 dass die Abweichungen bei D zu den Abweichungen bei C im Durchschnitt mit dem Faktor 5,38 in Beziehung stehen. Nach diesem empirischen Befund könnte man allein aus der Kenntnis eines Messwertes für C vorhersagen, wie stark der entsprechend zu erwartende Wert vom Mittelwert $\overline{d}$ abweichen wird. Wenn man sich mit einem solchen Schätzwert zufriedengeben kann, müsste man das zweite Merkmal gar nicht messen. Solche geschätzten Werte werden häufig mit einem Häkchen versehen, hier also y′ bzw. d′ (lies: „d-Strich“).

Dieser Schätzung liegt folgende Überlegung zugrunde: Wenn Merkmal C bei D eine Regression zur Mitte bewirkt, dann ist bei D eine Abweichung vom Mittelwert $\overline{d}$ zu erwarten, die das b(d,c)-fache der Abweichung vom Mittelwert $\overline{c}$ ausmacht. Der auf die Regression zurückzuführende Anteil ergibt sich also aus dem Produkt der Differenz c - $\overline{c}$ und dem Regressionskoeffizienten b(d,c). Die Formel lautet:

$$d'(\text{für einen } c_i\text{-Wert}) = (c_i - \overline{c}) * b(d,c) + \overline{d}$$

Für Messwerte des Items C würden sich (bei $\overline{c}$ = 5,5 und $\overline{d}$ = 105,0) folgende *Schätzwerte d′* ergeben:

Item C	3	4	5	6	7	8
$c - \overline{c}$	–2,5	–1.5	–0,5	+0,5	+1,5	+2,5
$(c - \overline{c})$ * 5,38	–13,45	–8,07	–2,69	+2,69	+8,07	+13,2
+ $\overline{d}$ =d′	91,55	96,93	102,31	107,69	113,07	118,45

Für Personen, die z.B. bei C den Messwert 7 haben, würde aufgrund der errechneten Regression bei D im Durchschnitt(!) ein Wert von d′ = 113,07 zu erwarten

sein. Dass diese Erwartungswerte nicht mit denen übereinstimmen, die Ausgangspunkt der Berechnung waren (s. obige Tabelle), liegt daran, dass alle vier Werte in der Berechnung der Regression sozusagen gemittelt worden sind.
Wenn man die Regression zwischen verschiedenen Variablen vergleichend beurteilen möchte, stören die unterschiedlichen Größen der Regressionskoeffizienten. Man kann sie standardisieren, indem man sie zu den beiden Standardabweichungen – die ja im Zähler der Berechnung enthalten sind – in Relation setzt. Diesen Kennwert bezeichnet man als *β-Wert*:

$$\beta(y,x) = b(y,x) * [(s(x) / s(y)]$$

Für die Items C und D ergibt sich:

$$\beta(d,c) = 5{,}3846 * (1{,}80 / 15{,}81) = 5{,}3846 * 0{,}11385 = 0{,}61304$$

Dies ist (bis auf Rundungsfehler) identisch mit dem oben bereits berechneten Korrelationskoeffizienten! Daran zeigt sich, dass Regression und Korrelation eng miteinander verwandt sind. Man kann allgemein nach folgender Formel hin und her rechnen:

$$b(y,x) = r(x,y) * [s(y) / s(x)]$$

für b(d,c) ergibt sich:

$$b(d,c) = 0{,}6130 * [15{,}81 / 1{,}80] = 0{,}6130 * 8{,}7833 = 5{,}3842$$

8.3.4 Korrelation und Regression

In der Literatur werden die Bedeutung und das *Verhältnis* von Regression und Korrelation nach meinem Verständnis eher verunklart: Es wird oft behauptet, dass die Regression nur etwas über die *Art* eines Zusammenhangs aussagt, während die Korrelation ein Maß für die *Stärke* der Beziehung sei, aber keine Prognosen möglich mache. Das ist m.E. insofern richtig, als bei Korrelationskoeffizienten an den absoluten Beträgen einzuschätzen ist, wie eng die Beziehung ist (s.o.). Die Standardisierung zu den Standardwerten setzt die Grenzen zwischen –1.00 und +1.00. Regressionskoeffizienten sind von den originalen Skalenwerten abhängig, also in ihrer Größe offen. Der Korrelationskoeffizient ist allerdings durch die Transformation auf die Standardabweichungen abstrakter geworden. Das verhindert aber nicht, dass man schätzen kann, welche Ausprägung für ein Merkmal zu erwarten ist, wenn man den Wert für das andere kennt. Da der Korrelationskoeffizient definiert ist als das durchschnittliche Produkt der Standardwerte, kann man aus einem für die eine Variable bekannten Standardwert den wahrscheinlichen der anderen Variable vorhersagen. Von diesem Standardwert kann man dann auf die zugrundeliegende Skala zurückrechnen. Dass dies zu demselben Ergebnis führt wie bei der Regression (s.o.), soll an einem Beispiel verdeutlicht werden:

Der Grundgedanke ist folgender: Eine Korrelation von $r = .50$ bedeutet, dass für Personen, die bei x um eine ganze Standardabweichung ($z(x) = 1{,}0$) vom Mittelwert abweichen, bei der Variable y im Durchschnitt Werte zu erwarten sind, die um eine halbe (0,50) Standardabweichung abweichen. Den für y geschätzten Standardwert kann man als z′ bezeichnen. Dieser Gedanke gilt für andere Standardwerte z(x) in entsprechender Weise. Als Formel ausgedrückt bedeutet das:

$$z'(y) = z(x) * r(x,y)$$

Je größer der Betrag des Korrelationskoeffizienten ist, desto eindeutiger sind solche *Prognosen*: Bei r = .00 kann lediglich vorausgesagt werden, dass die geschätzten Werte bei der anderen Variable im Durchschnitt beim Mittelwert liegen; das ist als Prognose wertlos. Bei r = 1.00 ist eindeutig zu erwarten, dass die Standardwerte bei beiden Variablen genau gleich sind. Zur Bedeutung des Korrelationskoeffizienten wird häufig gesagt, dass man an ihm die *Güte* oder die *Genauigkeit* der Prognose ablesen könne. Das ist m.E. nicht ganz treffend, weil bei jedem Betrag eines Korrelationskoeffizienten in gleicher Weise nach dem „Prinzip der kleinsten Quadrate" eine optimale Prognose angestrebt wird. Eine Korrelation von r = .20 oder r = .70 ist lediglich darin unterschiedlich genau, dass bei r = .20 eine durchschnittliche Abweichung um 0,2 Standardabweichungen prognostiziert werden kann, bei r = .70 aber um 0,7 Standardabweichung. Dabei streuen im ersten Fall die zu erwartenden Werte breiter als im zweiten.

Regression und Korrelation sind also *im Grunde recht ähnlich*. Sie beziehen sich auf dasselbe Modell. Sie unterscheiden sich lediglich darin, dass bei der Regression mit den Daten der Originalskalen gerechnet wird, während bei der Korrelation mit Hilfe der Standardabweichungen standardisiert wird. Der Korrelationskoeffizient ist durch diese Normierung einfacher zu interpretieren, mit dem Regressionskoeffizienten kann sozusagen anschaulicher (nämlich auf die Messskalen bezogen) von einer Variablen auf eine andere geschätzt werden, welcher Messwert im Durchschnitt bei der als abhängig gedachten Variable zu erwarten ist.

Solche Schätzungen haben natürlich deutliche Grenzen, denn bei kaum einer Person entspricht die Beziehung zwischen zwei Merkmalen genau jener, die im Korrelationskoeffizienten ausgedrückt wird. Die abhängige Variable y wird durch die unabhängige Variable x nur teilweise determiniert. Deshalb ist der mit Hilfe der Regression oder der Korrelation geschätzte Wert – wie gesagt – lediglich als der zu erwartende Durchschnittswert zu verstehen, von dem einzelne Personen mehr oder weniger deutlich abweichen können. Ein Erwartungswert kann aber in der pädagogischen Praxis, z.B. bei der Diagnose von Problemen, gleichwohl bedeutsam und hilfreich sein.

Wie bei allen statistischen Kennwerten sind auch mit der Berechnung der Regression oder der Korrelation nicht nur Vorteile, sondern auch *Nachteile* verbunden, die bei der Interpretation berücksichtigt werden müssen. Man erhält mit dem Korrelationskoeffizienten einen relativ leicht deutbaren Kennwert, mit dem Richtung und Stärke einer numerisch-funktionalen Beziehung herausgestellt werden. Dieser scheinbar eindeutige Kennwert kann zu leichtfertigen Deutungen verführen. An die bereits genannten möglichen Fehlschlüsse (s.o.) möchte ich deshalb ausdrücklich erinnern. Die gleichen Vorbehalte sind im Grunde auch bei der Regression zu machen. Ob eine kausale Beziehung vorliegt, ist weder an einem Korrelationskoeffizienten noch an einem Regressionskoeffizienten selbst zu entscheiden. Diese Werte geben lediglich Hinweise. Dass bei der Regression im Unterschied zur Korrelation kausale Beziehungen nachgewiesen werden könnten, ist schlicht eine Illusion. In beiden(!) Fällen wird lediglich eine numerisch-funktionale Beziehung zwischen den erhobenen Daten quantitativ ausgedrückt. Kausale Beziehungen können nur durch experimentelle Designs geprüft werden (s.o.). Deren Effekte können allerdings mit Hilfe der Regression – aber auch mit Hilfe der Korrelation – quantitativ bestimmt werden. Bewiesen wird eine kausale Beziehung dabei aber nur durch eine experimentelle Strategie und deren stichhaltige inhaltliche Begründung, zu deren Prüfung und Interpretation diese Berechnungen beitragen können.

Allerdings bleibt auch bei solchen Interpretationen unklar, welche *Ebenen der Realität* (s.o.) dabei wirksam sind: Es kann für mögliche Folgerungen einen großen Unterschied ausmachen, ob eine Tatsache gegeben, geworden, gestaltet, begriffen, verdrängt oder gefühlt ist. Beziehungen können innerhalb dieser Ebenen bestehen oder zwischen ihnen übergehen.

8.3.5 Beziehungen mehrerer Variablen: Faktorenanalyse

In Tabellen von Korrelationskoeffizienten (s.o.) zeigt sich in der Regel, dass einige Merkmale offenbar zu einigen Variablen in stärkerer Beziehung stehen als zu anderen. Das lässt vermuten, dass darin Aspekte zum Ausdruck kommen, die zu einer gemeinsamen Dimension gehören. Vielleicht kann man die Befragten – im Sinne des Konzepts der Hermeneutik – besser verstehen, wenn man solche Bündelungen identifizieren kann. Eine solche Dimension würde sich darin ausdrücken, dass mehrere Items mit einer ähnlichen Tendenz beantwortet werden. Können die komplexen Beziehungen zwischen den vielen Merkmalen auf wenige „Hauptkomponenten" reduziert werden? Dann ergäbe sich ein besser überschaubares Bild als bei einer Tabelle mit vielen Korrelationskoeffizienten. Mit einer *Faktorenanalyse* wird versucht, solche Dimensionen mit Hilfe komplexer mathematischer Verfahren zu identifizieren.[3]

Eine Faktorenanalyse für die fünf fiktiven Items (s.o.) ergibt, dass diese auf zwei Faktoren konzentriert werden können. In der folgenden Tabelle sind die korrelativen Beziehungen zu den Faktoren an den so genannten *Ladungen* erkennbar:

3 Es ist hier nicht möglich, diese mathematischen Verfahren ausführlich darzulegen. Die meisten Statistik-Bücher stellen dies detailliert dar.

Faktor 1:

Item	M	Faktor 1	Faktor 2
E	35,0	**.99**	-.10
B	3,5	**-.91**	-.40
C	5,5	**.91**	.40

Faktor 2:

Item	M	Faktor 1	Faktor 2
A	4,5	-.10	**-.99**
D	105,0	.24	**.97**

In diesem kleinen Beispiel ist gut nachvollziehbar, dass jene Items, die miteinander hoch korrelieren (s.o.) jeweils einem (gemeinsamen) Faktor zugeordnet werden und auf diesem *laden*, während sie zu dem anderen Faktor nur in schwacher Beziehung stehen: Die Mess-Werte für die Items E und C weichen mit gleicher Tendenz von den Mittelwerten ab, bei Item B ist die Tendenz stark, aber entgegengesetzt. Dies kommt in den beiden positiven Ladungen für die Items E und C bzw. die negative Ladung für Item B zum Ausdruck. Beim zweiten Faktor spiegelt sich die hohe negative Korrelation $r(a,d) = -1.00$ wider.
Zur Interpretation werden die Inhalte der hoch ladenden Items herangezogen: Faktor 1 wird stark geprägt von den Items E und C, und Item B drückt offenbar (erkennbar an dem umgekehrten Vorzeichen der Ladung) das Gegenteil aus. Faktor 2 kann positiv nach dem Inhalt des einen Items und entgegengesetzt nach dem des anderen gedeutet werden.

Eine solche Auswertung kann unterschiedlichen Zielen dienen:
• Eine *explorative* Faktorenanalyse erkundet, ob in einem größeren Feld von Variablen übergreifende Dimensionen erkennbar sind, mit denen sich ein einfacheres Bild zeichnen lässt.
• Eine *konfirmatorische* Faktorenanalyse überprüft, inwieweit ein nach theoretischen Überlegungen oder in früherer Forschung entwickeltes Modell von Dimensionen durch (neue) empirische Daten bestätigt wird.

Bei der Beschreibung und schließlich bei der Benennung der Faktoren sollte man vorsichtig sein, denn man erliegt leicht der *Neigung, sein Vorverständnis von der Sache in die Faktoren hineinzudeuten* und ein theoretisches Konzept zu entwickeln, das zwar plausibel erscheint, aber aus den Daten bzw. Items nicht zwingend abgeleitet werden kann. Man deutet die rechnerisch ermittelte Faktorenlösung rasch als eine Art „Beweis" dafür, dass es diese Faktoren tatsächlich gibt. Man sollte deshalb möglichst deskriptiv bleiben und im Zweifelsfall zur Beschreibung schlicht jenes Merkmal zitieren, das mit dem Faktor die engste numerische Beziehung hat. Solche Items bezeichnet man als *Markiervariable* oder als *Ankervariable*.

Inhaltlich kann eine Faktorenanalyse nur das erfassen, was mit den einzelnen Items vorher eingegeben worden ist! Dennoch kann die Faktorenanalyse im Sinne *hypothesen-generierender Verfahren* auf Strukturen aufmerksam machen, die hinter den Items liegen und bis dahin nicht als etwas Gemeinsames bewusst waren. Zum anderen kann man überprüfen, ob eine vermutete Faktorenstruktur tatsächlich besteht. Man unterscheidet diese Funktionen mit den (schon genannten) Begriffen explorativ und konfirmatorisch.
Nicht verleugnet sei, dass die Faktorenanalyse als Methode durchaus umstritten ist: Die Kritik bezieht sich vor allem darauf, dass das Verfahren für subjekthafte Deutungen anfällig ist. – Wenn man das Ergebnis jedoch als einen Vorschlag zur Deutung des untersuchten Sachverhalts (und nicht als eine objektive Feststellung) versteht, kann die Bündelung von Merkmalen zu Dimensionen auf (mögliche!) grundlegende Strukturen aufmerksam machen und so zum Verständnis der Sache beitragen. Über die Gültigkeit dieser Deutung wird man sich dann noch verständigen oder streiten müssen. Problematisch kann es dann werden, wenn das Ergebnis einer Faktorenanalyse nicht mehr als Vorschlag, als Deutung und Modell verstanden wird, sondern als Wahrheit hypostasiert und dann in weiteren Forschungen als gesicherter Ausgangspunkt verwendet wird.

8.3.6 Beziehungen zwischen Personen: Clusteranalyse

Ein im Ansatz ähnliches Verfahren zur Analyse von Dimensionen ist die *Clusteranalyse*. Hier werden jedoch nicht die Merkmale gebündelt, sondern die befragten oder beobachteten Personen. Anhand ihrer Merkmale (die selbst nicht wie bei der Faktorenanalyse in korrelativer Beziehung zueinander stehen müssen) werden Personen zu Gruppen – den sog. *Clustern* – gebündelt. Deren gemeinsame Merkmale dienen dann zur Deutung und Bezeichnung der Gruppen.
Dies kann an dem fiktiven Datensatz mit fünf Items und vier Personen (s.o.) anschaulich werden. Zur Interpretation werden jetzt die *Standardwerte z der Personen* herangezogen:

Item	A	B	C	D	E
	$z(a_i)$	$z(b_i)$	$z(c_i)$	$z(d_i)$	$z(e_i)$
Fall i=1	–1,34	–0,28	0,28	1,70	–0,45
Fall i=2	–0,45	–1,39	1,39	0,63	1,34
Fall i=3	0,45	1,39	–1,39	–0,63	–1,34
Fall i=4	1,34	0,28	–0,28	–1,70	0,45

Es ist an diesem kleinen Beispiel gut zu erkennen, dass die Fälle 1 und 2 bei vier Items z-Werte mit einer ähnlichen Struktur aufweisen: bei A und B negativ, bei C und D positiv, lediglich bei E mit entgegengesetzten Vorzeichen. Ähnlich sind auch die Standardwerte der Fälle 3 und 4, allerdings genau umgekehrt zu den Fällen 1 und 2. Eine Clusteranalyse würde zwei Gruppen von Fällen identifizieren. Zur

Beschreibung könnte man in etwa sagen: Es gibt einen „Typ“, der bei den Items C und D eine stärkere Ausprägung hat, und einen zweiten Typ, der bei den Items A und B eine stärkere Ausprägung hat. Inhaltlich sind diese Cluster anhand der namenlosen fiktiven Items natürlich nicht näher zu beschreiben.

8.3.7 Entwicklungsverläufe: Pfadanalyse

Ein im Ergebnis anschauliches statistisches Verfahren ist die *Pfadanalyse*. Inhaltlicher Ausgangspunkt ist dabei ein inhaltlich, theoretisch begründetes Modell möglicher kausaler Entwicklungen zwischen den zu untersuchenden Variablen. Dieses *Kausalmodell* (auch *Strukturmodell*) soll aufzeigen, in welcher Weise und mit welcher Stärke unabhängige Variablen als bedingende Treatments auf abhängige Variablen wirken. Einen ersten deskriptiven Eindruck können Regressionskoeffizienten geben, in denen sich diese Beziehungen ausdrücken. Verwendet werden für die Stärke des Zusammenhangs zwischen jeweils zwei Variablen standardisierte Regressionskoeffizienten. Diese jetzt so genannten *Pfadkoeffizienten* drücken aus, wie eng eine Variable mit einer anderen in einer Beziehung steht, die eine Prognose ermöglicht. Durch die Standardisierung (s.o.) können nur Werte zwischen –1,0 und +1,0 auftreten. Das statistische Modell impliziert, dass lineare Beziehungen vorliegen. In komplexeren Varianten werden die Pfadkoeffizienten so berechnet, dass die möglichen bzw. wahrscheinlichen Wirkungen anderer Variablen rechnerisch „konstant gehalten“ werden. Die Daten werden so geordnet, dass man für alle einzelnen möglichen Skalenwerte dieser Variablen jeweils die Pfadkoeffizienten berechnet und dann deren Mittel bestimmt. Der *β-Wert* schätzt dann die Wirkung der einzelnen Prädiktoren jeweils unter Ausschluss möglicher anderer Faktoren. Schritt für Schritt erhält man dann ein Bild für den Zusammenhang zwischen allen Prädiktoren und dem Kriterium sowie der Prädiktoren untereinander. Die β-Gewichte werden als additiv verstanden: Die in dem Modell erfasste Wirkung auf die abhängige Variable setzt sich additiv aus den einzelnen Kausalbeziehungen zusammen.

8.4 Beurteilung statistischer Befunde

In der empirischen Forschung wird häufig über „signifikante“ oder gar „sehr hoch signifikante“ Befunde berichtet. Das klingt sehr bedeutsam, aber ist es das auch? Ein anschauliches Bild soll den Grundgedanken andeuten: Beim Bogenschießen treffen in der Regel nicht alle Schützen genau ins Zentrum, viele sind nahe dran, etliche treffen das Ziel einigermaßen und bei einigen geht es „voll daneben“.[4] Dabei treffen Könner häufiger ins Schwarze, aber auch bei ihnen geht mal ein Schuss daneben. Das wird dann als Zufall verziehen, er bleibt ein Könner. Aber wie oft darf

---

4 Nach einer mir nicht mehr bekannten Quelle war diese Beobachtung in der griechischen Klassik Anlass für die Entwicklung der „Stochastik“, der Lehre von der Wahrscheinlichkeit.

er sich solche Patzer erlauben? Wenn es zu oft vorkommt, wird man zu dem Schluss kommen, dass er aus der Spitzenklasse gestrichen werden sollte.
Mit solchen Entscheidungen beschäftigt sich die Statistik: Was kann (noch) als Zufall gedeutet werden, wann ist etwas anderes als Ursache zu vermuten? Ein Befund, der *nicht* mehr mit dem Zufall erklärt werden kann, der von Zufalls-Erwartungen auffällig abweicht, wird als *statistisch signifikant* bezeichnet. Das Wort „signifikant" bedeutet „bedeutsam", „herausragend", „ein Zeichen setzend" u.Ä.
Ob solche Annahmen gerechtfertigt sind, kann nach verschiedenen Modellen beurteilt werden. Dabei ist zu berücksichtigen, in welcher Konstellation die Daten erhoben worden sind und welche Skalenqualität (s.o.) sie haben. Zunächst ist noch zu klären, wie man überhaupt die Wahrscheinlichkeit des Zufalls bestimmen kann.

8.4.1 Modelle statistischer Signifikanz

Wenn mit Hilfe der deskriptiven Statistik einige Merkmale der erhobenen Daten herausgearbeitet worden sind, dann stellt sich die Frage, *welche Bedeutung diese Ergebnisse haben*. Wie ist z.B. die Häufigkeitsverteilung zu beurteilen, die sich für eine bestimmte Gruppe ergeben hat? Was soll man von einem Mittelwert halten, der für eine Teilgruppe errechnet worden ist? Ist eine Differenz zwischen zwei Gruppen so groß, dass sie auf die Merkmale dieser Gruppierung zurückgeführt werden sollte und als bedeutsam gelten kann? Kann man erwarten, dass ein in einer Studie beobachteter Korrelationskoeffizient bei vergleichbaren Untersuchungen in ähnlicher Höhe wieder auftreten wird?
Solche und ähnliche Fragen versucht die *analytische Statistik* zu beantworten. Eine ähnliche Bedeutung haben die Begriffe *Inferenzstatistik*, *schließende Statistik*, *schlussfolgernde Statistik*, *beurteilende Statistik* und *induktive Statistik*. Es soll zum Ausdruck gebracht werden, dass über die vorliegenden Daten hinaus versucht wird, zu allgemeineren Aussagen zu kommen bzw. die Möglichkeit solcher Schlüsse zu beurteilen. Bei den Modellen, die hinter solchen Verfahren stehen, geht es immer um die Frage, ob es überhaupt sinnvoll ist, die errechneten Kennwerte inhaltlich oder gar theoretisch zu interpretieren und die Befunde zu verallgemeinern. Das wäre nämlich dann nicht sinnvoll oder allenfalls mit Vorbehalten zu tun, wenn die Ergebnisse auch auf dem Zufall beruhen könnten. Inwieweit dies der Fall ist, darüber gibt die *statistische Signifikanz* Auskunft. Die Grundfrage lautet: Wie groß ist die Wahrscheinlichkeit, dass ein Befund auch unter Zufallsbedingungen entstehen könnte? Anders gesagt: Wie groß ist das Risiko, ein eigentlich nur zufallsbedingtes Ergebnis irrtümlich als bedeutsam zu interpretieren? Dies ist gemeint, wenn man die *Irrtums-Wahrscheinlichkeit* berechnet.
Ein aus dem Alltag vertrautes Beispiel soll den Grundgedanken mathematisch nachvollziehbar machen: Bei einem normalen *Spielwürfel* mit sechs verschiedenen Augenzahlen müsste im Durchschnitt jeder sechste Wurf z.B. eine Sechs ergeben. Die Wahrscheinlichkeit, beim Würfeln eine Sechs zu bekommen, beträgt 1 zu 6 oder 1/6; die relative Wahrscheinlichkeit (s.o.) beträgt $p = 0{,}167$. Wenn man zwei

Würfel wirft, dann ist die Wahrscheinlichkeit, dass *einer* der beiden Würfel eine Sechs zeigt, doppelt so groß: Sie beträgt 1/6 plus 1/6 = 1/3; p = 0,33.
Wenn man bei zwei Würfeln *zugleich* zwei Sechsen werfen möchte, ist die Wahrscheinlichkeit sehr viel geringer: Denn jetzt müssen zwei voneinander unabhängige Ereignisse (die Würfel beeinflussen ja sich nicht gegenseitig) mit jeweils 1/6 Zufalls-Wahrscheinlichkeit gemeinsam auftreten. Es ist nur noch jedes 36. Mal zu erwarten, dass zwei Sechsen gemeinsam geworfen werden, die Wahrscheinlichkeit beträgt hier 1/6 * 1/6 = 1/36; p = 0,028.
Wenn nun jemand häufiger als jedes 36. Mal mit zwei Würfeln zwei Sechsen wirft, wird sich irgendwann der *Verdacht* regen, dass es nicht mehr mit rechten Dingen, nämlich nicht mehr mit dem Zufall zugeht. Irgendwann wird man mit diesem „Betrüger" nicht mehr spielen wollen. In der schließenden Statistik ist es ähnlich: Man prüft, ob ein Befund auch unter Zufallsbedingungen zustandekommen würde. Wenn man dies bejaht, sieht alles nach „in Ordnung" aus; wenn es aber nicht oder kaum mit dem Zufall erklärt werden kann, wird man fragen, welche Bedingungen die auffälligen Ergebnisse bewirkt haben könnten. Beim Würfeln könnte man z.B. ein besonderes Geschick oder einen Betrug vermuten.
Mit Hilfe der mathematischen *Stochastik*, der Lehre von der Wahrscheinlichkeit, kann man nun ziemlich genau berechnen, wie häufig Abweichungen von der durchschnittlichen Häufigkeit, Intensität o.ä. in bestimmten Größen theoretisch zu erwarten sind, wenn die einzelnen Ereignisse wirklich von allen anderen unabhängig sind. Daran kann man dann einschätzen, mit welcher Wahrscheinlichkeit sich ein beobachteter Befund von dem unterscheidet, was man unter Zufallsbedingungen eigentlich erwarten würde. Wenn z.B. in einer experimentellen Situation ein bestimmtes Treatment eingeführt wurde und auf seine Wirkung erprobt wird, dann möchte man nur dann auf einen Effekt schließen, wenn die beobachteten Werte nicht, oder nur mit ganz geringer Wahrscheinlichkeit auf den Zufall zurückgeführt werden könnten. Man vergleicht also immer einen beobachteten, empirischen Befund mit einer theoretisch unbeeinflussten Größe. Wenn die Wahrscheinlichkeit gering ist, dass es sich bei den beobachteten Werten um ein Zufallsereignis handelt, spricht man von einem „statistisch signifikanten" Befund. Die Wahrscheinlichkeit des Zufalls wird als relativer Anteil p (also mit dem Höchstwert 1,0; s.o.) angegeben. Dabei gilt als Konvention, dass eine Zufalls-Wahrscheinlichkeit von höchstens 5 Prozent akzeptiert wird, wenn ein Ergebnis als „statistisch signifikant" gelten soll. Wie dies inhaltlich zu bewerten ist, wird später zu diskutieren sein.

In statistischen Tabellen werden drei (bzw. vier) *Stufen des Signifikanzniveaus* angegeben:

relative Zufalls-Wahrscheinlichkeit p	in Prozent P	übliche Markierung	Umschreibung	Kürzel[5]
$p < .10$	10	+	geringes Irrtumsrisiko	n.s.
$p < .05$	5	*	signifikant	s
$p < .01$	1	**	sehr signifikant	ss
$p < .001$	0,1	***	sehr hoch signifikant	sss

Mit dem Hinweis auf $p < .10$ wird angedeutet, dass das Irrtumsrisiko „gering" ist: Der Befund könnte durchaus inhaltlich bedeutsam sein, er ist jedoch (z.B. bei geringer Fallzahl – s.u.) nicht „zufallskritisch" gesichert. Informativ ist es, wenn die berechneten Zufalls-Wahrscheinlichkeiten p direkt angeben werden, denn es kann einen Unterschied ausmachen, ob $p = .049$ oder $p = .011$ vorliegt; an $p < .05$ ist das aber nicht zu erkennen. Auch eine Zufalls-Wahrscheinlichkeit von $p = .051$ kann ein nützlicher Hinweis sein. Wenn ein Befund nicht statistisch signifikant ist, spricht man auch von *statistischem Rauschen* und meint damit, dass scheinbar bedeutsame Ergebnisse im Zufallsbereich liegen.

Wichtig ist schon an dieser Stelle die *Warnung* vor einer überhöhten Interpretation und Bewertung der „statistischen Signifikanz": Eine solche Überbewertung legt sich vor allem dann nahe, wenn hohe Fallzahlen (große Stichproben) mit „sehr hoch signifikanten" Ergebnissen einhergehen. Der Laie neigt dann zu dem Schluss, dass unter solchen Bedingungen Vertrauen angesagt sei. Wenn der Zufall unwahrscheinlich, das Ergebnis „überzufällig" ist, dann bedeutet das noch nicht, dass es auch inhaltlich, „praktisch" bedeutsam ist. Die Signifikanzprüfung verringert lediglich das Risiko, einem Zufallsergebnis aufzusitzen. Die praktische Bedeutsamkeit ist anschließend nach eigenen Kriterien zu beurteilen (s.u.).

Hinter den bei statistischen Entscheidungen möglichen Fehlern steckt nicht zuletzt die grundsätzliche Frage, mit welcher *Haltung* man zu solchen Entscheidungen steht: Geht es eher darum, für eine im Grunde vorab ziemlich feststehende Sicht der Dinge eine Bestätigung zu suchen, oder ist man bereit, im Sinne des Falsifikationsprinzips (s.o.) mögliche Irrtümer zu entdecken oder gar weiterführende, bessere Erklärungen etc. zu finden?

Es ist allerdings nicht ganz einfach, die jeweils angemessene theoretische Zufallsverteilung zu ermitteln, an der das beobachtete Ergebnis geprüft werden kann. Dabei können grundsätzlich *zwei Bereiche* unterschieden werden, die sich auf unterschiedliche Voraussetzungen bei den Daten beziehen und dies in entsprechenden Modellen berücksichtigen:

---

5 Gelegentlich werden in Tabellen die statistisch signifikanten Ergebnisse ($p < .05$) durch Fettdruck markiert oder kursiv gesetzt.

• Bei Daten auf dem Niveau von Nominal- oder Ordinalskalen (s.o.) dürfen nur die Häufigkeiten der einzelnen Skalenwerte verwendet werden. Dennoch gibt es eine ganze Fülle von Verfahren zur Schätzung der Zufalls-Wahrscheinlichkeit. Die Verfahren dieser Gruppe werden als *non-parametrisch* oder *verteilungsfrei* bezeichnet.

• Bei Daten auf dem anspruchsvollen Niveau von Intervall- oder Rationalskalen (s.o.) können entsprechend anspruchsvolle mathematische Verfahren verwendet werden (Multiplikation und Division der Messwerte). Wenn dabei zudem die von dem Mathematiker Gauß entwickelte *Zufalls-Normalverteilung* (s.u.) zugrundegelegt werden kann, spricht man von *parametrischen* Verfahren der Signifikanzprüfung[6]. Aus beiden Gruppen soll jeweils ein Verfahren exemplarisch dargestellt werden.

Non-parametrische Verfahren – der χ^2-Test

In einem *χ^2-Test* (sprich: „Chi-Quadrat-Test")[7] wird die in einer Untersuchung beobachtete, *empirische Verteilung* mit einer *theoretischen* verglichen und geprüft, wie stark sich diese beiden Verteilungen unterscheiden. Häufig wird unterstellt, dass die Anteile in den verschiedenen Feldern eigentlich gleich groß sein sollten. Bei einem Würfel (s.o.) ist für jede Augenzahl nach dem Zufall sechs Mal ein Sechstel zu erwarten. Man kann aber auch – z.B. in einem Experiment (s.o.) – die Verteilung in der Kontrollgruppe heranziehen und die Ergebnisse der Experimentalgruppe damit vergleichen. Es ist also wie bei einer hermeneutischen Analyse: Man muss sein Vorverständnis von der Sache klären und transparent machen. Dass dies bei der statistischen Analyse von großer Bedeutung ist, soll das folgende Beispiel deutlich machen.

Bei der Studie in einem Pädagogik-Seminar könnte z.B. bei insgesamt N = 30 Personen das Merkmal Geschlecht folgendermaßen verteilt sein:

weiblich = 20; männlich = 10; N = 30

Wie ist dieser Anteil von zwei Dritteln Frauen zu beurteilen? Ist das auffällig, oder ist es im Grunde normal? – Aber welche Verteilung wäre hier eigentlich zu erwarten, von welcher theoretischen Verteilung muss man ausgehen? – Ich werde im Folgenden drei mögliche theoretische Verteilungen durchspielen, um den Grundgedanken des Chi²-Tests und zugleich mögliche Fehldeutungen erkennbar zu machen.

(1.) Eine naheliegende Annahme könnte sein, dass diese Verteilung sich nicht wesentlich von jener in *anderen Veranstaltungen in jenem pädagogischen Institut* unterscheidet, in dem die Daten erhoben worden sind. Nehmen wir an, dass dort das

6 Der Begriff „Parameter" kann auch für Kennwerte der deskriptiven Statistik verwendet werden – dies ist aber ungewöhnlich, nicht zuletzt, weil dann der Begriff „non-parametrisch" keinen Sinn machte.

7 Mit dem kleinen griechischen Buchstaben χ (Chi) wird angedeutet, dass dieses Verfahren häufig auf eine „Vierfeldertafel" angewendet wird und man dort sozusagen kreuzweise rechnet.

Verhältnis von Frauen zu Männern 73 zu 27 Prozent ausmacht. Bei 30 Personen müssten dann theoretisch 73 % der Befragten, also 22 von 30 Personen weiblich sein. Diese *theoretischen Werte und deren Differenzen* sind in der folgenden Tabelle eingetragen:

Verteilung	weiblich	männlich	Zeilensumme
*b*eobachtet	20	10	30
*t*heoretisch (andere Veranst.)	22	8	30
Differenzen b – t	–2	2	

Die beiden Verteilungen weichen geringfügig voneinander ab. Wie groß ist die Wahrscheinlichkeit, dass dies nur Zufall sein kann und nicht nach einer anderen Erklärung gesucht werden sollte? – Das Modell des χ^2-Tests beruht auf folgenden Überlegungen: Man berechnet für die einzelnen Kategorien (hier für männlich und weiblich) die Differenzen zwischen beobachteten und theoretischen Werten. Diese Differenzen werden quadriert, wodurch große Differenzen stärker zur Wirkung kommen als kleine. Wie gewichtig diese Differenzen sind, hängt dabei sehr von der Größe der theoretischen Werte ab. Wenn eine beobachtete Häufigkeit von der theoretischen z.B. um 5 Punkte abweicht, dann hat das bei einer theoretischen Häufigkeit von 10 ein ganz anderes Gewicht als bei einer theoretischen Häufigkeit von 100. Um dies zu berücksichtigen, werden die (quadrierten) Differenzen zu den theoretischen Werten in Beziehung gesetzt, also durch diese dividiert. Wenn man dies für alle Felder der Verteilung tut, ergibt sich als Formel:

$$\text{Chi}^2 = \sum [(b - t)^2 / t]$$

Für das Beispiel bedeutet dies:

$$\text{Chi}^2=(20 - 22)^2 / 22 + (10 - 8)^2 / 8 = (-2)^2 / 22 + 2^2 / 8 = 0{,}18 + 0{,}5 = 0{,}68$$

Was dieser Wert bedeutet, soll später im Vergleich diskutiert werden!

(2.) Man könnte die beobachtete Verteilung aber auch daran prüfen, ob sie den Anteilen der Geschlechter bei *Studierenden an Hochschulen* entspricht. Das sind insgesamt etwa 38 Prozent Frauen und 62 Prozent Männer. Bei 30 Personen müssten demnach theoretisch 38 %, also 11 Personen weiblich sein. Daraus folgt jetzt als Gegenüberstellung *der theoretischen Werte*:

Verteilung	weiblich	männlich	Zeilensumme
*b*eobachtet	20	10	30
*t*heoretisch (Studierende)	11	19	30
Differenzen b - t	9	– 9	

Als Chi²-Wert ergibt sich nunmehr:

$$\text{Chi}^2 = (20 - 11)^2 / 11 + (10 - 19)^2 / 19 = 9^2 / 11 + (-9)^2 / 19 = 7{,}36+4{,}26 = 11{,}62$$

(3.) Als eine dritte theoretische Annahme könnte man annehmen, dass die Anteile weiblicher und männlicher Personen sich in dieser Untersuchungsgruppe genauso verhalten sollten, wie sie es in der *Bevölkerung der Bundesrepublik* tun: Diese besteht etwa zu 52 Prozent aus weiblichen Personen. Wenn man diese Relation auf 30 Personen umrechnet, ergeben sich folgende *theoretische Werte*:

Verteilung	weiblich	männlich	Zeilensumme
*b*eobachtet	20	10	30
*t*heoretisch (Bevölkerung)	16	14	30
Differenzen b – t	4	–4	

Als Chi²-Wert wird jetzt berechnet:

$$\text{Chi}^2 = (20-16)^2 / 16 + (10-14)^2 / 14 = 4^2 / 16 + (-4)^2 / 14 = 1{,}0 + 1{,}14 = 2{,}14$$

Was bedeuten diese drei Werte? – Es soll beurteilt werden, ob die beobachtete Verteilung als Zufall verstanden werden kann oder nicht. Um diese Frage zu beantworten, bezieht man sich auf die Wahrscheinlichkeit, mit der Chi²-Werte unter den jeweiligen Bedingungen unter Zufallsbedingungen zu erwarten wären. Der Grundgedanke ist dabei – wie bei allen anderen Verfahren der statistischen Signifikanzprüfung –, dass man eine so genannte *Grundgesamtheit* hat, in der alle Fälle enthalten sind, die für eine bestimmte Fragestellung in Frage kommen (in den obigen Beispielen alle Studierende des pädagogischen Instituts bzw. alle Studierende in der Bundesrepublik bzw. alle Einwohner der Bundesrepublik). Wenn man nun aus der Grundgesamtheit zufällig Stichproben einer immer gleichen Größe zieht, dann wäre zu erwarten, dass die Merkmale der Grundgesamtheit in den Stichproben in ähnlichen Relationen wiederzufinden sind. Tatsächlich wird das häufig der Fall sein, aber in einigen Stichproben wird die Verteilung der Merkmale von jener in der Grundgesamtheit abweichen. Dabei werden geringe Abweichungen häufig auftreten, größere Abweichungen werden eher selten sein. Das gilt – wie gesagt – unter der Bedingung, dass die Stichproben unter Zufallsbedingungen gezogen werden.
Wenn nun für viele solcher Zufalls-Stichproben die Chi²-Werte in der oben definierten Weise berechnet werden, dann werden diese in den meisten Fällen niedrig sein. Aber auch unter Zufallbedingungen wird es größere geben, möglich sind sogar sehr große Chi²-Werte. Für jeden möglichen Chi²-Wert kann man wahrscheinlichkeitstheoretisch bestimmen, wie häufig dieser nach dem Zufall zu erwarten ist. Dabei spielt es in naheliegender Weise eine Rolle, auf wie viele Felder (Zellen) sich die Berechnung bezieht. Dies wird mit dem etwas pathetisch klingenden Begriff *Freiheitsgrad* (kurz „*df*" von *degree of freedom*) bezeichnet. Gemeint ist damit die Anzahl der Felder, die in einer Verteilung nicht bereits durch die Werte in den anderen Zellen festgelegt sind, sondern noch „frei" variieren können (bei zwei Feldern ist df also nur noch 1). Man kann nun für den in einer empirischen Studie beobachteten χ^2-Wert in entsprechenden Tabellen ablesen, mit welcher Wahrscheinlichkeit das

gefundene Ergebnis auch unter Zufallsbedingungen entstanden sein könnte. Wenn dies mit weniger als 5 Prozent der Fall ist, gilt ein Befund – nach der schon zitierten Konvention – als *statistisch signifikant.*

Für die oben betrachteten Varianten des Verhältnisses von Männern und Frauen ergeben sich folgende *Zufallswahrscheinlichkeiten*:

beobachtete Verteilung weiblich zu männlich (in %)	Vergleich mit...	theoretische Verteilung weiblich zu männlich (in %)	Chi²-Wert	Zufalls-wahrscheinlichkeit	Signifikanzniveau
66 zu 33	Pädagogik-Stud. im Institut	74 zu 26	0,68	p > .30	n.s.
66 zu 33	Studierenden in der BRD	38 zu 62	11.62	p < .001	sss/ ***
66 zu 33	Bevölkerung der BRD	52 zu 48	2,14	p > .10	n.s.

Die 30 Personen der untersuchten Gruppe unterscheiden sich also in ihrem Verhältnis von Frauen und Männern nicht signifikant von den Studierenden der Pädagogik und auch nicht von der Bevölkerung in der Bundesrepublik. Aber im Vergleich zu Studierenden in der Bundesrepublik ist die Verteilung (mit sehr hoher Wahrscheinlichkeit) nicht als eine Zufallsstichprobe zu betrachten. Ein Pädagogik-Studium scheint für Frauen generell attraktiver zu sein. In der Studie mit 30 Personen weicht die Verteilung nach dem Geschlecht nicht signifikant von Studierenden der Pädagogik ab. Auch gegenüber dem Durchschnitt der Bevölkerung ist die Differenz nicht auffällig. Allerdings wäre hier zu prüfen, ob dies bei einer größeren Fallzahl so bleiben würde (s.u.).

An diesen Beispielen ist nicht der kaum überraschende Befund bedeutsam. Der Vergleich sollte exemplarisch vorführen, dass bei der Prüfung der statistischen Signifikanz die *theoretischen Annahmen* das Ergebnis erheblich beeinflussen. Es ist also wichtig, transparent zu machen, an bzw. gegen welche Erwartung die Daten geprüft werden sollen. Es ist keineswegs immer sinnvoll, von einer Gleichverteilung auszugehen. Für einen χ^2-Test können im Grunde alle denkbaren Verteilungen herangezogen werden, wenn sie theoretisch sinnvoll und begründbar sind. Dieses Verfahren eignet sich deshalb insbesondere für Verteilungen, die nicht normalverteilt sind und vor allem für Daten auf dem Niveau von Nominal- und Ordinalskalen.

Parametrische Verfahren – Zufalls-Normalverteilung

Bei Daten, die den Ansprüchen von Intervallskalen genügen, wird zur Schätzung der Zufalls-Wahrscheinlichkeit das statistisch anspruchsvollere Modell der *Zufalls-Normalverteilung* verwendet. Dessen Grundlagen hat der Mathematiker und Astronom Karl Friedrich *Gauß* (1777 bis 1855) entwickelt. Seine *Theorie der Beobach-*

tungsfehler wird in der *Gauß'schen Glockenkurve* graphisch dargestellt. Sie war bis zur Einführung des Euro auf allen 10-DM-Scheinen abgebildet.

Diesem Modell liegt die Beobachtung zugrunde, dass Messungen eines Merkmals nicht immer 100-prozentig identisch sind, sondern mehr oder weniger große Abweichungen aufweisen. Gauß hatte dies bei seinen Beobachtungen der Sterne und der Messung ihrer Abstände erkannt. Die meisten Messwerte treffen den richtigen Wert ziemlich gut, aber es kommt immer wieder zu Messfehlern. Deren Streuung um den Mittelwert kann man nach mathematisch-stochastischen Regeln bestimmen. Wenn die einzelnen Messungen voneinander unabhängig sind (sich nicht gegenseitig beeinflussen können), dann ergibt die Häufigkeitsverteilung graphisch eine Glockenkurve mit einem Berg in der Mitte und nach links und rechts abfallenden Flanken. Mathematisch ist diese Kurve neben dem *Mittelwert*, der auf $\overline{x} = 0{,}0$ festgelegt ist, durch die *Standardabweichung* s der Messwerte berechenbar. Dabei wird der Mittelwert als der wahre Wert betrachtet, von dem die einzelnen Messungen zufällig, aber doch mit bestimmbarer Häufigkeit abweichen. Es ist also im Prinzip eine Verteilung von Messfehlern. Deshalb wird deren Streuung zur begrifflichen Unterscheidung als *Standardfehler* bezeichnet (im Folgenden kurz: *se* wie *standard error*). Das Modell und die Berechnung entsprechen denen der Standard*abweichung*, die in der deskriptiven Statistik als Streuungsmaß verwendet wird. Dort geht es um die individuellen Messwerte, der Standard*fehler* ist ein Maß für die Streuung der statistischen Kennwerte von Zufallsstichproben.

Die Position eines einzelnen Kennwertes innerhalb dieser Verteilung kann nun anhand dieses Standardfehlers als Standardwert bestimmt werden. Für verschiedene Bereiche unter der Kurve können bezogen auf z-Werte die Prozentanteile angegeben werden, die unter Zufallsbedingungen auftreten. Dabei sind die Grenzen für jene Zufalls-Wahrscheinlichkeiten bedeutsam, die für die konventionell auf 5, 1 oder 0,1 Prozent festgelegten Signifikanzniveaus (s.o.) entscheidend sind. Anhand dieser Werte kann man ermitteln, ob ein Untersuchungsergebnis innerhalb oder außerhalb einer bestimmten Zufalls-Wahrscheinlichkeit liegt. In der folgenden Tabelle sind einige dieser *Grenzwerte mit ihren Zufalls-Wahrscheinlichkeiten* aufgeführt:

Bereiche (z-Werte)	Prozentanteile	relative Anteile
zwischen $z = -1{,}0$ und $\overline{x} = 0$	34,13	.34
zwischen $\overline{x} = 0$ und $z = +1{,}0$	34,13	.34
zwischen $z = -1{,}0$ und $z = +1{,}0$	68,26	.68
außerhalb von $z = -1{,}96$ und $z = +1{,}96$	5,00	.05
außerhalb von $z = -2{,}57$ und $z = +2{,}57$	1,00	.01
außerhalb von $z = -3{,}29$ und $z = +3{,}29$	0,10	.001
unter $z = -1{,}65$ bzw. oberhalb von $z = +1{,}65$	5,00	.05
unter $z = -2{,}32$ bzw. oberhalb von $z = +2{,}32$	1,00	.01
unter $z = -3{,}10$ bzw. oberhalb von $z = +3{,}10$	0,10	.001

In der empirisch-statistischen Forschung wird dieses Konzept der Zufalls-Normalverteilung bei vielen Verfahren der schließenden Statistik angewendet. So kann z.B. geprüft werden, ob eine Untersuchungsgruppe in ihrem Mittelwert mehr, als nach dem Zufall zu erwarten wäre, von einer Grundgesamtheit abweicht, aus der sie eigentlich stammen sollte. Wenn Abweichungen in der vorliegenden Höhe unter Zufallsbedingungen kaum erwartet werden können, nimmt man an, dass es sich *nicht* um eine Zufallsstichprobe handelt, sondern dass die Abweichung einen bestimmten Grund hat, z.B. den, dass die Untersuchungsgruppe nach einem bestimmten Merkmal ausgewählt oder in besonderer Weise behandelt worden ist. Ähnlich verfährt man z.B. mit der Differenz zwischen den Mittelwerten von zwei Gruppen: Kann es noch mit dem Zufall zugehen, dass der Unterschied eine bestimmte Größe hat, oder könnte dies eher auf die besonderen Bedingungen zurückgeführt werden, unter denen die Gruppen (z.B. in einem Experiment) gebildet oder behandelt worden sind?

Bei statistischen Beurteilungen wird unterschieden, ob eine Hypothese *einseitig oder zweiseitig* formuliert ist. Wenn man nicht weiß bzw. nicht theoretisch klären kann, ob die zu prüfende Abweichung positiv oder negativ sein wird, prüft man *zweiseitig:* Man teilt die gesuchte Zufalls-Wahrscheinlichkeit auf die beiden Seiten der Normalverteilung auf und prüft an den Grenzen für jeweils die Hälfte dieses Betrags (also 2,5 % von 5 bzw. 0,5 % von 1 oder 0,05 % von 0,1). Wenn man begründen kann, dass eine Abweichung nur in einer Richtung vorliegen wird, kann man *einseitig* prüfen und die Grenzen für die Signifikanzniveaus etwas niedriger ansetzen.[8] In beiden Fällen sind jene Bereiche bedeutsam, in denen die Wahrscheinlichkeit des Zufalls geringer ist als die konventionellen Grenzen von 5, 1 oder 0,1 Prozent (bzw. $p<.05$, .01 oder .001). Dies ist dann der Fall, wenn die Standardwerte größer sind als die in der obigen Tabelle aufgeführten z-Werte.

Soweit das Modell. Ein Problem besteht nun allerdings darin, dass noch nicht klar ist, wie groß die *Standardfehler* sind, an denen man sich bei diesem Verfahren orientieren kann. Man müsste im Grunde erst einmal eine große Zahl vergleichbarer Messungen durchführen (können) und deren Verteilung bestimmen. Dann könnte das einzelne Messergebnis in dieser Verteilung verortet werden, aber dann bräuchte man die Signifikanzprüfung gar nicht mehr. Wenn man nur eine einzelne Messung zur Verfügung hat, muss man den Standardfehler von Zufallsbefunden schätzen. Dies soll im Folgenden am Beispiel von Korrelationskoeffizienten demonstriert werden.

Auch die Verteilung von *Korrelationskoeffizienten* wird vom *Zufall* beeinflusst. Bevor ein r-Wert interpretiert wird, ist deshalb zu prüfen, wie groß das Risiko ist, ein lediglich zufälliges Ergebnis zu interpretieren. Diese Frage wird nach dem glei-

8 Dies mag als Beispiel dafür genügen, wie genau statistische Prüfverfahren auf die jeweiligen Bedingungen einzugehen versuchen. Dass das „eine Wissenschaft für sich" ist, wird anschaulich, wenn man die dicken Bücher dazu betrachtet.

chen Grundgedanken beantwortet, der schon abstrakt bzw. am Beispiel des χ^2-Tests durchgespielt wurde. Man versucht, den Standardfehler zu bestimmen. Ausgangspunkt ist bei Korrelationskoeffizienten in der Regel (allerdings meist unausgesprochen) die Annahme, dass unter reinen Zufallsbedingungen zwischen zwei Merkmalen keine Korrelation besteht, dass also die wahre Korrelation r = .00 beträgt.
Wenn nun aus einer solchen Grundgesamtheit nach dem Zufall viele Stichproben einer bestimmten Größe gezogen und jeweils die Korrelationskoeffizienten zwischen den betrachteten Merkmalen berechnet werden, dann werden diese r-Werte nicht alle gleich .00 sein, sondern – eben nach dem Zufall – mehr oder weniger von .00 abweichen. Je größer diese Stichproben sind, desto eher werden sich bei der Berechnung der Korrelationskoeffizienten Messwertpaare mit zufällig hohen oder zufällig niedrigen Abweichungen gegenseitig ausgleichen, die Korrelationskoeffizienten werden näher bei r = .00 liegen: Der *Standardfehler von Korrelationskoeffizienten* dieser Stichproben – kurz *se(r)* – wird also umso kleiner, je größer die Stichproben sind. Er wird nach folgender Formel geschätzt:

Standard*fehler* von Korrelationskoeffizienten = se(r) = $1 / \sqrt{N}$

Zu diesem Standardfehler kann man die Differenz zwischen einer beobachteten und der theoretisch vermuteten Korrelation in Beziehung setzen. Man erhält dann einen *Standard(fehler)wert* – kurz *z(r)* –. Dessen Zufalls-Wahrscheinlichkeit ist in entsprechenden Tabellen abzulesen:

Standard(fehler)*wert* eines Korrelationskoeffizienten = z(r)
= (beobachtete Korr. - theoretische Korr.) / Standardfehler
= (r – .00) / se(r)

Falls der so errechnete Wert kleiner ist als –1,96 oder größer als +1,96, wird – mit einem Irrtumsrisiko bis zu 5 Prozent – gefolgert, dass die Teilgruppe wahrscheinlich nicht aus einer Grundgesamtheit mit der wahren Korrelation .00 stammt. Stattdessen nimmt man an, dass in der untersuchten Gruppe tatsächlich eine im Betrag stärkere korrelative Beziehung besteht. Diese wird als statistisch signifikant bewertet; die Null-Hypothese, dass kein korrelativer Zusammenhang besteht, wird verworfen.
Wie angedeutet, können Korrelationskoeffizienten nicht nur gegen die Null-Hypothese geprüft werden, dass die wahre Korrelation r = .00 sei, sondern in entsprechender Weise auch gegen einen anderen, theoretisch begründeten Erwartungswert. Man könnte z.B. prüfen, ob eine bisher beobachtete korrelative Beziehung geringer wird, wenn man eines der beiden Merkmale oder beide experimentell in einen veränderten Kontext stellt.
Die *Faszination signifikanter Befunde* hat dazu geführt, dass in wissenschaftlichen Zeitschriften eher Ergebnisse publiziert werden, die signifikant sind und positive Ergebnisse bringen. Allerdings können Befunde, die eine Vermutung oder gar eine lange geglaubte Theorie in Frage stellen, sehr wichtig sein.

Eine *kritische Anmerkung* zum Modell der Zufalls-Normalverteilung: Diese wird manchmal wie eine quasi naturgegebene Konstante behandelt. Zweifellos ist sie in vielen Bereichen – vor allem bei naturwissenschaftlichen Fragestellungen – gültig. Wenn die impliziten Bedingungen erfüllt sind, ermöglicht sie anspruchsvolle statistische Operationen. In den Sozialwissenschaften sollte man aber nicht vergessen, dass es sich um ein mathematisches Modell handelt, dem manche Daten bzw. die erfassten Merkmale nicht ohne Weiteres entsprechen müssen. Wenn eine Verteilung als „normal" bezeichnet wird, dann kann die Ungleichheit der beobachteten Objekte als quasi naturgegeben und unveränderlich suggeriert werden. Als latente Botschaft ist die Wirkung einer solchen scheinbaren Selbstverständlichkeit nicht zu unterschätzen. Solche Analysen müssen deshalb nicht gleich falsch sein, aber sie stellen die zu betrachtenden Merkmale im Zweifelsfall eben nur auf der Folie dieses Modells dar! Allerdings sollte man auch nicht den Boten für die Botschaft schelten: Wenn sich Unterschiede beobachten und beschreiben lassen, dann sollte man in der Sache, also ggf. politisch und/oder pädagogisch daran arbeiten, die Ungleichheit der Verhältnisse zu verringern. Man sollte also nicht nur wegen wahrscheinlichkeitstheoretischer Bedenken prüfen, ob die Bedingungen der Normalverteilung gegeben sind, sondern auch nach inhaltlichen, nicht zuletzt pädagogischen Gesichtspunkten fragen, ob das Modell der Zufalls-Normalverteilung der Sache angemessen ist.

Die Bedeutung der Fallzahlen

Angaben über die statistische Signifikanz und Argumente mit signifikanten Ergebnissen sind immer kritisch zu prüfen. Allzu leicht und gern wird damit in einer Weise argumentiert, die zumindest fraglich ist. Das erreichte Signifikanzniveau hängt nämlich eng mit der jeweiligen *Fallzahl* zusammen. Am Beispiel der Korrelationskoeffizienten sei dies verdeutlicht. Aus der Formel für den Standardfehlerwert von Korrelationskoeffizienten lässt sich ableiten, wie groß Korrelationskoeffizienten sein müssen, wenn ein bestimmtes Signifikanzniveau erreicht werden soll:

Aus $z(r) = r - .00 / se(r) = r / [1/\sqrt{N}]$ ergibt sich: $r = z(r) / \sqrt{N}$

In der folgenden Tabelle sind die *Grenzwerte* aufgeführt, bei denen Korrelationskoeffizienten bei unterschiedlichen Fallzahlen (bei zweiseitiger Prüfung) „sehr hoch signifikant" sind:

Fallzahlen N	$\sqrt{N}$	Grenzwerte für signifikante Korrelationskoeffizienten für $p < .001$; $z(r) = 3{,}29$; $r = 3{,}29 / \sqrt{N}$
10	3,16	1.0
30	5,47	.60
100	10,0	.33
500	22,36	.15
1000	31,62	.10

Bei einem großen N sind also schon sehr niedrige Korrelationskoeffizient signifikant. Das bedeutet aber lediglich, dass ein Wert in dieser Größe unter Zufallsbedingungen vermutlich nicht entstanden wäre. Eine Korrelation von r = .10 ist jedoch – auch bei 1000 Fällen – zwar statistisch sehr hoch signifikant, aber inhaltlich kaum bedeutsam (s.o.).
Dieser Zusammenhang gilt für andere Verfahren und Inhalte der Signifikanzprüfung in analoger Weise (vgl. die frühere Darstellung zum χ^2-Test). So sind z.B. geringe Differenzen zwischen den Mittelwerten zweier Gruppen häufig nur deshalb statistisch signifikant, weil die Fallzahlen hoch sind. Wer diesen Zusammenhang nicht durchschaut, wird leicht der Faszination der großen Zahl erliegen: Je größer die Untersuchungsgruppe ist, desto zuverlässiger scheint das Ergebnis zu sein. Wenn dann bei einer großen Untersuchung noch von einem „sehr hoch signifikanten" Ergebnis berichtet wird, ist der Laie – und häufig auch ein nicht ganz kundiger Wissenschaftler – sehr beeindruckt.

Konfidenzbereich

Nach dem Modell der Zufalls-Normalverteilung wird also geprüft, mit welcher Wahrscheinlichkeit das Ergebnis einer Erhebung auch in einer Zufalls-Stichprobe hätte gefunden werden können. Hier möchte man eine möglichst geringe Zufalls-Wahrscheinlichkeit haben, bevor man einen Befund inhaltlich interpretiert. Wenn man sich nun dafür entscheidet, einen interessanten Wert gefunden zu haben, dann kann man nach dem gleichen Modell sozusagen umgekehrt schätzen, in welcher Größenordnung diese Werte bei vergleichbaren Stichproben streuen würden. Man kann ja nicht erwarten, dass man mit einer einzigen Stichprobe den einzig wahren Wert schon gefunden hätte. Je größer solche Stichproben sind, desto enger werden deren Werte beieinander liegen. Man berechnet dann, in welchen Grenzen die statistischen Kennwerte solcher Stichproben zu erwarten sind. Man setzt dazu in der Regel eine Wahrscheinlichkeit von 95 Prozent. Diesen Bereich auf der Messskala bezeichnet man als *Vertrauens- oder Konfidenzbereich*. Man akzeptiert also wieder ein Irrtumsrisiko von 5 Prozent, weil man nach dem Modell der Normalverteilung davon ausgeht, dass immer einige Stichprobe Extremwerte aufweisen, die auf dem Zufall beruhen und deshalb ignoriert werden können.

8.4.2 Die praktische Bedeutsamkeit

Im vorhergehenden Kapitel sollte deutlich geworden sein, dass die statistische Signifikanz nicht ausreicht, um empirische Untersuchungsbefunde zu beurteilen. Die „statistische Bedeutsamkeit" sagt nichts darüber aus, ob und in welchem Maße das Ergebnis einer Untersuchung der Sache nach bedeutsam ist und ob man daraus praktische Folgerungen ziehen sollte. Ob ein Untersuchungsergebnis praktisch bedeutsam ist, kann man letztlich natürlich nur angesichts der jeweiligen Fragestellung, der Untersuchungs-Bedingungen und der Untersuchungs-Ziele beurteilen.

Dies gilt im Prinzip auch schon für die statistische Frage, welches Irrtumsrisiko akzeptiert werden kann.
Dennoch können quantitative Auswertungen der Daten Anhaltspunkte für die Beurteilung der praktischen Bedeutsamkeit liefern. Sie sollen erkennbar machen, wie stark ein Effekt, ein Unterschied, ein Zusammenhang, der sich in der Signifikanzprüfung bewährt hat, denn tatsächlich ausgeprägt ist. Vier Modelle, die diesem Zweck dienen, werden im Folgenden vorgestellt.

Odds Ratio

Hinter dem etwas fremd klingenden Begriff *Odds Ratio* verbirgt sich ein im Grunde recht simples Verfahren. Man kann den Begriff sinngemäß übersetzen als „Relation der Chancen" (engl. odds = Gewinn-Chancen, Erwartungen; ratio = Verhältnis). Anwendbar ist es lediglich bei *dichotomisierten*, also aus zwei Teilen bestehenden Relationen (etwa: „trifft zu" / „trifft nicht zu" oder „$< \overline{x}$" / $> \overline{x}$").
Ein fiktives Beispiel: Bei einer Erhebung könnten negative und positive Einschätzungen zu einem Merkmal bei Männern und Frauen unterschiedlich verteilt sein:

	negativ	positiv	Summe
männlich	42	58	100
weiblich	49	51	100

Die Chance, dass ein männlicher Befragter positiv antwortet, kann als Odds 58 / 42 = 1,38 ausgedrückt werden. Für eine Frau betragen die Odds dagegen nur 51 / 49 = 1,04. Als Odds Ratio wird nun das Verhältnis dieser beiden Werte berechnet – und zwar so, wie es der Fragestellung entspricht. Wenn man z.B. die positiven Chancen von Frauen mit denen von Männern vergleichen will, setzt man die Odds der Frauen mit denen der Männer in Beziehung:

Odds Ratio (Chancen der Frauen im Vergleich zu Männern)
= Odds (Frauen) / Odds (Männer)
= 1,04 / 1,38 = 0,75

Wie man dieses Verhältnis beurteilt, ist natürlich nicht mehr eine Frage der statistischen Berechnung. Man muss sich dabei bewusst bleiben, wie dieser Wert zustandekommt: Ein Odds Ratio von 0,75 drückt aus, dass ein um den Faktor 0,75 geringeres Verhältnis der beiden Anteile (der „Odds") zu erwarten ist. Es wäre also nicht angemessen zu sagen, die Chance von Frauen mache nur 3/4 der Chance von Männern aus. Das würde den empirischen Werten von 51 zu 58 Prozent (vgl. obige Tabelle) nicht gerecht werden. Dieses Verhältnis könnte als *Relation der Erwartungswerte* berechnet werden:

Relation der Erwartungswerte für positive Einschätzungen
= Anteil der Frauen / Anteil der Männer
= 51 % zu 58 % = 0,88

Diese Relation wird dem Befund eher gerecht und sie ist anschaulicher: Die Chance von Frauen, positiv zu antworten, ist um den Faktor 0,88 geringer als bei Männern. In der Literatur werden Odds Ratios häufig als „Verhältnis der Chancen" referiert und entsprechend interpretiert. Dabei wird nicht mehr erkennbar, wie die Werte entstanden sind. Weil das Odds Ratio wenig transparent ist und zu Missverständnissen führen kann, rate ich davon ab, es zur Beschreibung von Verteilungen etc. verwenden.

Effektstärke (ES oder d-Wert)

Mit der *Effektstärke* wird ein Anhaltspunkt für die praktische Bedeutsamkeit einer beobachteten Differenz berechnet. Diese wird zur Standardabweichung der Daten (hier nicht zu verwechseln mit dem oben behandelten Standardfehler!) in Beziehung gesetzt. Wenn die Differenz zwischen zwei Teilgruppen größer ist als eine Standardabweichung, dann ist dies eher als inhaltlich bedeutsam einzuschätzen, als wenn die Differenz deutlich niedriger ist. Man bezeichnet die Effektstarke als *ES* und auch als *d-Wert* (von engl. „distance"). Die Effektstärke (für zwei Mittelwerte) ist definiert durch die Relation:

Effektstärke ES
= Differenz der Mittelwerte / Standardabweichung der Daten
= $(\bar{x}_1 - \bar{x}_2) / s(x)$

Als Standardabweichung sollte dabei jener Wert verwendet werden, der am besten die wahre, ursprüngliche Streuung repräsentiert – in einer experimentellen Studie also die der (unbeeinflussten) Kontrollgruppe.

Es gibt keinen verbindlichen Maßstab, nach dem die *Stärke der praktischen Bedeutsamkeit* zu beurteilen wäre. Vorgeschlagen wurde als Unterscheidung, dass eine ES bis 0,20 als „gering/klein", in der Nähe von 0,50 als „mittel" und ab 0,80 als „groß/stark" gewertet werden kann. Aber das sind allenfalls Anhaltspunkte. Es soll ja gerade darum gehen, die Bedeutung der Sache nach zu beurteilen! Im Zweifelsfall wird man sich also streiten können, ob eine ES von z.B. 0,50 „beachtlich", „relativ hoch" oder eigentlich doch nur „gering" ist, wenn man sich vergegenwärtigt, dass ES-Werte durchaus größer als 1,0 sein können. Die Entscheidung hängt hier in besonderer Weise von Erwartungen und Prioritäten ab. Deshalb sollte im Sinne einer kritischen Beurteilung und der Transparenz des Vorgehens vorab festgelegt werden, welche Größe die Effektstärke haben muss, wenn der Befund positiv beurteilt werden soll. Das würde verhindern, dass man sich im Nachhinein doch mit einem mäßigen Ergebnis zufriedengibt, obwohl es der Sache nicht gerecht wird.

Das Konzept der Effektstärke ist nicht sehr anschaulich. Man kann es aber verständlich machen, indem man die Verteilung der Daten heranzieht. Wenn die Daten dem Modell der Normalverteilung entsprechen, kann man die Prozentanteile dieser Verteilung (s.o.) heranziehen. Deren Werte kann man in entsprechenden Tabellen ablesen: Unterhalb oder oberhalb des Mittelwertes liegen jeweils 50 Prozent der Fälle,

zwischen dem Mittelwert und einer Standardabweichung liegen unterhalb und oberhalb jeweils etwa 34 Prozent aller Fälle, vom Mittelwert bis zu einer halben Standardabweichung sind es jeweils etwa 19 Prozent etc. Wenn man z.B. eine Teilgruppe mit der Gesamtgruppe vergleicht, dann kann man eine Effektstärke von ES = -0,50 so deuten, dass die Teilgruppe mit ihrem Mittelwert dort liegt, wo in der Gesamtgruppe der Prozentrang (s.o.) PR = 31 (wegen 50 minus 19 %) erreicht wird.
Wenn es nicht angemessen ist, die Normalverteilung zu unterstellen (z.B. bei ordinal skalierten Daten wie den Schulnoten), kann man sich auf die tatsächlich vorgefundene Verteilung der Daten beziehen. Bei der Differenz zwischen zwei Teilgruppen kann man deren Mittelwerte auf die Gesamtverteilung projizieren und die Bedeutung dieser Differenz danach beurteilen, wie viel Prozent der Fälle dort zwischen den entsprechenden Punkten liegen. Die Verteilung in der Gesamtgruppe muss dazu nicht standardisiert sein.

Aufgeklärte Varianz – Varianzanalyse

Ob mehrere unabhängige Variablen (Treatments oder Prädiktoren) mit einer abhängigen Variablen (einem Kriterium) in Beziehung stehen, kann durch eine *Varianzanalyse* (auch *an*alysis *o*f *va*riance, kurz ANOVA) geprüft werden. Dieses komplexe Verfahren hat im strengen Sinne viele Voraussetzungen (vor allem die Normalverteilung der Daten, s.o.). Es ist in der empirisch-statistischen Forschung sehr beliebt, weil mit seiner Hilfe Beziehungen zwischen verschiedenen Variablen in ihrer Stärke erkennbar werden bzw. geprüft werden können.
Man geht von der Annahme aus, dass die in den Messwerten eines abhängigen Merkmals (eines Kriteriums) beobachtete Variation mehr oder weniger, aber nicht vollständig, durch andere Merkmale (die Treatments) beeinflusst ist. Man möchte – z.B. in einer experimentellen Studie – herausarbeiten, wie stark solche Einflüsse sind. Es geht also wieder um Kausalbeziehungen. Das ist – wie schon mehrfach betont – mit Vorsicht zu betrachten, weil solche Annahmen nicht allein durch statistische Berechnungen überprüft werden können. Die Varianzanalyse liefert lediglich Kennwerte, mit denen die funktional-statistische Beziehung zwischen Prädiktoren und einem Kriterium beurteilt werden kann. Die Deutung muss sich auf theoretisch plausible Modelle beziehen.
Wenn Personen sich in der Ausprägung eines Merkmals unterscheiden, dann könnte dies häufig schon dadurch vorhergesagt werden, dass man weiß, zu welcher Teil-Gruppe diese Personen gehören. Man kann dann aus der Zugehörigkeit zu einer Gruppe *prädizieren* (schlussfolgern und vorhersagen), ob und wie stark ein abhängiges Merkmal wahrscheinlich im Durchschnitt vom gemeinsamen Mittelwert aller Fälle abweichen wird. Dieser Grundgedanke der Regression (s.o.) wird bei der Varianzanalyse auf die Beziehung zwischen mehreren Variablen angewendet.
Man versucht bei der Varianzanalyse, für die abhängige Variable jenen Anteil zu bestimmen, der auf die jeweils betrachteten unabhängigen Variablen bezogen werden

kann. Dieser Anteil wird erkennbar, wenn man bei dem Prädiktor-Merkmal Teilgruppen bildet und berechnet, wie stark bei ihnen die Kriteriumsvariable im Mittel ausgeprägt ist. Wenn sich die Mittelwerte solcher Teilgruppen unterscheiden, liegt es wahrscheinlich daran, dass das Kriterium bei den Angehörigen der verschiedenen Teilgruppen unterschiedliche Bedeutung hat. Die Differenz der Mittelwerte deutet man als Ausdruck eines Effektes, der von den Prädiktormerkmalen auf das Kriteriums-Merkmal wirkt. Man nennt diesen Anteil den *erklärten Anteil der Varianz* oder auch die *systematische Varianz*.

An einem *fiktiven Datensatz* (zur Unterscheidung von obigem Beispiel hier mit den Buchstaben E, F und G bezeichnet) soll dies anschaulich nachvollziehbar werden. Item G spielt hier die Rolle der abhängigen Variable:

i	e_i	f_i	g_i	$g_i - \bar{g}$	$(g_i - \bar{g})^2$
i=1	4	14	20	–20	400
i=2	4	17	30	–10	100
i=3	5	13	30	–10	100
i=4	5	16	40	0	0
i=5	7	17	40	0	0
i=6	7	13	50	10	100
i=7	8	16	50	10	100
i=8	8	14	60	20	400
Σ	48	120	320	0	1200
N = 8	$\bar{e} = 6$	$\bar{f} = 15$	$\bar{g} = 40$		$s(g)^2 = 150$

Der Mittelwert bei Item G ist $\bar{g} = 40$. Die Varianz aller Fälle um den gemeinsamen Mittelwert beträgt $s(g)^2 = 1200 / 8 = 150$; die Standardabweichung beträgt $s(g) = 12{,}25$.

Man möchte nun erkennbar machen, in welchem Maße Item G von den beiden Items E und F statistisch abhängig ist. Um dies zu erkunden, werden bei den unabhängigen Variablen E und F Teilgruppen gebildet und deren Mittelwerte bei der abhängigen Variable G berechnet. Im folgenden fiktiven Beispiel werden diese Gruppen danach gebildet, ob die Personen bei den Items E und F im Vergleich zu den Mittelwerten (nämlich $\bar{e} = 6$ bzw. $\bar{f} = 15$) niedrigere oder höhere Werte aufweisen. Wenn man dies auch für die Kombination beider Items tut, erhält man acht Gruppen. Deren *Teilgruppen-Mittelwerte bei Item G* sind in der folgenden Tabelle aufgeführt:

			Item E	
			$<\bar{e}$	$>\bar{e}$
			30	50
Item F	$<\bar{f}$	40	$<\bar{e}/<\bar{f}$ 25	$>\bar{e}/<\bar{f}$ 55
	$>\bar{f}$	40	$<\bar{e}/>\bar{f}$ 35	$>\bar{e}/>\bar{f}$ 45

An den unterschiedlichen Mittelwerten für Item G kann man erkennen, dass die Ausprägungen der Items E bzw. F offenbar einen Einfluss auf Item G haben.
Dieser Effekt *wäre vollständig deterministisch*, wenn alle Personen innerhalb der einzelnen Teilgruppen denselben Wert, also den jeweiligen Mittelwert hätten. Deshalb berechnet man für alle Personen der Teilgruppen die Varianz der Teilgruppen-Mittelwerte um den gemeinsamen Mittelwert aller Fälle. Diese Varianz würde für den Fall gelten, dass alle Personen innerhalb der Gruppen identische Werte, nämlich den Mittelwert, haben. Die Unterschiede zwischen den Gruppen wären vollständig von jenen Werten determiniert, nach denen die Teilgruppen gebildet worden sind. Man bezeichnet deshalb diese Varianz als die Varianz *zwischen* den Gruppen.
Im zweiten Schritt wird berücksichtigt, dass alle Personen innerhalb der Gruppen – entgegen der vorherigen Unterstellung – tatsächlich verschiedene Werte aufweisen. Deshalb werden jetzt auch die Varianzen *innerhalb* der einzelnen Gruppen berechnet. Dass die Berechnung dieser beiden Arten von Varianz aufschlussreich sein kann, soll am Beispiel deutlich werden.
In der folgenden Tabelle wird zunächst exemplarisch für alle Personen in den Teilgruppen $E<\bar{e}$ und $E>\bar{e}$ die *Varianz um den gemeinsamen Mittelwert aller Fälle* ($\overline{g}_g$ = 40) unter der fiktiven Unterstellung berechnet, dass innerhalb der Gruppen alle Personen als Messwert den Mittelwert $\overline{g}_{tg}$ aufweisen:

Gruppen	N	$\overline{g}_{tg}$	$\overline{g}_{tg}-\overline{g}_g$	$(\overline{g}_{tg}-\overline{g}_g)^2$	* N
$E<\bar{e}$	4	30	–10	100	400
$E>\bar{e}$	4	50	10	100	400
	8				Σ= 800

Die Varianz *zwischen* den Gruppen beträgt s_{zw}^2 = 800 / 8 = 100. Sie erfasst, wie stark die Werte bei Item G allein durch die Zugehörigkeit der Personen zu einer der beiden Teilgruppen beeinflusst sind. Diesen Anteil der Varianz bezeichnet man als den *Anteil der erklärten Varianz.* In Relation zur gesamten Varianz bei Item G beträgt dieser Anteil 100 von 150 = 66 %.
Nun haben aber keineswegs – wie es unterstellt wurde – alle Personen innerhalb dieser Gruppen den gleichen Messwert. Es besteht auch eine Varianz *innerhalb* der Gruppen. Für die beiden Gruppen sei dies exemplarisch berechnet. Die Mittelwerte bei Item G betragen für die beiden Teilgruppen für jeweils vier Fälle $\overline{g}_{tg}$ = 30 bzw. 50:

i	e_i	Abweichungen bei Item E	g_i	$\overline{g}_{tg}$	$g_i-\overline{g}_{tg}$	$(g_i-\overline{g}_{tg})^2$
i=1	4	–	20	30	–10	100
i=2	4	–	30	30	0	0
i=3	5	–	30	30	0	0
i=4	5	–	40	30	10	100
i=5	7	+	40	50	–10	100

i	e_i	Abweichungen bei Item E	g_i	$\bar{g}_{tg}$	$g_i - \bar{g}_{tg}$	$(g_i - \bar{g}_{tg})^2$
i=6	7	+	50	50	0	0
i=7	8	+	50	50	0	0
i=8	8	+	60	50	10	100
Σ=	48		320			Σ=400

Innerhalb der Gruppen beträgt die Varianz für alle Personen $s_{in}^2 = 400 / 8 = 50$. Das ist in Relation zur Gesamtvarianz von $s(g)^2 = 150$ ein Anteil von 33 %. Dies ist der Anteil der Varianz, der *nicht aufgeklärt* werden kann, wenn man die Personen nach der unabhängige Variable E in Gruppen einteilt. Man bezeichnet diesen Anteil als *Restvarianz* oder auch als *Fehlervarianz*. Durch welche anderen Merkmale dieser Anteil beeinflusst wird, ist an den Daten nicht erkennbar. Ein Anteil von 66 Prozent erklärter Varianz ist in sozialwissenschaftlichen Studien ungewöhnlich hoch (die fiktiven Daten waren hier so angelegt). Die Summe der aufgeklärten und der nicht aufgeklärten Varianzanteile ist jeweils mit der gesamten Varianz ($s(g)^2 = 150$) identisch, die für alle Personen berechnet worden war.
Zum Vergleich werden in der folgenden Tabelle die Varianzanteile für alle gebildeten Gruppierungen (ohne Dokumentation der Berechnung) aufgeführt:

Gruppen	Varianz zwischen den Gruppen s_{zw}^2	Varianz innerhalb der Gruppen s_{in}^2	Anteil der aufgeklärten Varianz an der Gesamt-Varianz
$E<\bar{e}$ vs.[9] $E>\bar{e}$	100	50	66 %
$F<\bar{f}$ vs. $F>\bar{f}$	0	150	0 %
$<\bar{e}$ / $<\bar{f}$ $<\bar{e}$ / $>\bar{f}$ $>\bar{e}$ / $<\bar{f}$ $>\bar{e}$ / $>\bar{f}$ im Vergleich	125	25	83 %

Es wird gut erkennbar, dass Item E einen deutlichen Einfluss auf Item G hat und mit 66 % einen erheblichen Anteil der Varianz aufklärt. Bei Item F ist dagegen gar kein Einfluss auf Item G erkennbar. Beide Items haben aber *gemeinsam* einen größeren Einfluss auf die abhängige Variable als Item E allein, nämlich 83 %. Zu deuten wäre dies dahingehend, dass Item F – abhängig von seiner negativen oder positiven Ausprägung – die Wirkung des Items E vermindert bzw. verstärkt. Im Vergleich zur alleinigen Wirkung des Items E gilt: Wenn die Items E *und* F schwächer (als der Mittelwert) ausgeprägt sind, sind bei Item G geringere Werte zu erwarten, bei stark ausgeprägtem E *und* F werden auch bei G höhere Werte auftreten. Ein solcher Zusammenhang wird als *Interaktion* bezeichnet (s.u.).
Nun möchte man auch hier gern wissen, ob ein solcher Befund „zufallskritisch" Bestand hat. Man möchte nur Ergebnisse beurteilen, die „statistisch signifikant"

9 vs. ist eine gebräuchliche Abkürzung für „versus" und bedeutet „im Vergleich" bzw. „gegen".

sind. Für die entsprechende Prüfung wird der so genannte *F-Bruch* oder *F-Wert* berechnet[10]. Man setzt die beiden Anteile der Varianz in Relation zueinander:

F = Varianz *zwischen* den Gruppen / Varianz *innerhalb* der Gruppen
= erklärte Varianz / Fehlervarianz

An dieser Relation ist erkennbar, in welchem Maße die abhängige Variable von der bzw. den unabhängigen Variablen beeinflusst wird. Bei einem Wert über 1,0 ist der Effekt des jeweiligen Treatments stärker als der Einfluss anderer Merkmale, bei einem Wert unter 1,0 ist die Fehlervarianz größer als die erklärte Varianz. Zur Prüfung der statistischen Signifikanz wird eine Tabelle der so genannten *F-Verteilung* herangezogen. Da es bei Varianzen keine negativen Werte geben kann, beginnt diese Verteilung bei 0,00. Sie ist zum Positiven hin offen.

Bei Varianzanalysen werden üblicherweise die folgenden *Werte* mitgeteilt:

- der Anteil der erklärten Varianz.
- die Freiheitsgrade df („degree of freedom“);
- die F-Werte für die Prädiktoren;
- die Zufalls-Wahrscheinlichkeit p für diese(n) F-Wert(e);

Für die drei oben berechneten Beispiele ergibt sich:

Gruppen	Anteil der erklärten Varianz	df Zähler (zwischen)	df Nenner (=innerhalb)	F-Wert	p
$E<\bar{e}$ vs. $E>\bar{e}$	66 %	1	3	2,0	n.s.
$F<\bar{f}$ vs. $F>\bar{f}$	0	1	3	0	–
$<\bar{e}$ / $<\bar{f}$ $<\bar{e}$ / $>\bar{f}$ $>\bar{e}$ / $<\bar{f}$ $>\bar{e}$ / $>\bar{f}$ im Vergleich	83 %	3	1	5,0	n.s.

Dass die Beziehungen in diesem Beispiel nicht zufallskritisch gesichert werden können, ist auf die geringe Fallzahl zurückzuführen.

Wenn sich eine Varianzanalyse auf Veränderungen zwischen zwei oder mehreren Zeitpunkten bezieht und dabei verschiedene Gruppen (z.B. in einem Experiment) betrachtet werden, wird in der Regel berichtet, ob und in welcher Weise die Wirkungen in einer *Interaktion* miteinander stehen. Dabei können drei Varianten unterschieden werden:

- Bei einer *parallelen Interaktion* verändert sich das abhängige Merkmal bei beiden Gruppen in gleichem Maße.

10 Die Benennung bezieht sich zu seiner Ehre auf den Erfinder des Verfahrens, den britischen Statistiker Sir Ronald *Fisher* (1890 bis 1962). Er hat diese „Verteilung der Varianz-Verhältniszahl“ aufgestellt. Es geht aber auch um die Fehleranteile.

• Bei einer *ordinalen Interaktion* ist die Veränderung in der Richtung gleich, aber in der Stärke unterschiedlich.
• Bei einer *disordinalen Interaktion* gehen die Veränderungen in gegensätzliche Richtung.
Im obigen Beispiel handelt es sich also um eine ordinale Interaktion.
Ein Problem kann sich bei diesem Verfahren daraus ergeben, dass – wie bei Korrelationskoeffizienten – nur lineare Beziehungen erfasst werden. Beziehungen, die dabei als nicht-effektiv erscheinen, können aber durchaus non-linear wirksam und bedeutsam sein.

Determinationskoeffizient (r^2)

Ein weiteres Verfahren, mit dem die Bedeutung einer Beziehung beurteilt werden soll, ist die Berechnung des *Determinationskoeffizienten r^2*. Dieses *Bestimmtheitsmaß* beruht auf dem gleichen Modell wie die Varianzanalyse. Ausgangspunkt ist der Korrelationskoeffizient r. Dieser gibt an, in welcher Relation die Standardwerte zweier Variablen zueinander stehen (s.o.). Durch das Quadrieren des r-Wertes erhält man einen Kennwert, der als Maß für die Stärke der Beziehung zwischen zwei Variablen aufgefasst werden kann. Er wird als *Anteil der erklärten Varianzen* bezeichnet.
Im Folgenden sollen als Beispiel die Items E und G aus dem zuvor verwendeten fiktiven Datensatz herangezogen werden:

i	e_i	$e_i - \bar{e}$	$(e_i - \bar{e})^2$	g_i	$g_i - \bar{g}$	$(g_i - \bar{g})^2$	$(e_i - \bar{e}) * (g_i - \bar{g})$
i=1	4	–2	4	20	–20	400	40
i=2	4	–2	4	30	–10	100	20
i=3	5	–1	1	30	–10	100	10
i=4	5	–1	1	40	0	0	0
i=5	7	1	1	40	0	0	0
i=6	7	1	1	50	10	100	10
i=7	8	2	4	50	10	100	20
i=8	8	2	4	60	20	400	40
Σ	48	0	20	320	0	1200	140
N = 8	$\bar{e}$ = 6		$s(e)^2$ = 2,5	$\bar{g}$ = 40		$s(g)^2$ = 150	cov = 17,5
			s(e) = 1,58			s(g) = 12,25	

Der Korrelationskoeffizient ergibt sich nach der oben zitierten Formel als

$$r(e,g) = cov(e,g) / [s(e) * s(g)]$$
$$= 17{,}5 / [1{,}58 * 12{,}25] = 17{,}5 / 19{,}36 = 0{,}904 \approx .91$$

Das Quadrat beträgt

$$r^2 = 0{,}904 * 0{,}904 = 0{,}817 \approx 0{,}82$$

Dieser Wert wird als Maß für die *Determination* eines Merkmals durch ein anderes interpretiert. Dies kann als Prozentanteil ausgedrückt werden. Man sagt dann: 82 Prozent der Varianzen stehen in Beziehung zueinander.

Bei der Beurteilung dieses Kennwertes darf der Begriff *Aufklärung* der gemeinsamen Varianz nicht als Erklärung im Sinne eines kausalen Zusammenhangs gedeutet werden. Wie bei der Korrelation geht es lediglich um eine rechnerisch-funktionale Beziehung. Dies ergibt sich schon daraus, dass die numerisch-funktionale Beziehung, wie sie durch r ausgedrückt wird, für beide Richtungen zwischen den Variablen gilt. Auch wenn die Bezeichnung sehr anspruchsvoll klingt: Beweisen kann der Determinationskoeffizient gar nichts! Kausale Beziehungen sind nur im Bezug auf eine theoretische Begründung und ein entsprechendes experimentelles Arrangement nachweisbar.

Drei *kritische Anmerkungen* sind mir an dieser Stelle wichtig:

- Mit den Kennwerten der aufgeklärten Varianz soll die Stärke einer Beziehung erfasst werden. Durch den Bezug auf durchschnittliche quadrierte Abweichungen (das ist ja die Definition der Varianz) sind die Kennwerte kaum anschaulich nachvollziehbar und in der Größenordnung irritierend, ja sogar verfälschend. Der Regressions- und der Korrelationskoeffizient machen klarer vorstellbar, wie stark bei zwei Merkmalen die Standardwerte miteinander in Beziehung stehen. Hier kann von einer Variable aus geschätzt werden, welche Werte bei der anderen (im Durchschnitt) auftreten werden. Dies ist anhand der aufgeklärten Varianz zwar auch möglich, wenn man die Abweichungs-Werte quadriert und am Ende wieder die Wurzel zieht. Es kommt nichts anderes dabei heraus, es ist nur unnötig umständlich und wenig anschaulich.
- Dass diese Konzepte wenig anschaulich sind, wird in der Literatur immer wieder daran erkennbar, dass der Anteil aufgeklärter Varianz mit merkwürdigen und häufig nicht zutreffenden Formulierung referiert wird: Oft wird dabei völlig ausgeblendet, dass man sich auf durchschnittliche *quadrierte* Abweichungen bezieht. Es heißt dann einfach, die „Streuung" werde zu einem bestimmten Anteil erklärt. Auch der Begriff „Variation" ist an dieser Stelle nicht korrekt. Laien denken dann vermutlich in Maßeinheiten der jeweiligen Skalen und wundern sich, dass der Effekt von der einen Variable auf die andere so gering sein soll. Im Sinne einer hermeneutischen Reflexion muss man sich also auch bei statistischen Argumenten bewusst machen, was die Begriffe eigentlich bedeuten!
- Die Konzepte der Varianzaufklärung und des Bestimmtheitsmaßes sind in der Forschung jenen, die sich auskennen, scheinbar fraglos vertraut geworden. Wenn man zur Kenntnis genommen hat, dass nach diesem Modell auch bei durchaus auffälligen Effekten nur niedrige Beträge zu erwarten sind, kann man sich daran orientieren. Ein aufgeklärter Varianzanteil von 10 Prozent gilt dann schon als respektabel. Gerechtfertigt wird die Bevorzugung dieses Modells u.a. damit, dass man die Prozentanteile mehrerer Prädiktoren addieren könne und in der Summe nicht mehr als 100 Prozent bekommen kann. Ob man deshalb die geringe Anschaulichkeit und die irritierend geringe Größenordnung, in der Varianzen erklärt werden in Kauf nehmen soll, sei dahingestellt.

8.4.3 Prüfung von Modellen: Mehrebenenanalyse

In empirischen Studien wird häufig davon ausgegangen, dass die zu untersuchenden Merkmale in kausalen Beziehungen zueinander stehen. Diese *Ebenen* werden als *hierarchisch lineares Modell* dargestellt. „Hierarchisch" ist dabei lediglich statistisch-funktional zu verstehen. Ob es bei eventuellen Abhängigkeiten um Macht oder gar Herrschaft geht, wäre eine inhaltliche, keine statistische Frage. Man spricht von *Mehrebenen-Modellen* und versucht, das Verhältnis der Ebenen zueinander anhand entsprechender Daten zu analysieren. Es wird unterstellt, dass die jeweils niederen Ebenen in den höheren als Elemente enthalten sind und von dort beeinflusst werden. Man *aggregiert* die Daten von einer Ebenen zur nächst höheren, die Ebenen werden *verschachtelt* oder *genestet*. So kann man z.B. von Einzelpersonen beginnend zu deren Familie, dann zur Großfamilie/Verwandtschaft etc. aufsteigen. Dabei muss eine theoretische Begründung plausibel machen, dass Merkmale der höheren, umfassenderen Ebene auf die untere Ebene wirken können. Man prüft dann, ob sich diese Modell-Annahme angesichts der erhobenen Daten bewährt. Man spricht auch von einem *Modell-fit*.

Zu ihrer Prüfung werden statistische Verfahren verwendet, die sich auf das Modell der Regression beziehen (eine kurze Beschreibung gibt Lüdtke 2009). Es geht letztlich um die Frage, ob von den unabhängigen Prädiktorvariablen Schlüsse auf eine oder mehrere abhängige Kriteriumsvariable(n) gezogen werden können. Es werden Variablen als Prädiktoren ausgewählt, deren Beziehungen zu einem anderen Merkmal, dem Kriterium, näher betrachtet werden sollen. Für dieses Kriterium wird der Mittelwert berechnet und es wird dann ermittelt, um wie viele Punkte auf der Messskala die Messwerte (im Durchschnitt) größer bzw. kleiner ausfallen, wenn bei den Prädiktor-Variablen die Messwerte um eine Standardabweichung vom dortigen Mittelwert abweichen. Bei dichotomisierten, so genannten *Dummy-Variablen* wird dies für die Ausprägungen 0 bzw. 1 berechnet. An den Differenzen kann man dann sehen, wie stark die unabhängigen Variablen das Kriterium beeinflussen.

Zur *statistischen Prüfung* wird geschätzt, mit welcher Wahrscheinlichkeit solche Veränderungen auch unter Zufallsbedingungen (also ohne Einfluss der Prädiktor-Variable) beobachtbar sein könnten. Schließlich wird berechnet, wie viel Prozent der Varianz des Kriteriums durch die Variablen erklärt wird, die in das jeweilige Modell einbezogen wurden. Solche Berechnungen werden meistens für verschiedene Modelle berechnet, in die Schritt für Schritt weitere oder andere Prädiktoren, ggf. auch auf verschiedenen Ebenen, einbezogen werden. Man kann dann erkennen, ob die verschiedenen Ebenen bzw. die ausgewählten Prädiktoren unterschiedliche Bedeutung haben. In der Regel wird durch komplexere Modelle mit mehreren Prädiktor-Variablen ein größerer Anteil der gesamten Varianz des Kriteriums aufgeklärt.

Wenn man die Stärke eines so ermittelten Effekts beurteilen will, muss man bedenken, dass ein hoher Maßstab angelegt ist: Der für das Kriterium berechnete Effekt ist erst dann zu erwarten, wenn die Prädiktor-Variable um eine ganze Standardabweichung größer bzw. niedriger ist als der Mittelwert der Merkmale. Der Effekt tritt also erst dann ein, wenn das Prädiktor-Merkmal stärker ausgeprägt ist als bei ca. 84 % bzw. geringer als bei ca. 16 % vergleichbarer Fälle (vgl. die Erläuterungen zur Normalverteilung). Wichtiger als dieser absolute Betrag ist bei Mehrebenenanalysen jedoch der Vergleich zwischen den verschiedenen Variablen und zwischen den verschiedenen theoretischen, zu prüfenden Modellen. Es soll deutlich werden, welche Merkmale einen vergleichsweise größeren oder geringeren Einfluss auf das Kriterium haben.

Berechnet werden im Grunde – manchmal in komplexeren Varianten – Regressionskoeffizienten, die in standardisierter Form als *β-Koeffizienten* ausgedrückt werden. Sind diese ß-Werte kleiner als 1,0, dann ist beim Kriterium eine unter dem Mittelwert liegende Ausprägung zu erwarten, sind sie größer als 1,0, ist eine stärkere Ausprägung zu erwarten. Häufig wird stattdessen oder zusätzlich angegeben, um wie viele Skalenpunkte der Wert des Kriteriums unter dem Einfluss des Prädiktors von jenem Mittelwert abweichen wird, der ohne Einfluss eines Prädiktors zu erwarten wäre.

Bei Mehrebenenanalysen besteht eine schwierige Aufgabe darin, die *Reihenfolge* zu begründen, in der die Variablen in die Entwicklung des Mehr-Ebenen-Modells einbezogen werden. Hier gilt sozusagen „Wer zuerst kommt, mahlt zuerst!“. Für die späteren bleibt dann häufig nicht mehr viel aufzuklärende Varianz übrig, weil diese von den früheren bereits absorbiert worden ist. Dies ist vor allem dann möglich, wenn die Prädiktorvariablen nicht trennscharf sind und ähnliche Aspekte beinhalten (wie z.B. das Geschlecht und Interessen). Wichtig ist es also bei komplexen, hierarchisch gedachten Modellen, dass die zugrundegelegten und zu prüfenden Annahmen sorgfältig durchdacht und transparent gemacht werden.

Kausalmodelle dieser Art strahlen eine nicht unerhebliche *Suggestivität* aus. Die Befunde und Deutungen erscheinen leicht als so plausibel, dass Forschende wie Rezipienten vereinnahmt werden und nicht mehr kritisch distanziert urteilen. Dies ist m.E. nicht zu unterschätzen. Um dem vorzubeugen, sollte korrekterweise davon gesprochen werden, dass Varianzanteile „erfasst“ oder „beschrieben“ werden, nicht jedoch, dass ein Effekt im Sinne einer Kausalbeziehung „erklärt“, „aufgeklärt“ oder gar „bewiesen“ würde. Die Bezeichnung „gebundene Varianz“ könnte den Eindruck wecken, dass es um eine kausale Beziehung geht. Auch von „Verhaltensdetermination“ sollte im strengen Sinne nicht gesprochen werden. Insofern ist auch der Begriff „Effekt“ mit Vorbehalt zu versehen. Ob die beobachteten „Effekte“ tatsächlich als kausal interpretiert werden dürfen, ist letztlich nur dann zu prüfen, wenn die Daten sich auf experimentelle Bedingungen beziehen.

9 Perspektiven

Wer eine Einführung durchgearbeitet hat, sollte sich in dem Feld, um das es geht, orientieren können. Das ist bei Methoden pädagogischer Forschung nicht ganz einfach, weil etliche Begriffe nicht trennscharf definiert sind und auch nicht ohne Weiteres genauer gefasst werden können. Häufig scheinen – wie in der alltäglichen Kommunikation (s.o.) – Reviere abgegrenzt zu werden, die man starkmachen und gegenüber anderen Orientierungen verteidigen möchte. Das kann zu wechselseitigen Unterstellungen und verkürzenden Darstellungen führen.
Ich möchte in diesem Kapitel solche alternativen, sich ausschließende Begrifflichkeiten relativieren und aufzeigen, wie eng sie im Grund miteinander zu tun haben. Ich möchte zeigen, dass die scheinbar abgrenzenden Begriffe viel mehr Gemeinsames implizieren, als die Worte auszudrücken scheinen.

9.1 Konzeptionelle Grenzen und Gemeinsamkeiten

Immer wieder wurde und wird versucht, solche Gegensätze zu überwinden, sich wechselseitig Respekt zu bezeugen und die Ergebnisse der anderen mehr oder weniger wohlwollend zur Kenntnis zu nehmen.[1] Die wechselseitige Skepsis bleibt aber doch spürbar. Es ist m.E. an der Zeit, diese unproduktive Abgrenzung zu überwinden und die Protagonisten sozusagen aus ihren Festungen herauszulocken. Das ist allerdings nicht ganz einfach, denn beide Seiten können mit guten konzeptionellen Gründen und mit Hinweisen auf beeindruckende Beispiele zeigen, wie produktiv das eigene und wie begrenzt das andere Vorgehen ist. Dabei ist es immer möglich, etwas als Defizit einzuklagen, was bei einer Untersuchung auch noch hätte sinnvoll sein können, was aber einfach aus pragmatischen Gründen nicht geleistet werden konnte.
Besonders pointiert wurde diese Differenz zwischen hermeneutisch und empirisch orientierten Konzepten herausgearbeitet. Ähnliche Unterschiede werden zwischen qualitativen und quantitativen Ansätzen betont. Diese erkenntnistheoretischen und methodologischen Positionen sollen zunächst kurz und durchaus zugespitzt noch einmal herausgestellt werden:

- *Hermeneutisch-qualitative Konzepte* betonen in ihrem Selbstverständnis die Orientierung am Einzelnen. Sie wollen die Einmaligkeit der Prozesse verstehen. Es wird im Prinzip kein Anspruch erhoben, dass daraus Folgerungen für andere Situationen und Personen abgeleitet werden können. Das sei lebensnäher, authentischer, flexibler. Sie benutzen deshalb eher „weiche", „geisteswissenschaftliche" Methoden,

1 Vgl. z.B. zum Verhältnis von eher prinzipieller Allgemeiner Didaktik und empirisch orientierter Lehr-Lern-Forschung Arnold u.a. 2009.

betrachtet werden vor allem abgeschlossene, einmalige Prozesse. Man versuche, diese einfühlsam nachzuerleben. Die Deutungen seien ganzheitlich und gingen zugleich in die Tiefe.

- *Empirisch-quantitative Konzepte* wollen Gesetze herausarbeiten, mit denen beobachtete Sachverhalte erklärt werden können. Sie beschäftigen sich mit andauernden bzw. wiederholt ablaufenden Prozessen und wollen zukünftige Ereignisse vorhersagen können. Sie arbeiten mit eindeutig definierten Kategorien und nachvollziehbaren Methoden, die sich an Konzepten der Naturwissenschaften orientieren. Die Befunde seien detailliert und beschränkten sich auf beobachtbare Sachverhalte. Es sei dabei prinzipiell nicht möglich, theoretische Aussagen endgültig zu beweisen, man könne nur versuchen, falsche Annahmen zu *falsifizieren*.

Auf dem Hintergrund der eigenen methodologischen Konzepte und deren Stärken werden in der Kritik an der jeweils anderen Seite deren Nachteile abgeleitet:

Gegen die Hermeneutik wird u.a. vorgebracht:

- Wenn an einem Fall nur das Einmalige herausgearbeitet und „verstanden" ist, könne das nicht auf andere Situationen angewendet werden.
- Die Hermeneutik verweigere die Überprüfung ihrer Aussagen an der Wirklichkeit, sie beziehe sich auf Texte und damit immer schon auf Aussagen *über die Wirklichkeit* und nicht auf die Wirklichkeit selbst.
- Weil Autor und Interpret sich auf den ihnen vertrauten „objektiven Geist" beziehen, seien sie in diesem Kontext *gefangen* und könnten diesen nicht überschreiten. Deshalb könnten sie nicht erkennen, was darin möglicherweise falsch, Ideologie oder affirmativ sei.
- Die Hermeneutik sei konservativ und anti-aufklärerisch: Sie reproduziere und bestätige lediglich immer wieder das vorab vorhandene Verständnis und schütze damit die gängigen Deutungen und Dogmen vor Kritik.
- Die Hermeneutik könne nur immer wieder herausarbeiten, was von anderen in einen Text hineingelegt worden sei; sie habe kein Kriterium, an dem sie den Wahrheitsgehalt der Texte messen könne; sie prüfe immer nur die Güte der Interpretation; Hermeneutik müsse sich im Kreis bewegen.
- Man könne hermeneutische Verfahren allenfalls dazu benutzen, für eine Fragestellung mögliche theoretische Deutungen und Hypothesen zu entwerfen. Überprüft werden müssten diese aber empirisch.
- Man könne „Verstehen" nicht von „Erklären" abgrenzen, weil der Prozess des Verstehens selbst in seiner Gesetzmäßigkeit „erklärt" werden müsse.
- Die Hermeneutik befasse sich mit einem spezifischen Gegenstandsbereich. Das rechtfertige aber keine eigene Methodologie.

Gegen die Empirie wird u.a. vorgebracht:

- Das historisch und situativ Einmalige könne man nicht in Gesetze und Regelmäßigkeiten zwängen. Tiefere Bedeutungen erschlössen sich nicht über die Betrachtung messbarer Fakten.

- Man könne einen ganzheitlichen, „holistischen" Zusammenhang nicht „atomistisch" zergliedern.
- Ein „positivistisch halbierter Rationalismus" gestehe wissenschaftliche Würde nur den Erscheinungen des Faktischen zu.
- Das Individuelle sei im „Durchschnitt" oder im „Cluster" nicht mehr erkennbar.
- Die ästhetische und emotionale Dimension der Persönlichkeit dürfe nicht der Messbarkeit geopfert werden. Das Gleiche gelte für moralische Probleme.
- Man könne Phänomene und ihre Bedeutungen, ihren „Sinn" nicht mathematisch-quantitativ erfassen. Das sei – wie man polemisch sagte – „Fliegenbeinzählerei".
- Mit dem Rückzug auf das in der Wirklichkeit Beobachtbare und Messbare könne die Empirie immer nur feststellen, was in der zurückliegenden Entwicklung mehr oder weniger zufällig oder als Ausdruck bestimmter Herrschaftsinteressen Realität geworden sei. Damit lasse sie herrschende Verhältnisse als die einzig möglichen erscheinen; Empirie sei affirmativ und ideologisch.
- Historische Entwicklungen seien als einmalig zu sehen; wesentliche Zusammenhänge seien nur in einem mühsamen Prozess zu verstehen, der wesentlich Elemente der Intuition enthalten müsse.

In der Unterscheidung zwischen „qualitativer" und „quantitativer" Forschung werden die Unterschiede tendenziell mit *Bewertungen* verbunden: Die einen beanspruchen, eine Sache in ihrem eigenen Wesen, ihren tieferen Sinn qualitativ erkennen zu können. Dabei weckt der Begriff „qualitativ" die Assoziation, dass es um etwas qualitativ Besseres geht, was auf der Ebene des Messbaren nicht erfasst werden könne. Nach quantitativen Konzepten wird dagegen beansprucht, die Dinge in ihrer Ausprägung genauer und intersubjektiv nachvollziehbar zu machen, es werde genauer definiert, was gemeint ist, und man könne besser einschätzen, auf welche Situationen eine Interpretation im Sinne einer Gesetzmäßigkeit angewendet werden kann.
Kann wirklich nur nach dem einen *oder* nach dem anderen Konzept verfahren werden? Fallen die Vorwürfe an die gegnerischen Konzepte nicht auch auf die eigene Praxis zurück? Gibt es Forschungsgegenstände und Forschungsfragen, die nur auf die eine oder die andere Weise sinnvoll bearbeitet werden können? Bleiben nicht immer Fragen offen, die empirisch *oder* hermeneutisch, qualitativ *oder* quantitativ nicht zu Ende bearbeitet werden können?
Es gilt inzwischen als anerkannt, dass die scharfen Abgrenzungen überwunden werden sollten. Man anerkennt, dass man sich ergänzen muss (vgl. unten das Stichwort „Triangulation"). Dabei bleiben aber nach meinem Eindruck die wechselseitigen Vorbehalte unterschwellig bestehen. Wenn es denn sein muss (und „Mode" ist), kann man sich ja ergänzen – aber integriert zu kooperieren, scheint kaum möglich.

Ich möchte in dieser Einführung versuchen, zwischen den gegnerischen Bereichen zu vermitteln und aufzuzeigen, dass die wechselseitige Öffnung für beide Seiten nützlich sein kann und erkenntnistheoretisch sogar möglich und Not–wendig ist. Ich knüpfe damit an den schon erwähnten Appel an, den mein Doktorvater *Heinrich Roth* mit der Sentenz formuliert hatte, dass erst eine Ergänzung um empirische Methoden die Hermeneutik „dazu inaugurieren werde, Ideen in Erkenntnisse zu verwandeln". Zugleich war ihm dabei wichtig, dass pädagogische Forschung auf die Zielsetzungen einer emanzipatorischen Persönlichkeitsentfaltung gerichtet sein müsse. In diesem Sinne sollen die folgenden Hinweise aufzeigen, dass und warum diese Verbindung möglich und nötig ist.

Die Abgrenzung des hermeneutischen *Verstehens* von empirischem *Erklären* ist theoretisch und aus der historischen Situation ihrer Generierung verstehbar: Historische Entwicklungen sind einmalig, sie wiederholen sich nie in genau der gleichen Erscheinungsform. Aber sollte man nicht doch versuchen, in einem als einmalig gedeuteten Ereignis solche Elemente, Dimensionen oder Kräfte zu erkennen, die auch in anderen Situationen – wenn auch vermutlich in anderen Konstellationen – wirksam sein könnten? Wenn ähnliche Beobachtungen in verschiedenen Situationen wiederholt gemacht werden, wird man doch mit aller Vorsicht daraus induktiv eine Regelhaftigkeit ableiten können. Dass man aus der Geschichte nicht lernen könne, dürfte zutreffen, wenn man eindeutige Ableitungen erwartet. Aber versuchen wir nicht doch – wenn ich ein besonders bedrückendes Beispiel nennen darf –, aus dem Faschismus zu lernen? Und soll uns die Geschichte von Erziehung und Bildung nicht Hinweise darauf geben, wie solche Prozesse gestaltet werden sollten, wenn man bestimmte Effekte erreichen bzw. (Fehl-)Entwicklungen verhindern möchte?

Umgekehrt dürfte es legitim sein, von der empirisch orientierten Forschung zu erwarten, dass sie nach den Bedeutungen ihrer Befunde fragt. Empirisch-quantitative Befunde müssen gar nicht immer auf überdauernde Gesetzmäßigkeiten hin angelegt sein. Auch eine repräsentative quantitative Studie ist zunächst nicht mehr als eine Momentaufnahme. Ob korrelative oder kausale Beziehungen, die man an bestimmten Daten herausarbeiten konnte, für andere oder gar alle vermeintlich vergleichbaren Situationen gelten, ist im Sinne der externen oder ökologischen Validität keineswegs sicher. Spätestens an dieser Stelle ist darüber zu reflektieren, welche besonderen Merkmale in der Untersuchungssituation wirksam gewesen sein könnten.

Pointiert könnte man die wechselseitigen Bedeutungen so fassen:

- Man kann singuläre Ereignisse um so besser *verstehen*, je vielfältiger man in das komplexe Gefüge von Ursachen und Wirkungen (und deren Wechselwirkungen) eindringt. Und man versteht um so mehr, je besser man das Situative auch auf allgemeine, gesetzmäßige Zusammenhänge oder auch nur probabilistische Vermutungen beziehen und dadurch erklären kann.

- Man kann wiederkehrende Ereignisse um so besser *erklären*, je genauer man darauf achtet, welche situativen Besonderheiten jenen Anteil aufklären, der nicht schlüssig auf generelle Gesetzmäßigkeiten zurückgeführt werden kann und bei statistischen Analysen als unaufgeklärte Varianz im Dunkeln verbleibt. Eine Erklärung ist um so besser, je mehr die situativen Konstellationen in ihrer *Kontingenz* verstanden werden.

Also ergibt sich – wenn man die traditionelle begriffliche Unterscheidung von Verstehen und Erklären verwenden will – als *das Gemeinsame* von Hermeneutik und Empirie: Verstehen sucht nach Erklärungen, Erklärungen ermöglichen Verstehen. Und wenn man den Gegensatz von Verstehen und Erklären mildern oder gar überwinden will, könnte man sagen: Was man verstanden hat, kann man auch erklären, und Prozesse kann man erst erklären, wenn man sie verstanden hat.

Qualitative Forschung wird gelegentlich als *interpretativ* bezeichnet. Das ist als Beschreibung sicher zutreffend, aber als Kriterium der Abgrenzung zur empirischen Forschung erscheint es mir anmaßend. Und es ist möglicherweise sogar problematisch, mit dieser Abgrenzung die Vorstellung zu verbinden, die empirische Forschung betreibe eine „reine", von Personen und ihren Interpretationen unabhängige Form der Erkenntnis. Schon die Auswahl eines Forschungsgegenstandes beruht auf einer Interpretation der Forschungslage bzw. des pädagogischen Erkenntnis- und Handlungsbedarfs. Ob etwas Bestimmtes zur Forschung ausgewählt wird, ergibt sich nicht aus wertneutralen Sachzwängen, sondern aus *subjekthaften Entscheidungen*. Auch bei der operationalen Definition von Merkmalen werden bestimmte Aspekte einbezogen und andere ausgegrenzt. Und wenn am Ende empirisch-statistische Befunde interpretiert werden, spielen pädagogische und/oder politische Orientierungen mehr oder weniger bewusst eine Rolle. Und das ist auch gut so, denn pädagogische Forschung soll dazu beitragen, dass Kinder und Jugendliche unter immer besseren Bedingungen aufwachsen können. Ob dies den normativen Kriterien entspricht, die man mit dieser Zielsetzung verbindet, ist interpretativ zu klären. Kurz: Interpretation ist kein Privileg der qualitativen Forschung.

Kontrovers diskutiert wird der methodologische Stellenwert eines *synthetischen* oder eines *analytischen* Vorgehens, also eines *induktiven* Schließens im Gegensatz zu einem *deduktiven* Ableiten. – Diese Gegensatzpaare sind keineswegs synonym mit den beiden großen Konzepten, sondern sie sind innerhalb beider Konzepte virulent:

In hermeneutisch orientierten Konzepten ist der Ansatz des Vorverständnisses und des hermeneutischen Zirkels im Grunde als *analytisch* zu verstehen. Ein Text wird in seinen einzelnen Elementen, Begriffen, syntaktischen Merkmalen etc. genauer betrachtet, um das Vorverständnis prüfen, vertiefen und ggf. weiterentwickeln zu können. Das Konzept der Phänomenologie kann dagegen als *synthetisch* bezeichnet werden: Die möglichst unvoreingenommene Betrachtung einer Sache soll nach und nach die Elemente einer späteren ganzheitlichen Deutung hervorbringen.

In empirisch orientierten Konzepten kann die so genannte Tatsachenforschung als *induktiv* verstanden werden. Wiederholte Beobachtungen und Deutungen der gleichen oder gar derselben Ereignisse sollen zu einem theoretischen Befund generalisiert werden. Dagegen setzt der kritische Rationalismus auf eine *deduktive* Konzeption: Man müsse aus umfassenden Vermutungen kleinere Einheiten ableiten, um sie kritisch an der Wirklichkeit prüfen zu können. Nun wäre allerdings eine Forschung im Sinne des kritischen Rationalismus in ihrer Wirkung begrenzt, wenn aus den Ergebnissen der *Hypothesen-Prüfung* keine Schlüsse gezogen würden. Man möchte doch wissen, ob eine Theorie beibehalten werden kann und wie weit man ihr im Handeln folgen soll. Das ist nur möglich durch Schlussfolgerungen, die einen *induktiven Charakter* haben. So wird man z.B. nach der ggf. wiederholten Erfahrung, dass eine Hypothese sich manchmal bewährt und manchmal falsifiziert wird, versuchen, dies mit Ausnahme-Regeln verständlich zu machen und diese in eine komplexere Theorie zu integrieren. Solche Entwürfe werden gelegentlich als *Abduktion* bezeichnet und diskutiert (vgl. Meyer 2009). Dass solche Entwürfe dann wieder kritisch, also deduktiv-analytisch geprüft werden müssten, wäre dabei selbstverständlich. – In entsprechender Weise werden induktive Konzepte sich der erkenntnistheoretischen Herausforderung des kritischen Rationalismus stellen und akzeptieren müssen, dass ihre synthetisch entwickelten theoretischen Konzepte analytisch an der Wirklichkeit zu überprüfen sind.

Damit kann der Stellenwert des *Falsifikationsprinzips*, wie es vom kritischen Rationalismus formuliert worden ist, übergreifender verortet werden. Im Grunde ist es der hermeneutisch orientierten Forschung bereits implizit: Der hermeneutische Zirkel beinhaltet diese Aufforderung zur kritischen Prüfung am Detail bereits als wesentliche Komponente. Allerdings ist in der Forschungspraxis die Versuchung groß, dass man seine Vermutungen durch entsprechende Beobachtungen bestätigt sieht und plausiblen Schlussfolgerungen erliegt. Ohne solche induktiven Schlüsse wird man nicht auskommen können, aber sie müssen im Sinne wissenschaftlicher Ansprüche immer wieder konsequent der Überprüfung zugänglich gemacht werden. Auch Hermeneutik kann nicht beweisen, dass ein bestimmtes Vorverständnis wahr ist und trotz aller Prüfungen wahr bleibt. Auch hermeneutische Analysen müssen versuchen, mögliche falsche Annahmen an konkretem Material zu widerlegen.

Am Verhältnis zwischen dem *Ganzen* und den *Details* soll dies noch einmal deutlich werden: Nach dem Konzept der strengen Empirie soll sich der Erkenntnisprozess strikt an Details halten und mit *All-Aussagen* zumindest sehr vorsichtig sein. Allerdings steht dabei im Prinzip am Anfang das Ganze, nämlich eine mehr oder weniger umfassende Theorie. Erst die deduktiv abgeleiteten Hypothesen sollen sich auf prüfbare Details beziehen und an der Erfahrung scheitern können. Die dabei gewonnenen Erkenntnisse müssen aber wieder in das Ganze zurückgeführt und dort interpretiert und integriert werden. Ohne diesen Versuch blieben Details unvollständig, ohne Zusammenhang untereinander und in ihrer Summe zufällig. In beiden Bereichen ist pädagogische Reflexion unerlässlich. Eine Ebene allein ist nach wissenschaftlichen Anforderungen und nach Erwartungen der pädagogischen Praxis unzureichend!

Auch ob Forschung *kritisch* oder *affirmativ* agiert, folgt nicht automatisch aus den jeweils verwendeten Methoden, sondern aus dem theoretisch fundierten Bewusstsein. Wer zu einer bestimmten Sache vor allem Bestätigungen für seine Erwartungen sucht, wird wenig Neues finden. Wer *linear*, ohne nach rechts und links zu blicken, nur ein bestimmtes Ziel vor Augen hat, den können weder hermeneutische noch empirische Methoden von seinem eingeschlagenen Weg abbringen. Wer Hypothesen formuliert, deren Gültigkeit er unterstellt bzw. erhofft, wird durch die erkenntnistheoretisch-kritischen Ansprüche des kritischen Rationalismus nicht dazu gezwungen, sie zu falsifizieren. Er wird ggf. intensiv nach Erklärungs-Möglichkeiten suchen, die auch angesichts widriger Befunde die theoretischen Annahmen retten sollen.

Zuspitzen kann man dies in der Forderung, dass Beobachtungen jeglicher Art – also Worte in einem Text, Daten zu einem Merkmal – nicht voreilig einer vorab formulierten oder unbewusst eingebrachten Deutung unterworfen, ihr nicht *subsumiert* werden. Aber das ist als Prinzip leichter gesagt, als dass es methodisch umgesetzt werden kann. Auch Forscher sind nicht vor der menschlichen Versuchung gefeit, recht haben zu wollen. Mängel in dieser Hinsicht beruhen nicht auf Mängeln der methodologischen Konzepte oder der konkreten Methoden, sondern auf einem begrenzten Problembewusstsein deren, die Methoden anwenden. Das gilt insbesondere für die im Sinne der *Kritischen Theorie* geforderte Frage nach Herrschaftsverhältnissen, für die Verknüpfung von Interesse und Erkenntnis sowie für die Frage nach Alternativen zur herrschenden Praxis. Der damals im *Positivismusstreit* beklagte blinde Fleck war nicht eine Folge hermeneutischer oder empirischer Methoden im Sinne von Techniken als vielmehr eine theoretische Engführung im Bewusstsein derer, die damals geforscht haben.

Wichtiges Hilfsmittel gegen die Wirkung solcher Vor-Urteile bzw. Einschränkungen ist die *wissenschaftliche Kritik*. Dabei geht es zum einen um die Prüfung, ob die Methoden in technischer Hinsicht korrekt angewendet worden sind. Sind z.B. bei einer hermeneutischen Analyse die relevanten Texte vollständig herangezogen worden, wurden statistische Kennwerte korrekt berechnet, werden die verwendeten Daten vollständig referiert etc.? Darüber hinaus geht es um die Frage, ob die interpretierten Daten und Texte transparent dokumentiert wurden und ob die dabei getroffenen Entscheidungen nachvollziehbar sind. Erst dann kann geprüft werden, in welchem Maße vorgängige Erwartungen und Wertentscheidungen eingeflossen sind. Ggf. ist dann eine Sekundäranalyse angezeigt, in der überprüft wird, ob die Befunde Bestand haben oder von Erwartungen beeinflusst sein können.

Schließlich möchte ich auf das Verhältnis von *Pädagogik und Erziehungswissenschaft* zurückkommen. Man kann die beiden Begriffe synonym verstehen oder mit ihnen eine Schwerpunktsetzung verbinden: Pädagogik wäre dann für die Praxis und das Normative zuständig, während die Wissenschaft „sine ira et studio“ um die Wahrheit bemüht sein soll. – Eine solche Gegenüberstellung wäre aber problematisch, weil – wie gesagt – beide Perspektiven auf das jeweils andere angewiesen sind, wenn sie zu Ergebnissen kommen wollen, die theoretisch tragfähig sind bzw. in der Praxis weiterhelfen können. Dass solche Brückenschläge gesehen werden, deutet sich z.B. darin an, dass es eine Zeitschrift „Empirische Pädagogik“ gibt und zum anderen ein Handbuch über „Qualitative Forschungsmethoden in der Erziehungswissenschaft“. Man kann also offenbar in der Pädagogik (auch) empirisch arbeiten und offenbar braucht man in der Erziehungswissenschaft (auch) hermeneutisch-qualitative Verfahren.

9.2 Methodologische Folgerungen

Was folgt aus diesen Überlegungen? – Man sollte den prinzipiellen Streit konsequent zu den Akten legen. Stattdessen sollten in beiden Bereichen die erkenntnistheoretischen Konzepte und die daraus folgenden methodologischen Anforderungen an jegliche wissenschaftliche Argumentation in den Vordergrund rücken.
Zum einen kann es wichtig und hilfreich sein, genauer zu klären, welchen Realitäts-Status (s.o.) eine Aussage hat: Handelt es sich um etwas *Gegebenes*, mit dem wir uns abfinden müssen oder auf das wir uns verlassen können? Oder ist etwas nur *gestaltet* und im Prinzip veränderbar? Zum anderen ist zu prüfen, ob wir uns in der Einschätzung des Realitäts-Status täuschen: Ist etwas, das wir für veränderbar halten (möchten), im Sinne *sozialer Realität* so wirk-mächtig geworden, dass es nicht oder allenfalls mit erheblichem Kraft- und Kostenaufwand bei problematischen Nebenwirkungen beeinflusst werden kann? Sollten entsprechende Vorbehalte im Prinzip immer angemeldet und bedacht werden? Wir haben aber kein Kriterium, nach dem entschieden werden kann, welcher Ebene von Realität ein Phänomen zuzuordnen ist, und mit keiner Methode kann endgültig geklärt werden kann, wie wirklich das, was als plausibel erscheint, tatsächlich ist.
Deshalb ist noch einmal grundsätzlich die *Vorläufigkeit* wissenschaftlicher Aussagen zu betonen und für mehr Bescheidenheit und Vorsicht zu plädieren. Wissenschaftliche Aussagen sind zunächst einmal nicht mehr als Beiträge zur gesellschaftlich-öffentlichen Kommunikation. Und diese ist prinzipiell zunächst keineswegs rein und edel, sondern von Begrenzungen und Verzerrungen bedroht. Im emphatischen Sinne steht *Kommunikation* allerdings unter dem Anspruch, dass die Partner sich offen, gleichberechtigt und wahrhaftig über Erfahrungen, Deutungen, Ziele und Wege verständigen. Dies ist nicht allein durch guten Willen zu gewährleisten. Im wissenschaftlichen Diskurs wird deshalb verlangt, nachvollziehbar und kritisierbar zu machen, wie verfahren wurde und wie Deutungen etc. zustande gekommen

sind. Nur dies hebt wissenschaftliche Argumentation über das alltägliche Reden hinaus.

9.2.1 Das Besondere pädagogischer Fragestellungen

Wenn die Rede von *pädagogischer* Forschung als Abgrenzung berechtigt sein soll, dann ist deren spezifische Funktion zu bestimmen. Mit anderen Disziplinen der Human- und Sozialwissenschaften bestehen sicher viele Gemeinsamkeiten. Pädagogische Situationen sind aber in besonderer Weise durch die *Intentionalität* der Handelnden beeinflusst. Erfahrungen, Zielsetzungen und Mutmaßungen spielen eine große Rolle. Dies ist methodisch nur schwer zu erfassen und muss doch auch methodisch fundiert in den Blick genommen werden, wenn pädagogische Prozesse verständlich werden sollen.

Ein weiteres besonderes Merkmal des pädagogischen Handlungsfeldes besteht in seinem *Prozesscharakter*. Deshalb ist es problematisch, von den konkreten Bedingungen des Handelns zu abstrahieren. Das Dilemma besteht aber darin, dass Forschung sich prinzipiell aus der Einbindung in Handlungssituationen lösen und Distanz gewinnen muss, wenn sie nicht den Selbstdeutungen der Handelnden erliegen will. Diese *Balance zwischen einfühlendem Begleiten und distanzierter Analyse* kann deshalb als ein spezifisches Merkmal pädagogischer Forschung benannt werden.

Schließlich soll pädagogische Forschung für *konkretes Entscheiden und Handeln* relevant werden können. Erziehungswissenschaftliche Reflexion soll dazu beitragen, professionelles Handeln im Sinne der betreuten oder begleiteten Personen zu optimieren. Dazu sind differenzierte Analysen in einem breiten Spektrum erforderlich, das von allgemeinen, durchaus abstrakten normativen Zielsetzungen bis zu detaillierten Analysen der tatsächlichen Prozesse und der genauen Prüfung der entstandenen Effekte reichen muss. Das sind verschiedene, unterscheidbare Aufgaben, die eine Arbeitsteilung nahelegen, aber sie dürfen sich dem Bezug auf „das Ganze" des genannten Spektrums nicht verweigern.

Pädagogische Forschung kann also um so mehr für sich ein Spezifikum beanspruchen, wenn es ihr gelingt, die komplexen, in vielen Dimensionen ständig intentional veränderten bzw. sich unter der Hand verändernden Bedingungen und situativen Kontexte des Aufwachsens transparent zu machen, Trends aufzuzeigen und Entwicklung womöglich zu prognostizieren. Damit kann sie die professionelle Reflexion wie das daraus folgende Handeln bereichern. Unter dieser Perspektive wird es ihr auch gelingen, sich (wieder) aus der Umklammerung durch sozialwissenschaftliche und psychometrische Konzepte zu lösen, die sich theoretisch und methodisch allzu eng auf das Messen konzentrieren.

9.2.2 Folgerungen für die Hermeneutik

Umgekehrt ist allerdings von der hermeneutisch-interpretativ orientierten Forschung zu fordern, dass sie ihr Konzept des „hermeneutischen Zirkels" konsequent(er) als *kritischen Prozess* versteht und praktiziert. Im Grunde ist nämlich mit dem spiralförmigen Wechseln zwischen dem Blick auf das Ganze und der Analyse der Details etwas gemeint, das nach meinem Verständnis dem erkenntnistheoretischen *Falsifikationsprinzip* empirisch-analytischer Forschung entspricht: Man kann das *Vorverständnis* als einen vorläufigen theoretischen Entwurf verstehen, der sich in der Analyse des Textes bewähren muss. Zur kritischen Prüfung sollten geradezu in skeptischer Perspektive gegenläufige Hypothesen formuliert werden, um zu prüfen, ob sich in den Details Hinweise finden lassen, die eine andere als die erwartete Sicht nahelegen. Dies dürfte um so wichtiger sein, je stärker das Objekt der Analyse mit Emphase erlebt wird. Solche emotionalen Bindungen können den kritischen Blick begrenzen. Mit Vorsicht ist auch die Bedeutung der *Intuition* zu beurteilen. Sie ist sicher wichtig, wenn es darum geht, Ideen zur Interpretation zu entwickeln. Das wird ja auch von Vertretern des kritischen Rationalismus nicht bestritten. Wichtig ist es aber um so mehr, dass so entstandene Entwürfe der kritischen Prüfung unterzogen werden. Diese hat so zu erfolgen, dass sie intersubjektiv nachvollziehbar und an Details überprüfbar ist. Erst wenn es nicht gelingt, den vorläufigen Ansatz zu falsifizieren, sollte der Versuch fortgesetzt werden, diese Deutung zu vertiefen.

9.2.3 Folgerungen für die Empirie

Eine Parallele kann man zwischen empirischer und hermeneutischer Forschung darin erblicken, dass das kritische Überprüfungen im Sinne der Falsifikation keineswegs als einmaliger Akt zu verstehen ist. Die Prüfung muss keineswegs beim ersten Versuch abgeschlossen werden, wenn sich die Hypothese nicht bewährt. Sie gilt dann zunächst einmal nur als *belastet*. Nicht zuletzt kann ja selbst ein statistisch hoch signifikanter Befund ein Produkt des Zufalls sein (s.o.). In weiteren Prüfungen wäre zu erkunden, wie es sich damit verhält. Es wäre allerdings wenig sinnvoll, die gleiche Studie unendlich oft in identischer Weise zu wiederholen. Das Verständnis der jeweiligen Sache kann vielmehr dadurch vertieft werden, dass man Varianten einführt und Bedingungen verändert und dann beobachtet, ob sich andere Effekte zeigen. Auf diesem Weg wird man zu einem immer tieferen Verständnis der untersuchten Sache gelangen. In Analogie zum hermeneutischen Zirkel könnte man deshalb von einem *empirischen Zirkel* sprechen: Durch den wiederholten Wechsel zwischen vorläufigen Vermutungen, daraus deduktiv abgeleiteten Hypothesen und deren konkreter Prüfung wird nach einem differenzierten und zugleich immer wieder kritisch geprüften Verständnis gesucht. Dabei spielen intuitiv geleitete Prozesse, wie sie bei der Hermeneutik im Vordergrund stehen, eine nicht unbedeutende Rolle.

Nun hatte *Heinrich Roth* seine Forderung nach einer *empirischen Wendung* keineswegs als eine Abkehr von hermeneutisch-geisteswissenschaftlichen Konzepten und Praktiken verstanden, sondern ausdrücklich gefordert, dass unter pädagogischer Perspektive empirische Befunde „more philosophorum" gedeutet und bewertet werden müssten. Es sollten zwar behauptete Merkmale und vermutete Beziehungen durch Operationalisierungen und andere nachprüfbare Verfahren über subjekthafte Eindrücke und intuitive Mutmaßungen hinausgehoben werden, aber spätestens dann sei es unerlässlich, quantifizierte Befunde in einen weiter greifenden Diskurs einzubringen.

Rezipiert wurde Roth allerdings überwiegend als jemand, der empirische Forschung an die Stelle der hermeneutischen setzen wollte. Es wäre sicherlich in seinem Sinne, gegen empiristische Verkürzungen, die sich mit bloßen Messergebnissen und/oder mehr oder weniger raffinierten statistischen Analysen zufriedengeben, eine neuerliche Wendung zu fordern, die man analog zu der von ihm geforderten „empirischen Wendung in der pädagogischen Forschung" als eine *hermeneutische Wendung in der empirischen Forschung* bezeichnen könnte. Wie bei der empirischen Wendung ginge es keineswegs darum, sich von dem einen weg- und zum anderen hinzuwenden, sondern um eine produktive Ergänzung: Empirische Befunde können erst dann im Sinne pädagogisch-professioneller Verantwortlichkeit wirksam werden, wenn ihre intentionale Bedeutung verstanden wird. Damit ist nicht gemeint, dass empirische Befunde zu Werturteilen oder politischen Entscheidungen verkürzt werden sollten, sondern es geht darum, für die professionelle und die gesellschaftlich-politische Kommunikation aufzuzeigen, welche intentionalen Implikationen mit empirischen Befunden verbunden sind und welche praktischen und ggf. politischen Entscheidungen getroffen werden sollten und welche Alternativen dafür aufgezeigt werden können. In diesem Sinne sollte das empirische Erklären so verstanden werden, dass Prozesse und Strukturen in ihren bedingenden Faktoren wie in den zu erwartenden Folgen so weit wie möglich transparent gemacht werden, damit der Diskurs über die aufgeworfenen Fragen rationaler geführt werden kann, als es ohne diese Forschungsergebnisse möglich wäre.

9.2.4 Oszillieren

Wenn die soeben herausgestellten Parallelen in den Grundstrukturen der hermeneutischen und der empirischen Forschung den gleichwohl unterschiedlichen Konzepten gerecht werden, dann liegt es nahe, sie methodologisch stärker in einem Wechselspiel zwischen ganzheitlicher Sicht und detaillierter Analyse zu verbinden. Dabei wird phasenweise eine Arbeitsteilung sinnvoll sein, aber die jeweils andere Ebene sollte immer im Blick bleiben. Einerseits müssen immer wieder Details aus dem umfassenden Kontext herausgelöst werden, um sie quasi in einer Momentaufnahme analysieren zu können, aber diese Engführung muss in der Interpretation und bei der Suche nach Folgerungen wieder aufgehoben werden. Methodologisch geht es um das Verhältnis von interner und externer Validität. Die eine ist im Grunde nur für Details zu klären, die andere nur in Beziehung aller Aspekte zueinander.

Ich meine damit mehr als eine additive Ergänzung, nämlich eine unlösbare, im Grunde vom Anfang bis zum Ende eines Forschungsprozesse notwendige Verschränkung, für die mir der Begriff des *Oszillierens* geeignet erscheint. In einem ständigen Hin und Her oder einem Auf und Ab ist das Schwergewicht zu verlagern zwischen eher hermeneutischen und eher empirischen Orientierungen, zwischen quantitativem Messen und qualitativem Interpretieren, zwischen intuitivem Entwerfen und nüchtern-kritischem Prüfen.

Intersubjektiv verständigen können wir uns nur über Details, also einzelne, sehr konkrete Aussagen. Aber diese *Einzelaussagen* reichen nicht aus, um die Sinnstrukturen, die tiefer liegenden, latenten Bedeutungen menschlichen Handelns und dessen Komplexität zu erfassen und das Verhalten in seinen verschiedenen Dimensionen zu verstehen. Hier erreichen wir eine Grenze, an der intersubjektiv feststellbare Detailaussagen für verschiedene Personen aus verschiedenen Perspektiven etc. ganz verschiedene Bedeutungen haben. Aber solche, eher *ganzheitlichen Bezüge* bestimmen in der Regel unser alltägliches Verhalten. Und wenn wir dieses komplexe Verhalten verstehen wollen, dürfen wir uns nicht auf die Ebene intersubjektiver Eindeutigkeit beschränken.

Mit dem Stichwort des *Oszillierens* soll betont werden, dass man sich immer auf den anderen Pol hin bewegen sollte, wenn man sich auf der einen Seite befindet, dass man also immer im Bewusstsein halten sollte, dass die allgemeine Reflexion sich der empirischen Überprüfung wird stellen müssen und dass empirische Befunde unter der Frage nach dem Sollen reflektiert werden müssen. Das könnte sich darin ausdrücken, dass Ideen und Konzepte so formuliert werden, dass aus nominalen Umschreibungen reale oder gar operationale Definitionen werden können, dass Ideen und Begriffe nicht nur abstrakt erörtert werden, sondern z.B. durch Handlungen oder Situationen beschrieben werden, in denen sich das abstrakt Gemeinte konkret nachvollziehen lässt. Und es könnte darin deutlich werden, dass empirische Befunde wieder in den Kontext eingeordnet werden müssen, aus dem sie zum Zweck der genaueren Prüfung herausgelöst wurden. Wer sagt, was sein soll, wird im Diskurs erläutern müssen, was das konkret bedeuten kann, und wer auf Tatsachen verweist, wird erklären müssen, welche Zielsetzungen er damit begründen oder rechtfertigen will. Kommunikation über pädagogische Sachverhalte muss zwischen normativen und faktischen Aussagen oszillieren, wenn Wissenschaft zu professioneller und öffentlicher Kommunikation einen hilfreichen Beitrag leisten will. Es geht also nicht allein um den wechselseitigen Respekt bisher einander fremder Forschungsrichtungen, sondern um eine effektive, qualitative Optimierung pädagogischer Forschung überhaupt.

Die Frage, wo ein solches Oszillieren seinen Anfang haben soll – ob erst das Ganze kommt und dann das Detail, oder ob es umgekehrt ist oder gar sein muss – ist m.E. müßig. Es gibt im Forschungsprozess Menschen, die – warum auch immer – zuerst nach dem einen oder dem anderen fragen, aber ohne das jeweils andere können sie letztlich nicht weit kommen.

9.3 Methodische Folgerungen

Die genannten methodologischen Folgerungen können auf verschiedene Weise technisch-methodisch umgesetzt werden. Wie bei anderen Aufgaben der Forschung gibt es auch dafür keine eindeutigen Vorgaben. Verschiedene Verfahren haben unterschiedliche Möglichkeiten und Grenzen. Drei Konzepte sollen im Folgenden genannt werden.

9.3.1 Sekundär- und Meta-Analysen

Wenn man sich in eine Fragestellung einarbeitet, kann man häufig angesichts der zahlreichen Publikationen leicht den Überblick verlieren. Irritierend ist es vor allem dann, wenn Befunde aus verschiedenen Untersuchungen nicht zueinander passen oder gar im Widerspruch zueinander stehen. Wenn man forschen will, sollte man nicht immer von vorn anfangen, sondern nachschauen, ob es Untersuchungen gibt, die bereits relevante Ergebnisse erbracht haben. Aber ein Blick in die Literatur kann dazu führen, dass man sich in einer Vielzahl unterschiedlicher Ansätze, Verfahren und Ergebnisse verliert.

Hier können *Meta-Analysen* hilfreich sein. Sie versuchen, sozusagen aus übergeordneter Position und im Rückblick herauszuarbeiten, ob sich in der Fülle vorliegender Daten etwas Gemeinsames erkennen lässt, aus dem im Idealfall auch Folgerungen für praktisches Handeln gezogen werden können. Und natürlich geht es auch um Anregungen für mögliche weitere Untersuchungen. Insofern kann die Meta-Analyse als ein Verfahren des induktiven Schließens verstanden werden. Dabei ist zu klären, welche Erwartungen mit Meta-Analysen verbunden werden. Man kann zwei *Zielsetzungen* unterscheiden:

- Wenn hinreichend viele, deutlich als Replikation zu verstehende Untersuchungen vorliegen, kann man sozusagen *Bilanz ziehen* und z.B. die „mittlere Differenz" zwischen bestimmten Teilgruppen oder den „mittleren Effekt" eines bestimmten Treatments bestimmen – dies wäre erkenntnislogisch als *Hypothesen-Prüfung* für explizit benannte Theorien zu verstehen, sozusagen als eine Prüfung, die nicht in einer einzelnen Untersuchung vollzogen wird, sondern auf der Grundlage inhaltlich und methodisch replizierter Forschungsarbeiten.
- Man kann Meta-Analysen mit dem Ziel betreiben, aus der Verschiedenartigkeit der Kriterien oder der Vielfalt der Treatment-Bedingungen *neue Fragen* abzuleiten, die den Theoriebestand eines Themen- und Problembereichs anreichern und zu neuen Hypothesen für weitere Untersuchungen führen können. Dies wäre als *exploratives Verhalten* und als Beitrag zur Theoriebildung zu verstehen. Man könnte z.B. versuchen, so genannte *Moderatorvariablen* zu identifizieren, die eine unterschiedlich starke oder schwache Wirkung von Treatments bewirkt haben können.

Die Verfahren sind wenig standardisiert. Eine eher qualitative Variante stellen *Sammelreferate und Überblicksartikel* dar. Dabei wird nicht immer transparent, nach welchen Gesichtspunkten gesammelt und beurteilt wurde. In methodisch anspruchsvollerer Form verwenden Meta-Analysen den Kennwert der *Effektstärke* ES. Dazu müssen in den auszuwertenden Studien Ergebnisse für Teilgruppen vorliegen: in der Regel Mittelwerte z.B. für Treatment- und Kontrollgruppen und die Streuungen der Daten (in der Regel die Standardabweichung oder die Varianz) referiert worden sein. Dann kann die Relation zwischen der Differenz der Mittelwerte und der zugehörigen Standardabweichung als Indikator für die Bedeutung der Befunde berechnet werden. Im Idealfall hofft man, die Wirkung eines Treatments o.Ä. durch den Mittelwert von Effektstärken einigermaßen eindeutig erfassen zu können. Dies gelingt jedoch selten.

Natürlich werden nicht in allen Studien zu einem Themenfeld *die gleichen Merkmale* untersucht, und nicht immer werden sie einheitlich operationalisiert. Das macht den Vergleich schwierig, wenn man nicht „Äpfel mit Birnen" vergleichen will. Wenn die Ergebnisse disparat sind, mag man dies bedauerlich finden. Es ist dann zunächst einmal unerlässlich, die Verteilung dieser Werte zu dokumentieren. Mit genauerem Hinsehen sollte dann versucht werden, die spezifischen Bedingungen, die „Moderatorvariablen", zu identifizieren, die für abweichende Ergebnisse bei einzelnen Untersuchungen verantwortlich sein könnten. Es kann sehr aufschlussreich sein, wenn unterschiedliche Ansätze zu unterschiedlichen Ergebnissen geführt haben. Rein quantitative Meta-Analysen sind dann wenig befriedigend, qualitative Studien erfordern jedoch deutlich mehr Aufwand.

Die *Gültigkeit* von Meta-Analysen kann begrenzt sein, weil in der „scientific community" und in der wissenschaftlichen Publizistik Forschungsergebnisse mit signifikanten Ergebnissen zumindest tendenziell als bedeutsamer eingeschätzt und häufiger publiziert werden. Wenn bei einer Forschung „nichts herausgekommen" ist, landet dies eher im Papierkorb und wissenschaftliche Zeitschriften lehnen solche Berichte eher ab. Das ist einerseits verständlich, aber im Grunde fatal, denn negative Befunde können den Erkenntnisprozess im Prinzip ebenso gut voranbringen wie positive Ergebnisse. Zu wissen, was man nicht tun sollte oder was zu tun sich wahrscheinlich nicht lohnt, kann sogar nützlicher sein als möglicherweise voreilige Folgerungen, die sich am Ende vielleicht doch nicht bewähren.

9.3.2 Methodische Triangulation

Der Begriff *Triangulation* bezieht sich auf ein in der Landvermesssung übliches Verfahren. Ein Merkmal in der Landschaft (Entfernung, Höhe) wird von mehreren Messpunkten aus bestimmt („tri-angel" = drei Winkel) und zwar auch und gerade dann, wenn man dies nicht (oder allenfalls mühsam) unmittelbar tun kann. So soll auch in der Forschung ein Phänomen aus mehreren Perspektiven bzw. mit Hilfe verschiedener methodischer Verfahren bestimmt werden (vgl. Flick 2007). Dabei sollen verschiedene Ansätze nicht rein additiv und ohne geplanten oder theoretisch fundierten Bezug aufeinander eingesetzt werden. Im engeren und anspruchsvollen Sinne ist erst dann von Triangulation zu sprechen, wenn z.B. derselbe Aspekt mit verschiedenen Methoden erfasst wird: z.B. die Beziehungen in einer Familie mithilfe eines Fragebogens, der subjektive Eindrücke der Beteiligten erhebt, und einer teilnehmenden Beobachtung oder/und einer szenischen Rekonstruktion im Rollenspiel. Dann stellt sich die Frage, ob eine bestimmte Reihenfolge eingehalten werden soll und wie ggf. kontrolliert werden kann, ob sich die verschiedenen Verfahren gegenseitig beeinflussen. Aus solchen Überlegungen kann sich ergeben, dass man bewusst zwischen qualitativen und quantitativen Verfahren wechselt. So kann sich z.B. aus einer Fallstudie die Frage nach der Generalisierbarkeit einer Interpretation ergeben. Nach einer quantitativen Untersuchung, in der in der Regel ein Phänomen nicht in seinem ganzen Kontext erfasst werden kann, kann nach Aspekten gefragt werden, die vermutlich in konkreten Handlungssituationen neben den untersuchten Merkmalen ebenfalls eine Rolle spielen: sei es, dass sie die bereits erkannten Prozesse verstärken oder aber ihnen entgegenwirken (als „Risiken und Nebenwirkungen"). Qualitative Ergänzungen können also das Verständnis erweitern und klären, welche Bedeutung ein Phänomen in komplexen Wirkungszusammenhängen tatsächlich hat. Erst wenn verstanden wird, wie sich Personen in konkreten Situationen verhalten und welche tiefere, individuelle Bedeutung ein Sachverhalt hat, kann man zuverlässige(re) Prognosen über die Wirkung von untersuchten Maßnahmen erstellen und die externe Validität beurteilen.

Verschiedene Perspektiven können sich daraus ergeben, …
… dass innerhalb einer Methode Varianten gewählt werden, z.B. bei einer Befragung zwischen einem narrativen Interview und einer standardisierten Befragung,
… dass verschiedene Methoden eingesetzt werden, z.B. Befragen und Beobachten,
… dass Daten aus verschiedenen Quellen verwendet werden, z.B. Dokumente „non-reaktiver" Art und subjektive Einschätzungen,
… dass mehrere Beobachter und Interviewer das Gleiche erheben,
… dass verschiedene, ggf. kontroverse theoretische Ansätze einbezogen werden.

Allerdings bieten solche Verknüpfungen – wie es ja eigentlich immer der Fall ist – keineswegs die Lösung aller Probleme. Können denn die unterschiedlichen Perspektiven konfliktfrei miteinander verglichen werden? Sind als ähnlich gedeutete Befunde wirklich *konvergent*? Wie geht man damit um, wenn sie sich gerade nicht einfach miteinander verbinden lassen oder gar kontrovers daherkommen? Welchem Ansatz soll dann mit welchen Gründen der Vorrang gehören? Bedauern wird man dies aber nur dann, wenn eine Hoffnung auf eindeutige Befunde enttäuscht wird und praktische Konsequenzen (noch) nicht gezogen werden können. Wer jedoch in divergierenden Befunden den Fortschritt zu einer genaueren, der komplexen Realität besser angemessenen Deutung ahnen kann und dies für wichtig hält, wird glücklich darüber sein, dass er „still confused, but on a higher level" ist. Triangulation kann in solchen Fällen also verhindern, dass man sich allzu rasch mit der ersten besten Interpretation zufriedengibt. So gesehen kann Triangulation als eine Variante bzw. Konkretisierung des Grundmodells eines zirkulären Erkenntnisprozesses verstanden werden: Das zu einem bestimmten Moment vorhandene oder erreichte Verständnis einer Sache wird einem anderen Blick ausgesetzt und dadurch ergänzt oder eben auch korrigiert.

Dieses vermutlich plausibel klingende Konzept hat jedoch Grenzen: Es ist ja nicht sicher, ob mit verschiedenen Methoden tatsächlich das gleiche Phänomen erfasst wird bzw. ob die erfassten Aspekte *miteinander kompatibel* sind. Das wird man als Problem verstehen, wenn man einen Befund durch verschiedene Methoden prüfen möchte. Überwiegend wird jedoch gerade darin eine besondere Chance gesehen: Es werden verschiedene Aspekte – mosaikartig – in den Blick genommen, sodass ein reichhaltigeres Bild entstehen kann. Prinzipiell gewährleistet eine Betrachtung aus „drei Winkeln" natürlich keineswegs, dass der eine Blick durch einen anderen korrigiert wird. Nur wer eine andere Perspektive in kritischer Absicht einnimmt bzw. durch andere Forscher einnehmen lässt, hat die Chance, Irrtümer zu entdecken bzw. weiterführende Hinweise zu finden.

9.3.3 Daten hermeneutisch analysieren

Hermeneutisch-qualitative und empirisch-quantitative Verfahren haben ihre eigene und differente Dignität. Und es ist methodisch nicht einfach, sie in eine produktive, nicht nur additive Beziehung miteinander zu bringen. Diese Differenz ist aber unproduktiv oder unzureichend, wenn es nicht gelingt, was *Heinrich Roth* gefordert hatte, nämlich den hermeneutischen Zirkel durch sozialwissenschaftliche Verfahren zu ergänzen, um die theoretisch-abstrakt entwickelten Deutungen und Konzepte einer empirischen Prüfung zu unterziehen. So muss es letztlich unbefriedigend bleiben, wenn nicht geklärt werden kann, ob bzw. in welchem Maße die Befunde einer Fallstudie über die besondere Konstellation hinaus für eine größere Gruppe oder in anderen Kontexten gültig sein können. Umgekehrt kann es nicht befriedigen, wenn eine repräsentative Studie bestimmte Hypothesen nach strengen Verfahren prüft, aber dadurch doch immer nur die in Hypothesen oder in das theoretische Modell einbezogenen Variablen in den Blick nehmen kann. Auch Mehrebenenanalysen bleiben in den Kontexten der jeweils einbezogenen Treatments und Kriterien gebunden, größere Zusammenhänge können daraus nur entwickelt werden, wenn dieser Rahmen im Sinne einer *hermeneutischen Wendung* (s.o.) sozusagen intuitiv überschritten wird und weitergehende Vermutungen entworfen werden.

In diesem Sinne plädiere ich dafür, in die Analyse numerischer Daten eine hermeneutische Perspektive einzubringen. Eine solche *Hermeneutische Datenanalyse* kann dann sinnvoll sein, wenn eine Fragestellung offen bearbeitet werden soll, weil es nicht möglich oder sinnvoll erscheint, vorab dezidierte Hypothesen zu formulieren und zu prüfen. In eine schriftliche Befragung werden vielmehr viele Aspekte einbezogen, die möglicherweise im Sinn eines Vorverständnisses relevant sein können. Die Befragten werden gefragt, in welchem Grad die vorgelegten Aussagen ihren Erfahrungen. Einstellungen etc. entsprechen. Diese Einschätzungen (etwa „trifft gar nicht zu" bis „trifft voll zu") werden zwar quantifiziert, aber sie werden im Grunde wie qualitativ-verbale Äußerungen verstanden. In einem Interview könnte jemand auf einen entsprechenden Impuls so geantwortet haben, wie es sich im Grad der Zustimmung zu einer Item-Aussage ausdrückt. Die Daten werden dann nicht als Messung einer vorab operationalisierten Variable verstanden, sondern als Texte, deren Bedeutung erst noch verstanden werden muss.

Solche Daten werden nun nicht – wie bei einer Fallstudie – für einzelne oder wenige Personen erhoben, sondern in einer mehr oder weniger repräsentativen und in der Regel heterogenen Gruppe von Befragten. Es geht dann in der Analyse im ersten Schritt um die *zentralen Tendenzen* (die Mittelwerte) der verschiedenen Aspekte. Dabei zeigt sich, welche Formulierungen stärker oder weniger stark ausdrücken, was die Befragten für wichtig bzw. für zutreffend halten. Mit Hilfe einer *Faktorenanalyse* (s.o.) können strukturelle Dimensionen herausgearbeitet werden. Der eigentlich hermeneutisch orientierte Schritt besteht dann darin, nach differenziellen Sichtweisen zu suchen, die mit verschiedenen personalen Merkmalen (Geschlecht etc.), situativen Kontexten (verschiedenen Lernumgebungen o.Ä.) oder artikulierten Einstellungen (der geringen oder stärkeren Zustimmung zu ausgewählten Aussagen) in Beziehung stehen. Schritt für Schritt werden – wie in einem klugen hermeneutischen Zirkel – die Deutungen vertieft. Am Ende steht eine Interpretation, die in der Regel vorab nicht formuliert werden konnte. Man erfährt also nicht nur, ob Hypothesen sich bewähren, sondern es entstehen Deutungen, die im Sinne des hermeneutischen Zugangs das bisherige Verständnis der Sache erweitern. Diese können dann im Sinne eines empirischen Zirkels (s.o.) immer wieder an den Daten geprüft werden.

Eine engere methodische *Verbindung zwischen qualitativen (Fall-)Studien und quantitativ-repräsentativer Datenerhebung* ist dann möglich, wenn von einem Fall neben Texten aus einem mündlichen Interview auch Daten aus einer thematisch entsprechenden schriftlichen Befragung vorliegen. Die individuellen Fragebogendaten können dann im Spektrum einer größeren Personengruppe (sei sie vergleichbar oder kontrastiv) verortet und interpretiert werden. In Parallelen oder im Kontrast können biographische Merkmale einzelner Personen deutlicher herausgestellt werden, und umgekehrt kann durch eine auf die Daten bezogene biographische Studie besser verständlich werden, wie die numerischen Daten zu interpretieren sind.

Ein wesentliches *Motiv* für diese Art der Datenerhebung und -auswertung liegt darin, dass empirische Befunde so präsentiert werden sollen, dass sie von jenen kommuniziert werden können, für deren Reflexion und Handeln die Befragung hilfreich sein soll. Es soll möglichst anschaulich nachvollziehbar sein, wie die Daten zustande gekommen sind und wie ihre Interpretationen entwickelt wurden. Diejenigen, die aus den Befunden Folgerungen ableiten sollen, sollten in die Interpretation einbezogen werden, weil sie im Grunde am besten verstehen und deuten können, was ein Befund bedeutet. Sie werden etwaige Folgerungen konsequenter umsetzen, wenn sie die Interpretationen für gültig erachten und die einfließenden Intentionen und Wertsetzungen teilen. In diesem Sinne ist die Hermeneutische Datenanalyse ein Versuch, im Spektrum zwischen normativer Reflexion und empirischer Detail-Analyse jenen Wende- oder Null-Punkt des Oszillierens (s.o.) zu treffen, an dem der Blick von der einen bzw. von der anderen Ebene kommt und sich der jeweils anderen Dimension zuwendet.

9.4 Theoretische Folgerungen

An verschiedenen Stellen dieser Einführung habe ich betont, dass theoretisch orientierte Fragestellungen nicht bestimmten methodischen Konzepten eindeutig zugeordnet werden können. Mit welcher Intention – z.B. kritisch oder affirmativ – eine Fragestellung untersucht wird, hängt in erster Linie nicht davon ab, ob man qualitativ oder quantitativ forscht, sondern mit welchem theoretischen Bewusstsein man sich der Frage nähert. Im zweiten Schritt ist es dann methodologisch bedeutsam, wie geschlossen oder offen die Fragestellung konkretisiert wird, wie eng die Methoden verwendet werden und vor allem wie reflexiv und wie (selbst-)kritisch die Befunde interpretiert werden. Wer nur nach Bestätigungen für das eigene Vorverständnis sucht, wird nichts finden, was dieses in Frage stellt und eine alternative Sicht anregen kann.
Erkenntnistheoretisch ist eine solche Offenheit allerdings nicht selbstverständlich. Im Alltagsverständnis gilt vielen die Weisung der *Bibel* als Orientierung, in der es (bei Matthäus 5,37 in der Übersetzung von Luther) heißt: „Eure Rede aber sei: Ja, ja; nein, nein. Was darüber ist, das ist vom Übel." oder (in der Übersetzung von Jörg Zink) deutlicher auf Kommunikation bezogen: „Wenn ihr wollt, daß man euch glaubt, dann sagt ja oder nein. Alles Weitere dient dem Bösen, es dient der Lüge und kommt von ihr her." Ähnliches wird auch von Wissenschaft erwartet: Sie möge zu klaren Erkenntnissen kommen und eindeutige Auskünfte geben. Dissens und Kontroversen sollen klären, was letztendlich als „Wahrheit" verbindlich sein soll.

9.4.1 Zirkularität

Die Alternative soll nun keineswegs in einem „anything goes" gesucht werden (wobei alles „gleich gültig" ist und rasch „gleichgültig" werden würde), sondern in einem doppelten Appell: dass zum einen der Anspruch auf Eindeutigkeit relativiert wird und zum anderen geprüft wird, ob Differenzen und Widersprüche auf einer höheren Ebene zu einer komplexen Einheit geführt werden können. Dazu sind nicht besondere Methoden erforderlich, sondern es bedarf theoretischer Konzepte und einer methodischen Haltung, die für solche Perspektiven offen sind.

Pädagogisch ist dies deshalb von besonderer Bedeutung, weil Forschung bzw. theoretische Reflexion herausarbeiten soll, welche Handlungsräume sich öffnen, wenn man nicht nur in den dominanten Kategorien denkt. Die besondere Intentionalität pädagogischen Handelns und pädagogischer Reflexion ergibt sich ja gerade in Situationen, deren Bedeutung sich nicht auf den ersten Blick erschließt und die für verschiedene Beteiligte ganz unterschiedlich sein kann. Theoretische Reflexion sollte deshalb gerade solche Konstellationen wahrnehmen und sie durch Forschung transparent und damit verfügbar machen.

Als Konzept kann man die alternativen Perspektiven mit den Begriffen *Linearität* bzw. *Zirkularität* fassen: Forschung kann als ein linearer Prozess verstanden wird, der von einer Fragestellung linear und zielstrebig zu einem erwarteten Ergebnis führt, in dem sich „Wahrheit" ausdrückt. Wenn aber die Vorläufigkeit des Erkennens und die relative Bedeutung von Realität bewusst sind, dann wird man Forschung eher als zirkulären Prozess verstehen und gestalten, der irgendwo beginnen kann (z.B. bei Fragen, bei Materialien oder bei Deutungen), verschiedene Stufen durchläuft (wenn es sinnvoll erscheint, auch sprunghaft) und immer wieder zum Ausgangspunkt zurückkehrt. In linearer Perspektive wird nach Aussagen gesucht, die möglichst eindeutig auf kausale Beziehungen zwischen Ursachen und Wirkungen hinweisen. In zirkulären Prozessen sollen dagegen komplexe Beziehungsgefüge und Wechselwirkungen bewusst werden, bei denen situative Konstellationen und wechselhafte Wirkungen deutlich werden können. Biographisch und ethnographisch orientierte Studien, die sich auf individuelle Prozesse bzw. kultur- oder milieuspezifische Differenzen konzentrieren, folgen solchen Zielsetzungen. Methodisch muss das keineswegs auf qualitative Verfahren begrenzt sein.

9.4.2 Gegenstandsbezogene Theoriebildung

Als ein Beitrag, der die früheren Abgrenzungen zwischen verschiedenen konzeptionellen Ansätzen überwinden soll, kann das Konzept der *grounded theory* verstanden werden (vgl. Breuer 2009). Eine solche *gegenstandsbezogene Theorie-Entwicklung* zielt darauf, dass in einem konkreten Gegenstandsbereich eine ausdrücklich auf ihn bezogene und in seinen Daten begründete Theorie (oder bescheidener: eine theorieorientierte Deutung) entwickelt wird. Aus der zunächst begrenzt gültigen Deutung kann ggf. eine spezifische Theorie entwickelt werden, der eine breitere, allgemeine Gültigkeit zugeschrieben werden kann. Das Konzept beansprucht, die Subjekthaftigkeit von Interpretationen überwinden zu können, indem intuitive Deutungen immer wieder an die Daten zurückgebunden werden. Das ist ein hoher Anspruch, für den aber ein konkretes Verfahren der zirkulären Überprüfung vorgeschlagen wird:

Der Prozess vollzieht sich in einer *spiralförmigen Bewegung zwischen Theorie und Daten*, die zum einen als *Induktion* und zum anderen als *Deduktion* zu verstehen ist. Induktiv werden zunächst aus den Daten Hypothesen (im Sinne von Vermutungen) entwickelt; diese werden dann deduktiv anhand entsprechender möglicher Ableitungen (also wie Hypothesen im Sinne des kritischen Rationalismus) am Datenmaterial überprüft. Wenn es während des Prozesses als sinnvoll erscheint, können für diese Überprüfung weitere Daten erhoben und in den weiteren Prozess einbezogen werden (vgl. Hascher/Schmitz 2010). Dabei kann es hilfreich sein, wenn man sich auf Notizen und Ideen beziehen kann, die schon während der Datenerhebung sozusagen nebenbei im Sinne eines Logbuchs festgehalten wurden. Wenn sich in diesem Wechselspiel zwischen Daten und Theorie keine neuen Aspekte mehr ergeben, konstatiert man eine *theoretische Sättigung*. Dieser Prozess von wechselnder Induktion und Deduktion, von Datenerhebung und -interpretation hat schließlich die Herausbildung einer in den Daten verankerten Theorie, eine „grounded theory" zum Ziel.

Diese Form des Umgangs mit Daten und Theorie wird als *theoretical sampling*-bezeichnet: Mit Bezug auf die sich entwickelnde Theorie wird entschieden, welche Daten als Beispiel für die weitere Prüfung der Entwürfe herangezogen werden sollen. Datenerhebung und Interpretation sollen in einer (möglichst produktiven) zirkulären Beziehung Hand in Hand gehen: Die Datenerhebung wird durch die Theorie angeleitet und zugleich kontrolliert.

Dabei kann es sinnvoll sein, nach der so genannten *constant comparative method* Beispiele (Fälle oder Gruppen) so auszuwählen, dass sie entweder in bestimmten Merkmalen sehr ähnlich sind oder sich so stark wie möglich unterscheiden. Bei ähnlichen Fällen sollten die theoriebezogenen Merkmale möglichst gut passen, also fallübergreifend gültig sein. Bei maximaler Kontrastbildung kann geprüft werden, wie sich dies auf die Theoriebildung auswirkt.

Für die Auswertung der Daten wird ein dreistufiges Verfahren vorgeschlagen: Man beginnt mit einem *offenen Kodieren,* bei dem Kategorien entworfen werden, die sich über die Fälle hinweg als tragfähig erweisen können. Beim *axialen Kodieren* werden die Kategorien zueinander in Beziehung gesetzt und den situativen und biographischen Entstehungsbedingungen zugeordnet. Beim *selektiven Kodieren* werden die entwickelten Konzepte in eine Gesamtdarstellung integriert, sodass eine fundierte Theorie entsteht.

Es geht also um einen *hermeneutischen Prozess*, der auf Daten in weitem Sinne angewendet wird: Aus den Daten einzelner Merkmale oder Fälle werden Kategorien und Deutungen intuitiv herausgearbeitet und induktiv zu Vermutungen verdichtet. Diese werden dann wie in einem hermeneutischen Zirkel bzw. im Sinne des Falsifikationsprinzips des kritischen Rationalismus an möglichst konkreten Hypothesen, die sich z.B. auf andere Fälle oder weitere Daten beziehen, überprüft. Wie bei der hermeneutischen Analyse wird dieser Prozess des Deutens und Prüfens abgebrochen, wenn eine theoretische Sättigung eingetreten ist und aus neuen Fällen keine zusätzlichen Kategorien mehr gewonnen werden.

Dieses Konzept wird in der pädagogischen Forschung zurzeit häufig als methodologisches Konzept zugrundegelegt. Seine *Grenzen* findet es sicher darin, dass die Kriterien für die Gültigkeit der Deutungen sehr vage sind. Man kann allzu leicht der Versuchung erliegen, in neuen Daten immer wieder nach Hinweisen auf vertraute Deutungen zu suchen und diese wieder einmal bestätigt zu bekommen. Im Grunde ist auch hier an das Problem zu erinnern, das schon bei ähnlichen Konzepten genannt werden musste: Es ist äußerst schwierig, unvoreingenommen an eine Fragestellung heranzugehen. Der Charme dieses Konzepts liegt aber – wie z.B. bei der Phänomenologie – darin, dass im Prinzip neue Deutungen gefunden werden sollen und entdeckt werden können. Entscheidend ist also wiederum die (selbst-)kritische Haltung der Forschenden und der damit verbundene Versuch, die eigenen Vor-Annahmen und theoretischen Entwürfe konsequent auf den Prüfstand zu stellen.

9.4.3 Theoretische Triangulation

Als eine wichtige Dimension, in der Forschungsergebnisse aus verschiedenen Winkeln betrachtet werden können, ist die *theoretische Triangulation* zu verstehen (vgl. Flick 2007). Schon bei der Planung einer Untersuchung sollten verschiedene Ansätze bedacht werden, damit entsprechend relevante Daten gesammelt werden können. Differenzierter und konsequenter wird man allerdings erst angesichts erster Interpretationen zu (Nach-)Fragen kommen, die aus der Perspektive eines anderen, möglicherweise konträren theoretischen Ansatzes besser bearbeitet werden können.

Es kann dann naheliegen, nicht nur einzelne mögliche Faktoren isoliert zu betrachten, sondern *Konstellationen* zu entwerfen und zu prüfen. Dies wird in der Regel naheliegend sein, wenn es bei der kritisch-rationalen Prüfung von Theorien bzw. Hypothesen sinnvoll erscheint, die theoretischen Vermutungen zu spezifizieren und zu differenzieren. Manche Faktoren können sozusagen – wie bei einem Katalysator – den einen oder anderen Begleiter benötigen, weil sie nur in spezifischen Kontextbedingungen wirken können. Denkbar wäre z.B., dass eine vorgeschlagene Reform-Maßnahme von den Betroffenen befürwortet werden und mit Vertrauen begleitet sein muss, wenn sie wirksam werden soll. In anderen Fällen kann eine Innovation vielleicht nur für bestimmte Personengruppen bedeutsam sein. Solche Konstellation zu erkennen, kann sehr hilfreich sein, wenn aus Untersuchungsbefunden praktische Folgerungen abgeleitet werden sollen.

Fraglich ist es, wie man mit theoretischen Ansätzen umgeht, wenn diese in der Interpretation nicht zueinander passen. Es wäre naheliegend, solche konträren Deutungen gegeneinander auszuspielen und sich für jene zu entscheiden, die mehr Evidenz auf sich vereinen kann oder die den eigenen Intentionen besser entspricht. Dass dies erkenntnistheoretisch nicht befriedigen kann, dürfte auf der Hand liegen, wenn man sich der Vorläufigkeit wissenschaftlicher Befunde (s.o.) erinnert. Prinzipiell kann man fordern, dass diese Uneindeutigkeit „aufgehoben" werden sollte (s.u.). Das Problem liegt allerdings darin, dass es schwierig ist, ein solches Hinaufheben methodisch umzusetzen und solche Wechselwirkungen im Sinne dialektischer Prozesse empirisch zu prüfen. Prinzipiell wäre dies aber denkbar, wenn Theorien nicht als lineare Wenn-Dann-Beziehungen formuliert werden, sondern sich auf entsprechende Konstellationen beziehen. In einem empirischen Zirkel (s.o.) könnten angemessene komplexe Modelle nach und nach entstehen und zugleich geprüft werden. Damit wird aber wieder deutlich, dass das theoretische Verständnis eines Problems in erster Linie durch inhaltlich-theoretische Konzepte gefördert und vertieft werden muss. Methoden der Forschung sind dann darauf zu beziehen.

9.4.4 Der antinomische Blick

Es sollte bei divergenten Ergebnissen und Deutungen nicht zulässig sein, sich nach Belieben für die eine oder die andere Interpretation zu entscheiden und nur noch für diese nach weiteren Begründungen zu suchen. Die theoretische Reflexion muss sich diesen Divergenzen stellen und ein theoretisches Konzept finden, das die verschiedenen, im Detail jeweils begründeten Sichtweisen umfassen, aufeinander beziehen und in ihrer *Dialektik* verständlich machen kann (vgl. Danner 2006). Mit Georg F. W. *Hegel*, der die dreifache Fassung des Begriffs *aufheben* herausgestellt hat, kann man sagen, dass die durch verschiedene Deutungen entstandene Irritation *beseitigt* werden soll, indem die Teilaspekte *bewahrt*, aber auf eine höhere Ebene *hinaufgehoben* werden.

Mit der gleichen Intention kann man ein Konzept aus der Pädagogik heranziehen: Der amerikanische Psychologe Thomas *Gordon* (1918 bis 2002) hat in seinen Büchern über die „Familienkonferenz“ und die „Lehrer-Schüler-Konferenz“ das Prinzip der *niederlage-losen Konfliktlösung* propagiert. In Sinne einer „Win-win-Lösung“ sollen Konflikte so gelöst werden, dass beide Seite daraus einen Nutzen ziehen können. In analoger Weise könnte man bei theoretischen Konflikten eine *niederlagelose Theoriebildung* anstreben. Damit ist gemeint, alle zutrefflichen Details und alle evidenten Deutungen in einem umfassenden Modell aufzuheben, ohne dass einer dieser Aspekte den Kürzeren ziehen müsste. Die verschiedenen aufweisbaren Zutrefflichkeiten sind so lange auf einer höheren Ebene in einem Zusammenhang zu denken, bis sich eine Struktur findet, in der die verschiedenen Aspekte theoretisch befriedigend miteinander vereinbar sind. Aber wie man bei einer Konfliktlösung in alltäglichen oder pädagogischen Situationen nicht bedingungslos bereit ist, jedes Verhalten hinzunehmen, so wird man auch bei theoretischen Konflikten nicht jedweder Position, jeder Zielsetzung das gleiche Recht zubilligen können. Zwischen unterschiedlich gut begründeten Deutungen wird man entscheiden müssen. Man sollte dies aber mit größter Vorsicht tun, denn in gegenläufigen Interpretationen kann sich etwas ausdrücken, was für ein tieferes, differenziertes Verständnis hilfreich werden könnte. Vor allem können Faktoren erkennbar werden, die eine auf den ersten Blick plausible oder theoretisch zu erwartende Wirkung einschränken.

Anregend und herausfordernd ist für mich in dieser Hinsicht immer wieder der Theologe Friedrich *Schleiermacher*. Er hat in seinen Vorlesungen über Pädagogik an mehreren Beispielen vorgeführt, wie wichtig es ist, ein Problem nicht voreilig nur von einer Seite zu betrachten. Man kann sein Vorgehen als eine *dialektische Methode* verstehen, wenn man damit eine inhaltlich-gedankliche Bewegung meint. Eine Frage wird zunächst aus einer Sicht bearbeitet, die plausibel und zielführend erscheint. Am Ende werden aber in vielen Fällen problematische Aspekte deutlich, die innehalten lassen, weil es so einfach eben doch nicht ist. Im zweiten Schritt wird dann das Problem aus einer gegenteiligen Sicht noch einmal betrachtet. Daran wird aber deutlich, dass eben das, was aus der zunächst verfolgten Perspektive so wünchenswert und wichtig erschienen ist, nicht mehr angemessen zur Geltung kommt. Aus dem Befund, dass beide Sichtweisen angesichts der damit verfolgten Intentionen nicht befriedigen können, folgert Schleiermacher, dass eine Lösung gefunden werden muss, die beide Sichtweisen vereinen kann: „Die Pädagogik müsste demnach so konstruiert werden, dass sie nicht fehlt, wenn das eine, und auch nicht fehlt, wenn das andere wahr ist." (vgl. Schleiermacher 2004, S. 21).

Solche *Dualitäten* – wie Schleiermacher sie nannte – sollten m.E. in der pädagogischen Forschung stärker bedacht werden. Gegenwärtig deutet sich in der pädagogischen Literatur an, dass dies auf theoretischer Ebene geschieht (vgl. Helsper 2004) und vermutlich noch zunehmen wird.

In diesem Sinne empfehle ich der pädagogischen bzw. erziehungswissenschaftlichen Reflexion einen *antinomischen Blick* (Schlömerkemper 2007 und 2010). Damit ist gemeint, dass unterschiedliche Deutungen einer Sache, die je für sich der Sache angemessen erscheinen, nicht gegeneinander ausgespielt werden, bis sich eine als die vermeintlich einzig zutreffende Geltung verschafft. Vielmehr soll geprüft werden, ob die eine Deutung mit der anderen durchaus vereinbar ist, weil diese in einer antinomischen Beziehung zueinander stehen und die eine Deutung sozusagen als Gegenspielerin der anderen mehr oder weniger und in wechselhafter Stärke bedeutsam sein kann.

Zu den drei pädagogischen Fragestellungen, die im ersten Kapitel exemplarisch als Fragen an die Forschung genannt wurden, sollen in aller Kürze mögliche antinomische Aspekte aufgezeigt werden:

Zur Bedeutung der *Generationen* wäre wieder einmal auf Schleiermacher zu verweisen. Er hat die oft zitierte Frage gestellt, was die Generationen eigentlich voneinander erwarten. Wenn man dies mit antinomischem Blick betrachtet, offenbart sich ein doppelter Gegensatz: Die jüngere Generation soll sich mit den bestehenden Verhältnissen vertraut machen und die üblichen Aufgaben übernehmen, während die jüngere Generation ihre Lebensbedingungen aus eigener Initiative gestalten möchte und nicht geneigt ist, sich den bestehenden Verhältnissen zu unterwerfen. Andererseits hat die ältere Generation ein Interesse daran, dass die bestehenden Verhältnisse verbessert und erneuert werden, während die jüngere Generation die

Erfahrung macht, dass eben diese Verhältnisse viele Möglichkeiten zur Entfaltung bereithalten, die man aber erst nutzen kann, wenn man sich mit ihnen vertraut gemacht hat. Mit Schleiermacher kann diese *Gegensätzlichkeit* auf eine höhere Ebene gehoben werden, wenn man beides miteinander verbindet: „Die Erziehung soll so eingerichtet werden, dass beides in möglichster Zusammenstimmung sei, dass die Jugend tüchtig werde einzutreten in das, was sie vorfindet, aber auch tüchtig in die sich darbietenden Verbesserungen mit Kraft einzugehen. Je vollkommener beides geschieht, desto mehr verschwindet der Widerspruch." (Schleiermacher 2004, S. 34). – In dieser Perspektive wird also die Gegensätzlichkeit einerseits deutlich, zum anderen aber auch in konsequent dialektischer Bewegung lösbar gemacht.

Bei einer Reflexion über *Bildung* würde eine Betrachtung mit antinomischem Blick einen *Doppelcharakter* erkennbar machen: Bildung tritt emphatisch mit dem Anspruch auf, dass im Individuum alle seine geistigen, emotionalen und ästhetischen Kräfte voll entfaltet werden und dass dadurch zugleich die Humanität der Gemeinschaft und der Menschheit immer höher entwickelt wird. Mit Bildung ist also eine egalitäre Zielsetzung verbunden. Wenn man dann betrachtet, welche Bedeutung dieses Konzept in der Entwicklung des Bildungswesens gehabt hat und immer noch hat, dann wird deutlich, dass „Bildung" auch eine *aus- und abgrenzende Bedeutung* hat: Das Bildungsbürgertum hat sich zunächst aus den Zwängen der Ständegesellschaft lösen können, weil soziale Positionen nicht mehr nach sozialer Herkunft vergeben wurden, sondern durch Bildung und Leistung errungen werden konnten. Es hat aber eben dieses Kriterium nutzen können, um sich seinerseits von unteren Schichten abzugrenzen und die gerade erworbenen *Privilegien* zu legitimieren. Wenn man dies als ein Vorverständnis in die Analyse aktueller Bedingungen und Prozesse des Lehrens und Lernens mitnimmt, dann kann z.B. besser verständlich werden, welche zwiespältige Beziehung Jugendliche zu den Bildungsangeboten haben, die ihnen in Institution des Bildungswesens gemacht werden: Einerseits ist es faszinierend, die Welt in vielen Dimensionen immer besser verstehen zu können, andererseits weckt es Abwehr, wenn Wissen und Können als Medium im Wettbewerb um Privilegien instrumentalisiert sind. – Aber das ist natürlich hier erst einmal nur eine These!

Damit sind Fragen der *Didaktik* angesprochen. Ein antinomischer Blick könnte zum einen deutlich machen, in welchem Verhältnis anspruchsvolle, auf Mündigkeit zielende Intentionen einerseits und eher integrierende, tendenziell entmündigende Praktiken stehen. Didaktische Modelle sollen Kriterien bereitstellen, nach denen u.a. darüber reflektiert werden kann, welche Ziele mit welchen Inhalten verfolgt werden sollen, in welchen Formen dies am besten geschieht und wie der Erfolg festgestellt werden kann. Damit ist aber über die Ziele selbst noch nicht entschieden. Eine didaktische Planung kann Lernprozesse hervorbringen, die eine allseitige Entfaltung im Sinne von Bildung ermöglichen, sie kann aber auch Lernprozesse so verplanen, dass Mündigkeit nicht gefördert und vielleicht sogar behindert wird.

Auch gute Absichten sind unter institutionellen Bedingungen keineswegs sicher umzusetzen, wenn Intentionen und Strukturen gegensätzlich wirken. – Das wäre mit einem antinomischen Blick genauer zu untersuchen.

9.5 Professionalisierung fördern

An dieser Stelle muss nicht diskutiert werden, ob es eine pädagogische *Profession* im Sinne eines gesellschaftlich anerkannten besonderen Status gibt oder geben sollte. Nicht bezweifelt werden kann aber m.E., dass Menschen, die in pädagogischen Feldern tätig sind, eine spezifische Zuständigkeit haben, aus der ihnen eine besondere Verantwortung erwächst. Immerhin wird die Entwicklung junger Menschen in vielen Aspekten erzieherisch beeinflusst. Deshalb sollte das Handeln gut begründet sein und kritisch reflektiert werden. Dass pädagogische Forschung dazu beitragen kann, sollte in dieser Einführung deutlich werden. Aber wie kann Forschung für pädagogische Praxis wirksam werden? Damit ist die Frage gestellt, welche Bedeutung Forschungs-Kompetenzen in der Ausbildung, in der beruflichen Tätigkeit und in der Fortbildung haben sollen. – Man kann m.E. unterscheiden zwischen einer maximalen und einer minimalen Variante und dazwischen ein Optimum suchen:

- Im Sinne einer Arbeitsteilung kann man Forschung als eine spezialisierte Dienstleistung für die Praxis verstehen: In Forschungsinstituten und Universitäten wird mit hoher methodischer Kompetenz und entsprechenden personellen und finanziellen Ressourcen an Erkenntnissen gearbeitet, die zunächst innerhalb der scientific community diskutiert werden sollen. Dies ist als professionelle Forschungs-Kompetenz zu verstehen, die in entsprechenden Studiengängen zu erwerben ist.
- Man kann es als Forschung in einem allerdings methodisch eher weichen Sinn verstehen, wenn in der Praxis tätige Personen ihre Erfahrungen sammeln, sich darüber austauschen, ggf. einen Konsens oder Dissens formulieren und ihr Experten-Wissen an Novizen weitergeben.

Zwischen diesen extrem formulierten Alternativen sind viele Zwischenformen der wechselseitigen Ergänzung möglich und zu beobachten:

- In der akademischen Forschung scheint die Bereitschaft gewachsen zu sein, sich stärker auf konkrete Probleme pädagogischer Handlungsfelder einzulassen und im Sinne der Handlungsforschung zur Entwicklung pädagogischer Praxis beizutragen und die Effekte eventueller Veränderungen zu evaluieren.
- Ebenso scheint in der Praxis das Bedürfnis zu wachsen, angesichts wachsender „Ungewissheiten“ und zunehmender „Risiken“ besser „erklären“ zu können, welche Faktoren welche Wirkungen haben (können), und tiefer zu verstehen, was die Einmaligkeit einer Situation ausmacht.

Wenn sich in diesem Sinne die beiden Seiten aufeinander zu bewegen, wird es wichtig, sich kompetent austauschen zu können. Von der Forschung wie von der Praxis her muss übersetzt werden: Wie können aus Problemen und Anfragen der Praxis Aufgaben für die Forschung werden und wie können umgekehrt Befunde der Forschung auf die Praxis hin transformiert werden? So gesehen bleibt im Grunde die traditionelle Arbeitsteilung erhalten. Das ist bei vielen Fragen sicherlich auch gut so, denn nicht jede Frage aus der Praxis muss mit großem Aufwand erforscht werden und nicht jedes Forschungsergebnis muss für die Praxis relevant gemacht werden.

Für die weitere Entwicklung des pädagogisch verantwortlichen, also des professionellen Handelns ist m.E. eine *Zwischenform* wichtig, die ich als *forschenden Habitus* bezeichnet habe (s.o.). Damit ist gemeint, dass methodisch fundiert und theoretisch orientiert versucht wird, eine Handlungssituation genauer und tiefer zu verstehen und kompetenter zu handeln. Entsprechende Kompetenzen sollten deshalb intensiver in der Aus- und Fortbildung erworben werden. Dabei können theoretisch und methodologisch unterschiedliche Schwerpunkte gesetzt werden und die Intensität kann variieren. Nicht jeder muss Daten statistisch anspruchsvoll auswerten können, nicht jeder muss Biographien analysieren können. Aber jeder sollte in der Lage sein, wissenschaftliche Forschungsliteratur kritisch zu lesen bzw. zu verstehen, wie Kolleginnen und Kollegen versuchen, die gemeinsame Praxis transparenter werden zu lassen. Und vor allem: Jeder sollte sich nicht mit dem ersten Eindruck und der erstbesten Erklärung zufriedengeben, sondern es genauer wissen wollen und kritisch nachfragen können.

In diesem Sinne wäre zu fordern, dass in der Ausbildung entsprechende Kompetenzen einen größeren Stellenwert bekommen. Dabei ginge es nicht darum, kleine Forscherinnen und Forscher auszubilden, und es wäre auch nicht sinnvoll, lediglich mehr Prüfungsinhalte zu fordern, die doch rasch gegen Zertifikat ausgetauscht und wieder vergessen werden. Eine professionelle Reflexionskompetenz würde erst dann nachhaltig gefördert, wenn schon im Studium möglichst konkret an Fragestellungen der Praxis erfahren werden kann, was eine methodisch fundierte Reflexion zur Klärung und Entwicklung beiträgt. Erst dann wird daraus ein Habitus erwachsen, der Konzepte pädagogischer Forschung ein Berufsleben lang bedeutsam bleiben lässt.

Es wäre dann erstrebenswert, dass sich die Praxis ein Medium schafft, durch das die Vermittlung von der Forschung zur Praxis wie von der Praxis zur Forschung intensiver werden kann. Das könnten Kommissionen sein, in der Delegierte sammeln, was von hier oder dort eingebracht wird, es sichten und daraus Empfehlungen entwickeln. Daraus könnten in der einen Richtung Hinweise oder gar Aufträge für die Forschung entstehen und in der anderen Richtung Anregungen oder gar Leitlinien für professionelles Handeln, das nicht hinter dem zurückbleiben will, was – mit allem Vorbehalt natürlich – als „wissenschaftlich festgestellt" gelten kann.

Register

Literatur

Abel, Jürgen; Möller, Renate; Treumann, Klaus Peter (1998): Einführung in die Empirische Pädagogik. Kohlhammer

Adorno, Theodor W.; Albert, Hans; Dahrendorf, Ralf; Habermas, Jürgen; Pilot, Harald;. Popper, Karl R. (1993): Der Positivismusstreit in der deutschen Soziologie. dtv, Lizenzausgabe der 14. Aufl., zuerst 1969

Altrichter, Herbert; Posch, Peter (2006): Lehrerinnen und Lehrer erforschen ihren Unterricht. Unterrichtsentwicklung und Unterrichtsevaluation durch Aktionsforschung. Klinkhardt, 4., überarb. und erweit. Aufl., zuerst 1990

Arnold, Karl-Heinz; Blömeke, Sigrid; Messner, Rudolf; Schlömerkemper, Jörg (Hg.) (2009): Allgemeine Didaktik und Lehr-Lernforschung. Kontroversen und Entwicklungsperspektiven einer Wissenschaft vom Unterricht. Klinkhardt

Atteslander, Peter (2008): Methoden der empirischen Sozialforschung. Bearb. v. Jürgen Cromm, Busso Grabow, Harald Klein, Andrea Maurer, Gabriele Siegert. Verlag Erich Schmidt, 12. Aufl., zuerst 1969

Benner, Dietrich (2010): Allgemeine Pädagogik. Eine systematisch-problemgeschichtliche Einführung in die Grundstruktur pädagogischen Denkens und Handelns. Juventa, 6. Aufl., zuerst 1987

Benner, Dietrich; Oelkers, Jürgen (Hg.) (2010): Historisches Wörterbuch der Pädagogik. Beltz, zuerst 2004

Blankertz, Herwig (1992): Die Geschichte der Pädagogik. Von der Aufklärung bis zur Gegenwart. Büchse der Pandora, zuerst 1981

Bohnsack, Ralf; Przyborski, Aglaja; Schäffer, Burkhard (Hg.) (2010): Das Gruppendiskussionsverfahren in der Forschungspraxis. Barbara Budrich, 2. Aufl., zuerst 2006

Böhm-Kasper, Oliver; Schuchart, Claudia; Weishaupt, Horst (2009): Quantitative Methoden in der Erziehungswissenschaft. Wissenschaftliche Buchgesellschaft

Bohnsack, Ralf (2009): Qualitative Bild- und Videointerpretation. Die dokumentarische Methode. Barbara Budrich

Bohnsack, Ralf; Nentwig-Gesemann, Iris; Nohl, Arnd-Michael (2007): Die dokumentarische Methode und ihre Forschungspraxis. Grundlagen qualitativer Sozialforschung. VS Verlag für Sozialwissenschaften, 2., erw. und aktual. Aufl., zuerst 2001

Braehler, Elmar; Holling, Heinz; Leutner, Detlev; Petermann, Franz (Hg.) (2002): Brickenkamp Handbuch psychologischer und pädagogischer Tests. 2 Bände. Hogrefe, 3., vollst. überarb. u. erw. Aufl., zuerst 1974

Breuer, Franz (2009): Reflexive Grounded Theory. Eine Einführung für die Forschungspraxis. VS Verlag für Sozialwissenschaften

Brügelmann, Hans (2005): Schule verstehen und gestalten. Perspektiven der Forschung auf Probleme von Erziehung und Unterricht. Libelle Verlag

Bühner, Markus (2006): Einführung in die Test- und Fragebogenkonstruktion. Addison Wesley, 2., aktual. und erw. Aufl., zuerst 2004

Danner, Helmut (2006): Methoden geisteswissenschaftlicher Pädagogik. Einführung in Hermeneutik, Phänomenologie und Dialektik. Reinhardt-UTB, 5., überarb. und erw. Aufl., zuerst 1979

Danner, Helmut (2010): Verantwortung in Ethik und Pädagogik. ATHENA

Diekmann, Andreas (2007): Empirische Sozialforschung. Grundlagen, Methoden, Anwendungen. Rowohlt, 8. Aufl., zuerst 1995

Dinkelaker, Jörg; Herrle, Matthias (2009): Erziehungswissenschaftliche Videographie. Eine Einführung. VS Verlag für Sozialwissenschaften

Ernst, Gerhard (2010): Einführung in die Erkenntnistheorie. Wissenschaftliche Buchgesellschaft, 2. Aufl., zuerst 2007

Faulstich, Peter (2008): Vermittler wissenschaftlichen Wissens. Biographien von Pionieren öffentlicher Wissenschaft. transcript

Flick, Uwe (2007): Triangulation. Eine Einführung. VS Verlag für Sozialwissenschaften, 2. Aufl., zuerst 2004

Flick, Uwe; von Kardorff, Ernst; Steinke, Ines (Hg.) (2009): Qualitative Forschung. Ein Handbuch. Rowohlt, 7. Aufl., zuerst 1995

Friebertshäuser, Barbara; Langer, Antje; Prengel, Annedore (Hg.) (2010): Handbuch Qualitative Forschungsmethoden in der Erziehungswissenschaft. Juventa, 3., vollst. überarb. Aufl., zuerst 1997

Friebertshäuser, Barbara; Rieger-Ladich, Markus; Wigger, Lothar (Hg.) (2009): Reflexive Erziehungswissenschaft. Forschungsperspektiven im Anschluss an Pierre Bourdieu. 2., überarb. und erw. Aufl., zuerst 2006, VS Verlag für Sozialwissenschaften

Friebertshäuser, Barbara; von Felden, Heide; Schäffer, Burkhard (Hg.) (2007): Bild und Text. Methoden und Methodologien visueller Sozialforschung in der Erziehungswissenschaft. Barbara Budrich

Fuchs, Peter (2004): Der Sinn der Beobachtung. Begriffliche Untersuchungen. Velbrück

Fuchs-Heinritz, Werner (2009): Biographische Forschung. Eine Einführung in Praxis und Methoden. VS Verlag für Sozialwissenschaften, 4. Aufl., zuerst 1984

Gaus, Detlef; Uhle, Reinhard (Hg.) (2006): Wie verstehen Pädagogen? Begriff und Methode des Verstehens in der Erziehungswissenschaft. VS Verlag für Sozialwissenschaften

Geertz, Clifford (2007): Dichte Beschreibung. Beiträge zum Verstehen kultureller Systeme. Suhrkamp, 10. Aufl., zuerst 1983

Geier, Manfred (2004): Der Wiener Kreis. Rowohlt, 4. Aufl., zuerst 1992

Giebeler, Cornelia; Fischer, Wolfram; Goblirsch, Martina; Miethe, Ingrid; Riemann, Gerhard (Hg.) (2008): Fallverstehen und Fallstudien. Interdisziplinäre Beiträge zur rekonstruktiven Sozialarbeitsforschung. Barbara Budrich, 2. Aufl., zuerst 2007

Gigerenzer, Gerd (1981): Messung und Modellbildung in der Psychologie. Reinhardt

Gigerenzer, Gerd (2009): Das Einmaleins der Skepsis. Über den richtigen Umgang mit Zahlen und Risiken. Berliner Taschenbuch Verlag, 5. Aufl., zuerst 2002

Gohr, Siegfried (2006): Ich suche nicht, ich finde. Pablo Picasso. Leben und Werk. DuMont

Greve, Werner; Wentura, Dirk (1997): Wissenschaftliche Beobachtung. Eine Einführung. Beltz, 2., korrigierte Aufl., zuerst 1991

Grondin, Jean (Hg.) (1997): Gadamer Lesebuch. Mohr Siebeck-UTB

Hartig, Johannes (2009): Messung der Kompetenzen von Lehrpersonen mit Modellen der Item-Response-Theorie. In: Olga Zlatkin-Troitschanskaia u.a. (Hg.): Lehrprofessionalität. Bedingungen, Genese, Wirkungen und ihre Messung. Beltz, S. 295-310

Hascher, Tina; Schmitz, Bernhard (Hg.) (2010): Pädagogische Interventionsforschung. Theoretische Grundlagen und empirisches Handlungswissen. Juventa

Hauser, Bernhard; Humpert, Winfried (2009): Signifikant? Einführung in statistische Methoden für Lehrkräfte. Unter Mitarbeit von Dolf Looser. Klett und Balmer

Heinrich, Florian; Plaum, Ernst (2009): Fragwürdige Fragebögen. Paradigmatische Untersuchungen zur Gewalt in der Schule. VS Verlag für Sozialwissenschaften

Heinzel, Friederike; Thole, Werner; Cloos, Peter; Köngeter, Stefan (Hg.) (2009): „Auf unsicherem Terrain". Ethnographische Forschung im Kontext des Bildungs- und Sozialwesens. VS Verlag für Sozialwissenschaften

Helsper, Werner (2004): Antinomien, Widersprüche, Paradoxien: Lehrerarbeit – ein unmögliches Geschäft? Eine strukturtheoretisch-rekonstruktive Perspektive auf das Lehrerhandeln. In: Barbara Koch-Priewe, Fritz-Ulrich Kolbe, Johannes Wildt (Hg.): Grundlagenforschung und mikrodidaktische Reformansätze der Lehrerbildung. Klinkhardt, S. 49-98

Hermann, Ute (2001): Projektive Verfahren für Kinder – ein Überblick. In: Dietmar Sturzbecher (Hg.): Spielbasierte Befragungstechniken. Interaktionsdiagnostische Verfahren für Begutachtung, Beratung und Forschung. Hogrefe, S. 199-217

Herrlitz, Hans-Georg; Hopf, Wulf; Titze, Hartmut; Cloer, Ernst (2008): Deutsche Schulgeschichte von 1800 bis zur Gegenwart. Eine Einführung. Juventa, 5. Aufl., zuerst 1983

Hesse, Hermann (2007): Siddhartha. Eine indische Dichtung. Suhrkamp, 8. Aufl., zuerst 1922
Hoerster, Norbert (2010): Was können wir wissen? Philosophische Grundfragen. Beck
Honneth, Axel; Institut für Sozialforschung (Hg.) (2006): Schlüsseltexte der Kritischen Theorie. VS Verlag für Sozialwissenschaften
Hopf, Caroline (2004): Die experimentelle Pädagogik. Empirische Erziehungswissenschaft in Deutschland am Anfang des 20. Jahrhunderts. Klinkhardt
Hünersdorf, Bettina; Maeder, Christoph; Müller, Burkhard (Hg.) (2008): Ethnographie und Erziehungswissenschaft. Methodologische Reflexionen und empirische Annäherungen. Juventa
Ingenkamp, Karlheinz; Lissmann, Urban (2008): Lehrbuch der Pädagogischen Diagnostik. Beltz-UTB, 6., neu ausgestattete Aufl., zuerst 1985
Jäger, Siegfried (2009): Kritische Diskursanalyse. Eine Einführung. Unrast-Verlag, 5., überarb. und erw. Aufl., zuerst 1999
Kany, Werner; Schöler, Hermann (2009): Diagnostik schulischer Lern- und Leistungsschwierigkeiten. Ein Leitfaden. Kohlhammer
Kelle, Udo (2010): Qualitative Sozialforschung. Eine problemorientierte Einführung. VS Verlag für Sozialwissenschaften
Keller, Reiner (2007): Diskursforschung. Eine Einführung für SozialwissenschaftlerInnen, VS Verlag für Sozialwissenschaften, 3. Aufl., zuerst 2004
Klafki, Wolfgang (2007): Hermeneutische Verfahren in der Erziehungswissenschaft. In: Christian Rittelmeyer, Michael Parmentier: Einführung in die pädagogische Hermeneutik. Wiss. Buchgesellschaft, S. 125-148; zuerst 1971 in: Wolfgang Klafki u.a.: Funkkolleg Erziehungswissenschaft, Band 3. Fischer, S. 126-153
Klauer, Karl-Josef (2005): Das Experiment in der pädagogischen Forschung. Waxmann, Neuausgabe, zuerst 1973
Kleemann, Frank; Krähnke, Uwe; Matuschek, Ingo (2009): Interpretative Sozialforschung. Eine praxisorientierte Einführung. VS Verlag für Sozialwissenschaften
Koller, Hans-Christoph (2009): Grundbegriffe, Theorien und Methoden der Erziehungswissenschaft. Eine Einführung. Kohlhammer, 4. Aufl., zuerst 2004
Konrad, Klaus (2010): Mündliche und schriftliche Befragung. Ein Lehrbuch. Verlag Empirische Pädagogik, 6. Aufl., zuerst 2001
Kopp, Johannes (2009): Bildungssoziologie. Eine Einführung anhand empirischer Studien. VS Verlag für Sozialwissenschaften
Krämer, Walter (2009): So lügt man mit Statistik. Piper, 12. Aufl., zuerst 1991
Krämer, Walter (2010): Statistik verstehen. Eine Gebrauchsanweisung. Piper, 9. Aufl., zuerst 1992
Kraul, Margret; Marotzki, Wienfried (Hg.) (2002): Biographische Arbeit. Perspektiven erziehungswissenschaftlicher Biographieforschung. VS Verlag für Sozialwissenschaften
Kraul, Margret; Schlömerkemper, Jörg (Hg.) (2007): Bildungsforschung und Bildungsreform – Heinrich Roth revisited. Die Deutsche Schule, 9. Beiheft. Juventa
Kromrey, Helmut (2009): Empirische Sozialforschung. Modelle und Methoden der standardisierten Datenerhebung und Datenauswertung mit ausführlichen Annotationen aus der Perspektive qualitativ-interpretativer Methoden von Jörg Strübing. Lucius & Lucius-UTB, 12., Aufl., zuerst 1980
Kron, Friedrich W. (1999): Wissenschaftstheorie für Pädagogen. Reinhardt-UTB
Krüger, Heinz-Hermann; Helsper, Werner (Hg.) (2010): Einführung in Grundbegriffe und Grundfragen der Erziehungswissenschaft. Barbara Budrich-UTB, 8. durchgesehene Aufl., zuerst 1995
Krüger, Heinz-Hermann; Marotzki, Winfried (Hg.) (2006): Handbuch erziehungswissenschaftliche Biographieforschung. VS Verlag für Sozialwissenschaften, 2. Aufl., zuerst 1999
Kuckartz, Udo; Rädiker, Stefan; Ebert,Thomas; Schehl, Julia (2010): Statistik. Eine verständliche Einführung. VS Verlag für Sozialwissenschaften
Kuhn, Thomas (2007): Die Struktur wissenschaftlicher Revolutionen. Suhrkamp, 20. Aufl., zuerst 1967
Kühn, Thomas; Koschel, Kay-Volker (2010): Gruppendiskussionen. Ein Praxis-Handbuch. VS Verlag für Sozialwissenschaften

Küsters, Ivonne (2009): Narrative Interviews. Grundlagen und Anwendungen. 2. Aufl., VS Verlag für Sozialwissenschaften

Langewand, Alfred (2010): Theorie und Praxis. In: Dietrich Benner und Jürgen Oelkers (Hg.): Historisches Wörterbuch der Pädagogik. Beltz, Studienausgabe, 1016-1030

Lehberger, Carolin (2009): Die realistische Wendung im Werk von Heinrich Roth. Studien zu einem erziehungswissenschaftlichen Forschungsprogramm. Waxmann

Lüders, Christian; Egloff, Birte; Radtke, Frank O.; Thole, Werner; Helsper, Werner; Kade, Jochen (Hg.) (2010): Grundwissen Erziehungswissenschaft. 30 Schlüsselbegriffe. Kohlhammer

Lüdtke, Oliver (2009): Mehrebenenmodellierung in der empirischen Bildungsforschung. In: Olga Zlatkin-Troitschanskaia, Klaus Beck, Detlef Sembill, Reinhold Nickolaus, Regina Mulder (Hg.): Lehrprofessionalität. Bedingungen, Genese, Wirkungen und ihre Messung. Beltz, 275-293

Marotzki, Winfried; Nohl, Arnd-Michael; Ortlepp, Wolfgang (2006): Einführung in die Erziehungswissenschaft. Barbara Budrich-UTB, 2. durchgesehene Aufl., zuerst 2005

Martin, Ernst; Wawrinowski, Uwe (2006): Beobachtungslehre. Theorie und Praxis reflektierter Beobachtung und Beurteilung. Juventa, 5. Aufl., zuerst 1991

Mayer, Horst Otto (2009): Interview und schriftliche Befragung. Entwicklung, Durchführung und Auswertung. Oldenbourg, 5., überarb. Aufl., zuerst 2002

Mayring, Philipp (2008): Qualitative Inhaltsanalyse. Grundlagen und Techniken. Beltz-UTB, 10. Aufl., zuerst 1983

Meyer, Michael (2009): Abduktion, Induktion – Konfusion. Bemerkungen zur Logik der interpretativen Sozialforschung. In: Zeitschrift für Erziehungswissenschaft, 12, 2009, 2, 302-320

Mittelstraß, Jürgen (Hg.) (2009): Finden und Erfinden. Die Entstehung des Neuen. Berlin University Press

Müller-Benedict, Volker (2007): Grundkurs Statistik in den Sozialwissenschaften. VS Verlag für Sozialwissenschaften, 4. Aufl., zuerst 2001

Neck, Reinhard (Hg.) (2007): Was bleibt vom Positivismusstreit? Peter Lang

Neuweg, Georg Hans (Hg.) (2000): Wissen – Können – Reflexion. Ausgewählte Verhältnisbestimmungen. Studien Verlag

Nuding, Anton (2006): Beurteilen durch Beobachten. Gewinnung diagnostischer Informationen als Grundlage für Beurteilungen. Schneider Verlag Hohengehren, 2., überarb. Aufl., zuerst 1997

Obolenski, Alexandra; Meyer, Hilbert (Hg.) (2006): Forschendes Lernen. Theorie und Praxis einer professionellen Lehrerausbildung. Oldenburg: Didaktisches Zentrum der Carl von Ossietzky Universität Oldenburg, 2., aktual. Aufl., zuerst 2003

Patry, Philippe (2002): Experimente mit Menschen. Einführung in die Ethik der psychologischen Forschung. Hans Huber

Popper, Karl R. (2005): Logik der Forschung. Gesammelte Werke, Band 3. Herausgegeben von Herbert Keuth. Mohr Siebeck, 11. Aufl., zuerst 1935

Porst, Rolf (2009): Fragebogen. Ein Arbeitsbuch. VS Verlag für Sozialwissenschaften, 2. Aufl., zuerst 2008

Pospeschill, Markus; Spinath, Frank M. (2009): Psychologische Diagnostik. Reinhardt

Raab-Steiner, Elisabeth; Benesch, Michael (2008): Der Fragebogen. Von der Forschungsidee zur SPSS-Auswertung. Facultas Universitätsverlag-UTB

Rahm, Sibylle; Schratz, Michael (Hg.) (2004): LehrerInnenforschung. Theorie braucht Praxis. Braucht Praxis Theorie? StudienVerlag

Reinders, Heinz; Ditton, Hartmut; Gräsel, Cornelia; Gniewosz, Burkhard (Hg.) (2010): Empirische Bildungsforschung. Eine Einführung. VS Verlag für Sozialwissenschaften

Rittelmeyer, Christian (2010): Methoden hermeneutischer Forschung. In: Barbara Friebertshäuser, Antje Langer, Annedore Prengel (Hg.): Handbuch Qualitative Forschungsmethoden in der Erziehungswissenschaft. Juventa, 235-248

Rittelmeyer, Christian; Parmentier, Michael (2007): Einführung in die pädagogische Hermeneutik. Wissenschaftliche Buchgesellschaft, 3. Aufl., zuerst 2001

Ritzi, Christian; Wiegmann, Ulrich (Hg.) (2010): Beobachten – Messen – Experimentieren. Beiträge zur Geschichte der empirischen Pädagogik. Klinkhardt

Rorty, Richard (2008): Philosophie als Kulturpolitik. Suhrkamp

Rost, Jürgen (2004): Lehrbuch Testtheorie – Testkonstruktion. Huber, 2., vollst. überarb. u. erw. Aufl., zuerst 1996

Rost, Detlef H. (2009): Interpretation und Bewertung pädagogisch-psychologischer Studien. Eine Einführung. Beltz, Neuausgabe, zuerst 2005

Roth, Heinrich (2007): Die realistische Wendung in der Pädagogischen Forschung. In: Kraul/Schlömerkemper, S. 93-106, zuerst 1962

Schäfer, Thomas (2010): Statistik I. Deskriptive und Explorative Datenanalyse. Statistik II. Wahrscheinlichkeitsrechnung und Inferenzstatistik. VS Verlag für Sozialwissenschaften

Schirmer, Dominique (2009): Empirische Methoden der Sozialforschung. Grundlagen und Techniken. W. Fink-UTB

Schleiermacher, Friedrich D. E. (2004): Texte zur Pädagogik. Kommentierte Studienausgabe in zwei Bänden. Herausgegeben von Michael Winkler und Jens Brachmann. Band 2: Vorlesungen 1826. Suhrkamp, 2. Aufl., zuerst 2000

Schlömerkemper, Jörg (2000): LehrerInnen, Lehrerinnen und Lehrer. Eine Studie über mutmaßlich feine Unterschiede. In: Die Deutsche Schule, 92, 2000, 2, 224-237

Schlömerkemper, Jörg (2007): Der antinomische Blick in der Erziehungswissenschaft. „Realistische" Konzepte in pädagogischer Theorie und Praxis. In: Kraul/Schlömerkemper 2007, 147-171

Schlömerkemper, Jörg (2010): Antinomien in Schulentwicklungsprozessen. In: Thorsten Bohl, Werner Helsper, Heinz Günter Holtappels, Carla Schelle (Hg.): Handbuch Schulentwicklung. Klinkhardt

Schlüter, Anne (2010): Erziehungswissenschaftliche Biographieforschung. Oldenbourg

Schneider, Reto U. (2009): Das neue Buch der verrückten Experimente. Bertelsmann

Schön, Donald A. (1983): The Reflective Practitioner: How Professionals Think in Action. Temple Smith (London)

Stachowiak, Herbert (1983): Modelle – Konstruktion der Wirklichkeit. Fink

Stelzl, Ingeborg (2005): Fehler und Fallen der Statistik für Psychologen, Pädagogen, Sozialwissenschaftler. Waxmann, zuerst 1982 bei Hans Huber

Tenorth, Heinz-Elmar (2010): Geschichte der Erziehung. Einführung in die Grundzüge ihrer neuzeitlichen Entwicklung. Juventa, 5. Aufl., zuerst 1988

Tillmann, Klaus-Jürgen; Dedering, Kathrin; Kneuper, Daniel; Kuhlmann, Christian; Nessel, Isa (2008): PISA als bildungspolitisches Ereignis. Fallstudien in vier Bundesländern. VS Verlag für Sozialwissenschaften

Tippelt, Rudolf; Schmidt, Bernhard (Hg.) (2010): Handbuch Bildungsforschung. VS Verlag für Sozialwissenschaften, 3., durchges. Aufl., zuerst 2002

Trautmann, Thomas (2010): Interviews mit Kindern. Grundlagen, Techniken, Besonderheiten, Beispiele. VS Verlag für Sozialwissenschaften

Völter, Bettina; Dausien, Bettina; Lutz, Helma; Rosenthal, Gabriele (Hg.) (2009): Biographieforschung im Diskurs. VS Verlag für Sozialwissenschaften, 2. Aufl., zuerst 2005

von Felden, Heide (Hg.) (2008): Perspektiven erziehungswissenschaftlicher Biographieforschung. VS Verlag für Sozialwissenschaften

Wagner, Angelika (1981): Unterrichtspsychogramme. Was in den Köpfen von Lehrern und Schülern vorgeht. Rowohlt

Weber, Max (2002): Die Objektivität sozialwissenschaftlicher und sozialpolitischer Erkenntnis. In: dsb.: Schriften zur Wissenschaftslehre: Hg. und eingel. von Michael Sukale. Reclam, zuerst 1904

Weigand, Gabriele; Hess, Remi (Hg.) (2007): Teilnehmende Beobachtung in interkulturellen Situationen. Campus

Wellenreuther, Martin (2007): Lehren und Lernen – aber wie? Empirisch-experimentelle Forschungen zum Lehren und Lernen im Unterricht. Schneider Verlag Hohengehren, 3. Aufl., zuerst 2004

Wernet, Andreas (2006): Hermeneutik – Kasuistik – Fallverstehen. Kohlhammer/Urban

Wernet, Andreas (2009): Einführung in die Interpretationstechnik der Objektiven Hermeneutik. VS Verlag für Sozialwissenschaften, 3. Aufl., zuerst 2000

Zimmermann, Ekkart (2008): Das Experiment in den Sozialwissenschaften. Westdeutscher Verlag, 2. Aufl., zuerst 1972

Zöfel, Peter (2009): Statistik für Psychologen im Klartext. Pearson Studium